国家出版基金项目
NATIONAL PUBLICATION FOUNDATION

"一带一路"沿线国家教育政策法规研究丛书

不丹、尼泊尔、斯里兰卡
教育政策法规

主编 / 张德祥 李枭鹰

编译 / 王喜娟　朱艳艳

大连理工大学出版社
Dalian University of Technology Press

图书在版编目(CIP)数据

　　不丹、尼泊尔、斯里兰卡教育政策法规 / 王喜娟，
朱艳艳编译. -- 大连：大连理工大学出版社，2020.12
　　("一带一路"沿线国家教育政策法规研究丛书 /
张德祥，李桌鹰主编)
　　ISBN 978-7-5685-2634-0

　　Ⅰ. ①不… Ⅱ. ①王… ②朱… Ⅲ. ①教育政策－南
亚②教育法－南亚 Ⅳ. ①D935.021.6

　　中国版本图书馆 CIP 数据核字(2020)第 143388 号

BUDAN NIBO'ER SILILANKA
JIAOYU ZHENGCE FAGUI

大连理工大学出版社出版

地址：大连市软件园路 80 号　　邮政编码：116023
发行：0411-84708842　邮购：0411-84708943　传真：0411-84701466
E-mail：dutp@dutp.cn　　URL：http://dutp.dlut.edu.cn
上海利丰雅高印刷有限公司印刷　　大连理工大学出版社发行

幅面尺寸：185mm×260mm　　印张：16　　字数：333 千字
2020 年 12 月第 1 版　　　　2020 年 12 月第 1 次印刷

责任编辑：孟凡彩　　　　　　　　　责任校对：张　岩
封面设计：奇景创意

ISBN 978-7-5685-2634-0　　　　　定　价：112.00 元

总　序

共建"一带一路"是中国提出的伟大倡议，也是中国与"一带一路"沿线国家的共同愿望。"一带一路"倡议出自中国，却不只属于中国，而属于"一带一路"沿线所有国家，乃至全世界。中国是"一带一路"的倡导者和推动者，沿线所有国家是"一带一路"的共商者、共建者和共享者。

为推进共建"一带一路"伟大倡议，让古丝绸之路焕发新的生机与活力，以新的形式使亚欧非各国联系更加紧密，互利合作迈向新的历史高度，中国政府于 2015 年 3 月 28 日发布了《推动共建丝绸之路经济带和 21 世纪海上丝绸之路的愿景与行动》，强调"一带一路"是促进共同发展、实现共同繁荣的合作共赢之路，是增进理解信任、加强全方位交流的和平友谊之路。中国政府倡议，秉持和平合作、开放包容、相互借鉴、互利共赢的理念，全方位推进务实合作，打造政治互信、经济融合、文化包容的利益共同体、命运共同体和责任共同体。

为贯彻落实《推动共建丝绸之路经济带和 21 世纪海上丝绸之路的愿景与行动》，2016 年 7 月 13 日中华人民共和国教育部牵头制定了《推进共建"一带一路"教育行动》。该文件指出，推进共建"丝绸之路经济带"和"21 世纪海上丝绸之路"，为推动区域教育大开放、大交流、大融合提供了大契机。"一带一路"沿线国家教育加强合作、共同行动，既是共建"一带一路"的重要组成部分，又为共建"一带一路"提供人才支撑。中国愿与沿线国家一道，扩大人文交流，加强人才培养，共同开创教育的美好明天。

自共建"一带一路"倡议提出至 2019 年 8 月底，已有 136 个国家和 30 个国际组织与中国签署了 195 份共建"一带一路"合作文件。"一带一路"是一个多极的和多文化的世界，无论是政治、经济、文化、教育、生态还是种族、民族、宗教、习俗等，不同国家或地区之间存在这样或那样的差异。因此，只有全面了解民间需求与广泛民意、消除误解误判，只有国家的学者、企业家、政府部门、民间组织和民众充分理解各国的国际关系、宗教信仰、历史文化、风俗习惯、法律法规和民心社情，才能更好地推动"一带一路"建设。也就是说，"一带一路"沿线国家建立政治互信、经济融合、文化包容的利益共同体、命运共同体和责任共同体，必须根基于沿线国家间的"文化理解或认同"，而这又与教育尤其是高等教育的交流合作密切相关。

教育政策法规是了解一个国家教育发展状况和治理水平的重要窗口,是各国之间教育合作交流的基本依据。为此,教育部牵头制定的《推进共建"一带一路"教育行动》呼吁沿线国家"加强教育政策沟通",即通过开展"一带一路"教育法律、政策协同研究,构建沿线各国教育政策信息交流通报机制,为沿线各国政府推进教育政策互通提供依据与建议,为沿线各国学校和社会力量开展教育合作交流提供政策咨询;积极签署双边、多边和次区域教育合作框架协议,制定沿线各国教育合作交流国际公约,逐步疏通教育合作交流政策性瓶颈,实现学分互认、学位互授联授,协力推进教育共同体建设。

大连理工大学切实贯彻《推进共建"一带一路"教育行动》的精神,精心谋划和大力支持"一带一路"教育研究。该校原党委书记张德祥教授带领课题组成员克服文本搜集、组建团队、筹措经费等多重困难,充分发挥学校高等教育研究院、"一带一路"高等教育研究中心、中俄暨独联体合作研究中心以及教育部国别和区域研究中心"独联体国家研究中心"的优势和特色,积极参与和服务于"一带一路"的推进和共建,编译"一带一路"沿线国家教育政策法规,并在国内率先开展"一带一路"沿线国家教育政策法规研究,具有很好的教育发展战略意识和强烈的服务国家发展战略的责任感和使命感。中国高等教育学会大力支持这项工作,将"'一带一路'国家高等教育政策法规研究"立项为 2016 年高等教育科学研究"十三五"规划重大攻关课题,并建议课题组首先聚焦于编译"一带一路"沿线国家的教育法、高等教育法以及教育中长期发展规划等,及时为国家推进共建"一带一路"教育行动搭建教育政策沟通桥梁。该课题组根据中国高等教育学会专家组的意见,组织力量,编译了这套《"一带一路"沿线国家教育政策法规研究丛书》。作为中国高等教育学界的一名老兵,看到自己的学生们带领国内一批青年学者甘于奉献、不辞辛劳、不畏艰难,率先耕耘在"一带一路"沿线国家教育研究这片土地上,我由衷地感到欣慰。同时,大连理工大学出版社全力支持这套丛书的出版,不遗余力地为丛书的出版工作提供支持,使这套丛书能及时出版发行。最后,我真诚地希望参与这项工作的师生们努力工作,高质量、高水平地把编译成果呈现给"一带一路"的教育工作者。

是为序。

潘懋元于厦门大学高等教育研究中心

2019 年 9 月 10 日

前 言

2015 年 3 月 28 日《推动共建丝绸之路经济带和 21 世纪海上丝绸之路的愿景与行动》和 2016 年 7 月 13 日《推进共建"一带一路"教育行动》的相继颁布,将"政策沟通"置于"五通"之首,让我们意识到编译《"一带一路"沿线国家教育政策法规研究丛书》的重要性和紧迫性。对我们来说,承担这一艰巨任务是一种考验,更是一种使命。

2016 年中国高等教育学会组织申报高等教育科学研究"十三五"规划课题,将"'一带一路'背景下我国高等教育国际化研究"列入重大攻关课题指南。我们在这个框架之下组织申报的"'一带一路'国家高等教育政策法规研究",获得了中国高等教育学会专家组的认可和支持,这对我们是极大的鞭策和鼓励。2016 年 11 月,我们认真筹备和精心谋划,参加了中国高等教育学会组织的开题论证工作,汇报了课题的研究设想。听取了专家组的宝贵意见后,我们及时调整了课题研究重心。我们考虑首先要聚焦于编译"一带一路"沿线国家教育政策法规,因为,我们对许多国家的高等教育政策法规还不了解,国内也缺乏这方面的资料。编译这些资料既可以为我们日后的研究打下基础,也可以为其他研究者和部门进行相关研究、制定政策提供基础性的资料和参考。于是,我们调整了工作思路,即先编译,然后再进行研究。同时,考虑到许多国家的高等教育政策法规常常包括在教育政策法规中,我们的编译从"高等教育政策法规"拓展到"教育政策法规",这种转变正好呼应了《推进共建"一带一路"教育行动》中的"政策沟通"。

主编《"一带一路"沿线国家教育政策法规研究丛书》,是一项相当繁重和极其艰辛的工作,其中的酸甜苦辣只有经历了才能体会到。第一,参与共建"一带一路"的国家相当多,截至 2019 年 8 月底,已有 136 个国家和 30 个国际组织与中国签署了共建"一带一路"合作文件。这套教育政策法规研究丛书虽然只涉及其中的 69 个国家,但即使是选择性地编译这些国家的教育法、高等教育法以及中长期教育发展规划等,也需要大量的人力、财力等的支持。第二,不少"一带一路"沿线国家的教育本身不够发达,与之密切关联的教育政策法规通常还在制定和健全之中,我们只能找到和编译那些现已出台的政策法规文本,抑或某些不属于政策法规却比较重要的文献。编译这类教育政策法规时,我们根据实际需要对某些文本进行了适当删减。由于编译这套丛书的工作量很大、历时较长,我们经常刚编译完某些国家旧有的教育政策法规,新的教育政策法规又出台了,我们不得不再次翻译最新的文本而舍弃旧有的文本。如此反反复复,做了不少"无用功"。即便如此,我们依然不敢担保所编译的教育政策法规是最新的。第三,"一带一路"沿线国家或地区的官方语言有 80 多种,涉及非通用语种 70 种(这套教育政策法规研究丛书涉及的 69 个国家,官方语言有 50 多种),我们竭尽全力邀请谙熟非通用语种的人士加盟,但依然还很不够。由于缺乏足够的谙熟非通用语种的人士加盟,很多教育政策法规被迫采用英文文本。在编译过程中,我们发现那些非英语国家的英文文本的表达方式与标准英文经常存在很大的出入,而且经常夹杂着这样或那样的"官方语言"或"民族语言"。这对编译工作是一个极大的挑战和考验,我们做到了尽最大努力去克服和处理。譬如,新西兰是一个特别注重原住民及其文化的国家,其教育政策法规设有专门的毛利语教育板块,因而文本中存有大量的毛利语。为了翻译这些毛利语,编译者查阅了大量有关毛利文化的书籍和文献,有时译准一个毛利语词语要花上数十天甚至更长的时间。类似的情况经常碰到,编译者们付出了难以计量的劳动,真诚地希望这套丛书的出版能给他们带来足够的精神上的慰藉。

为了顺利推进研究工作,我们围绕研究目标和研究重点,竭尽全力组建结构合理的研究团队,制订详尽的研究计划,规划时间表和线路图,及时启动研究工作,进入研究状态。大连理工大学积极参与"一带一路"建设,高度重视"一带一路"沿线国家教育研究工作,成立了"'一带一路'高等教育研究中心"、"中俄暨独联体合作研究中心"和教育部国别和区域研究中心"独联体国家研究中心"。大连理工大学、大连外国语大学、大连民族大学、杭州师范大学、广西民族大学、广西财经学院、广西职业技术学院、广西桂林市委党校、南开大学、海南大学、重庆大学、赤峰学院、天津市教育科学研究院等单位的有关专家、学者、教师、学生积极参与此项工作,没有他们的艰辛付出和辛勤劳动,编译工作将举步维艰。这项工作得到了大连理工大学出版社的大力支持,出版社的同志们不畏艰辛、不厌其烦、不计回报,为这套丛书的出版付出了难以想象的汗水和精力。对此,课题组由衷地表示感谢。

张德祥 李枭鹰
2019 年 9 月 8 日

目　录

不 丹

不丹高等教育政策(2010年)

第一部分 背 景

1. 引言

1.1 在现代教育开始前的几个世纪里,不丹的教育以寺庙教育为主,它系统地服务于国家的政治、经济。虽然不丹于1915年在布姆唐和阿哈各建立了一所学校,但更有组织的现代教育实际上却开始于20世纪50年代末。随后全国建立各种学院,2003年不丹皇家大学建立。建立国立大学的构想源自第五个五年规划(1981—1986),国内外社会经济的发展,需要进一步发展和健全的高等教育体系。

1.2 本高等教育政策主要根据不丹王国宪法第9条第(15)、(16)款的规定而制定。

第(15)款:国家将致力于通过教育改善和提高全体人民的知识、价值观和技能,从而促进人的个性的全面发展。

第(16)款:国家将向所有适龄儿童提供免费教育,确保普及技术和专业教育,以及所有人在学业成绩的基础上均有机会接受高等教育。

根据宪法的规定,国家对于促进不丹高等教育的发展壮大承担责任。

1.3 在第四任国王英明且强有力的领导下,不丹确定了不同的发展与现代化之路,称为"国民幸福指数"。自第五任国王任职起,不丹开始着力建立高等教育机构,期望通过高等教育实现"国民幸福指数"这一目标。

1.4 鉴于历史发展、地理位置和环境等因素,不丹需要勾画一个不同的未来。这一社会和国家愿景只能通过创建和运行着眼于未来而非当下的高等教育机构来实现,该机构亦将担负起为国家各领域培养未来人才的重任,以实现国家发展的理念。

1.5 高等教育机构的课程必须着眼于满足培养未来人才这一需求,而不仅仅是中长期的专业方面的需求。必须自觉地应对"国民幸福指数"理念所隐含的需求。关注"国民幸福指数的社会、经济和文化是什么样的""实现这些目标需要什么样的政策"等问题,并培养人才去实施这些政策。高等教育机构将持续地革新,其课程内容和组织结构不能一劳永逸;不能像不丹国家一样,必须发展和变革,但永远不能忽视建设的基本原则问题。

1.6 同样,不丹高等教育机构的课程和研究应注重理论与实践相结合,因为变革能创造最富有成效的环境。教育、培训和研究的出发点将始终围绕实现社会目标所必需的实践方面进行。

2. 基础

2.1 "国民幸福指数"是第四任国王提出的与众不同的不丹发展理念,"我们的民族良心指引我们为了更好的未来做出英明的决定;其崇高的目标将是'不丹保持团结与和谐的关键'——甚至是我们民族的性格。""国民幸福指数"是不丹宪法规定的国家发展目标,宪法第9条第(2)款指出:"国家应着力提供有助于实现国民幸福指数的那些条件。"

2.2 "国民幸福指数"的四个支柱:可持续且公平的社会经济发展、环境保护、保护与振兴文化、良好的治理——这是实现国民幸福安康的无价之宝。2009年12月,国王在"变革的世界、永恒的价值"演讲中简要地概括了国民幸福安康的崇高目标。

"因此,对于我的国家,今天国民幸福指数是善良、平等、人性等基本价值观与经济增长之间沟通的桥梁。它可以确保不管国家如何发展,个体在国家中的地位永远不会被遗忘。这将不断提醒我们必须拥有一个充满爱心的领导层,这样即使世界和国家改变,即使国家的目标改变,我们的首要任务依然是实现国民的幸福安康并代代相传。"

2.3 为了将"国民幸福指数"理念继续发扬光大,让我们的后代将其作为国家的指导性发展理念,推动高等教育体系转型以充分体现"国民幸福指数"这一价值观,这种价值观必须植根于当代青少年的思想意识之中(他们将成为未来的公民和领导者),以期他们可以明智地引导这个国家实现社会经济发展与环境保护、保持文化活力与实现良好治理之间的平衡。

2.4 "国民幸福指数"必须成为不丹高等教育的道德和智力基础。相应地,以"国民幸福指数"为宗旨的高等教育将培养出未来的领导者和建设者,使其"成为真正人类的毕业生,其真正的潜能得以挖掘,能关心他人甚至其他物种,具有一定的生态素养,在理解世界时能够沉思和分析,没有贪婪或过多的欲望;完全知晓、理解并认可其与自然界是不可分割的;总之,充分展现其人性的一面"。

2.5 要实现社会经济可持续且公平的发展,必须重视不丹高等教育机构两个至关重要的使命:一是培育各领域的带头人,例如经济学、社会科学、法律、政治学和应用科学,这样其专业理论和专业实践将引导他们致力于为国家实现"国民幸福指数"服务;二是,对以研究为基础的发展与规划所涉及的各领域开展研究,这些研究均需要以广泛而有意识的目标作为指引,根据社会科学、经济学与不丹社会的相关度来发展和规划。

2.6 高等教育机构培养的人才如何广泛地应用于经济领域,正成为国家竞争力和发展的关键。今天,全球财富越来越少地集中于工厂、土地、工具和机械上,人们的知识、技能和智慧正成为世界经济发展的关键。因此,不丹高等教育系统必须通过生成新的知识、开发必需的能力才能充分应对知识经济的发展需求。

2.7 不丹的环境实践与政策得到了国际社会的广泛认可。因此,高等教育机构必须培养人的实践能力和领导力,建立世界上最具前瞻性的观点,通过"为后代做准备"进行创造性的思考,不只是保护环境,更要创新环境。不丹高等教育机构必须通过增加不丹环保主义者的数量以及将相关知识和实践与社会经济发展相结合的方式来实现这一目的。这一领域和相关领域的工作可能会吸引感兴趣的国际学者和学生。

2.8 文化通常被理解为传统信念、习惯和实践,包括艺术、建筑、语言、舞蹈、食物、传统服饰等。人们普遍理解文化保护的目的是在社会、经济和政治变革时期弘扬传统的价值观。从大学系部划分出来的学科,也必须创新,使之成为一个反映社会文化特质的有机整体。不丹需要训练有素的社会科学家分析和理解现代化对国家文化的影响,以及训练有素的文化领导层引导国家文化发展的方向。因此,高等教育机构应该成为国家独特文化的守护者,从而促进和保护国家认同。

2.9 开发课程与研究中的人文学科领域必须是不丹高等教育机构承载的使命。保存历史的设施,既是不丹人民历史认同的来源,也是培育 21 世纪不丹国家认同的基础。高等教育机构应注重发展那些致力于反映传统与当代价值观和倡导不丹价值观发展的新型艺术项目。

2.10 对社会与精神生活实践的研究是文化保护与发展的一个组成部分。纵览全世界,全球化带来的文化同质化,非常不利于个体社会及其人民的幸福安康。因此,人文学科对于发展和传播国民幸福指数至关重要。

2.11 好的治理不仅需要行政措施,也需要领导层不断变革与改善物质和精神基础。如果缺乏广泛价值观的培育,必然会影响国家的发展。高等教育机构必须培养未来官员的业务能力,以及理解其服务的国家更深远的追求。

2.12 高等教育承载着培养新一代领导人的重大责任,这些领导人将拥有以"国民幸福指数"四个支柱为核心的价值观以及具备实现国家目标所需的高水平的技能。

2.13 不丹高等教育机构必须保护、传播和发展知识、价值观与技能,以造福个人、社会和全球。高等教育机构也必须积极推进国家认同和维护国家主权。因此,建立基于国民幸福指数价值观与原则的不丹高等教育体系,应成为加强和促进整个国家社会经济发展的引擎。

3.目的

3.1 社会经济的进步主要源于人类对更高层次意识与理解的追求以及知识的进步与应用。因此,高等教育必须唤醒并激发人们有效地创造、传播和应用知识的潜能,并为他人服务。

3.2 不丹高等教育机构将着力培养具有社会责任感、文化内涵、生态意识和精神自觉的公民。更进一步说,高等教育机构应帮助每个毕业生具备:

(1)所有基本生活技能所包含的能力,包括但不限于分析、书写、交流、审美情感和信息技术等。

(2)特定研究领域(科学、工程学、医学等)深厚的专业知识,这样毕业后才可以与全球最好的学生竞争。

(3)强大的领导技能,可以帮助毕业生为自己和他人创造机会,成为创业者和经理人。

4. 目标

高等教育的总体目标和期望是:

(1)培养具有"国民幸福指数"的原则和价值观,富有生产性、社会责任、文化根基、生态意识的公民。

(2)培养所有毕业生核心的生活技能,包括作为个人和服务社会必需的领导力。

(3)培养一批高素质毕业生和专业人员,这些人员将成为国家的资源。

(4)促进高等教育机构不断发展,将不丹建设成为知识型社会。

(5)通过扩大继续教育和终身学习的机会,促进个体的发展和专业发展。

(6)激发产生新知识的热情和好奇心,以此培育研究与探究的文化氛围。

5. 战略

为了实现上述目标和期望,不丹必须:

5.1 灌输并使用"国民幸福指数"价值观和原则,作为所有机构发展的基础。

(1)提供课程,用于培养所有学生的观念以及发展观察、评价和判断所需的重要技能。

(2)提供继续教育,用于提高各年龄群体的学习品质,协助建构文明且具活力的社会。

5.2 实施以成绩为基础的高等教育入学政策,使所有不丹学生不论其经济情况如何,均可以根据其能力、兴趣和表现进入高等教育机构学习。

(1)将高等教育机构入学与职业教育和中等教育相结合,帮助学生实现无缝对接。

(2)建立贷款和奖学金制度,扩大高等教育机构的入学率。

(3)向所有成年人提供继续学习和终身学习的机会,帮助他们更好地参与社会生活。

5.3 通过创造有利的环境,吸引一流的国际、国内私立学院(大学)。

(1)建立私立机构参与的框架,明确注册、许可、认证、规范和激励的标准和流程。

(2)在国家利益范围内积极向国际一流大学和学院学习。

5.4 实行大学自治,包括但不限于:

(1)人力资源:使用公、私立资源,招募、分配、晋升、培训和补偿员工及领导层。

(2)财政:使用不丹资格框架指南中的预算或拨款,向学生征收学费,筹集资金用于回收成本(校友资助、研究、咨询服务等)。

(3)学术:大学可在不丹资格框架指南下自主提供课程。

5.5 建立面向所有高等教育机构(公立和私立)的质量保证和认证体系。

(1)开发所有类型课程和项目的不丹资格框架,这有助于实施各类资格认证。

(2)建立不丹认证委员会,负责定期对高等教育机构进行认证。

5.6　强化面向高等教育机构和学生的经费机制：

（1）按 5 年一个周期向高等教育机构划拨充足的预算资金。

（2）直接以学生成绩和需要为基础划拨一定比例的经费用于支持学生的学习。

（3）以需要为基础提供高等教育机构的开支和一次性项目开支。

（4）允许高等教育机构在政策指导下多方募集资金。

（5）建立一个政府支持的低息或无息、按收入比例还款的学生贷款项目。

5.7　在高等教育机构内营造促进研究和知识发展的环境：

（1）资助在国家优先区域内的研究。

（2）加强高等教育机构与工业、国际机构、雇主等的联系，以此促进交流。

5.8　高等教育委员会与高等教育机构之间签订年度绩效合同：

（1）明确阐述预期目标（学生成绩、就业能力等）。

（2）规定政府需提供的经费（资本和运营开支）。

第二部分　结构和过程

6. 机构与入学

为了实现高等教育目标，不丹设有三类高等教育机构：大学、学院和研究所。

6.1　大学

（1）作为自治的高等教育机构，大学可以授予学位且应包含两个及以上的学院。每个学院应设有一个以上的系，提供本科、研究生或博士课程。大学应是教学与研究机构。

（2）所有不丹大学均应是世俗性的，议会法案另有规定的除外。

（3）大学不应谋取私利。任何利润、盈余均应重新投入大学使用，帮助大学不断发展。

（4）大学应是提供多学科课程的机构，而非专科机构。大学必须配有大量可教授文理科课程的师资。除教学外，研究也是大学的重要职能之一。它可向本校学生和二级学院成功完成课程且被大学质量保障体系认证有效的学生，提供课程，并授予学位。

（5）除大学或议会法案授权外，任何个人都无权授予高等教育学位。高等教育学位包括本科文凭和学位，研究生学位包括证书、硕士文凭、博士文凭、硕士学位和博士学位。

（6）任何建立大学的提案均应通过教育部提交至政府。大学应根据议会法案组建，且在治理、结构、权力和责任方面享有自主权。

（7）大学授予的学位，可在不丹资格框架下进行。

6.2　学院

（1）学院指负责提供高等教育的机构。学院可以是大学学院的一部分、大学的附属机构或外国大学的独立分校，但无论何种情况学院均应遵守大学的各项规章制度。

（2）学院可分为公立和私立。它既可以是营利性的，也可以是非营利性的。学院可按其所属的国内外的大学的规定提供课程。如果大学隶属于国外大学,则需获得不丹国家的认证。

(3)任何建立学院的提案均应先提交至高等教育注册处。高等教育委员会综合考量不丹认证委员会和注册处的建议后,予以批准或不批准。获得批准后,高等教育注册处将授予"金叶"给该学院。

6.3 自治学校

(1)自治学校指的是提供高度专业化的教育和培训项目的专科学院,包括医学院、护理学院、法学院或商学院等;或者是学术培训项目,例如 IT 项目。

(2)经认证后,自治学校可以以学校名义授予本科、硕士和博士学位。它可以与国内外高等教育机构联合培养,也可以根据本法案的规定独立培养本科、硕士和博士学生。

(3)不丹建立的此类机构均为世俗性的,议会法案特别说明的除外。自治学校均为非营利性的,任何利润或盈余均应重新投入大学使用,帮助其不断发展。

(4)任何建立自治学校的提案均应经教育部提交至政府。根据议会法案建立的此类机构,在治理、结构、权力和责任方面享有自主权。

(5)自治学校授予的学位,可在不丹资格框架下进行解释。

6.4 绿色校园

(1)高等教育政策支持并促进不丹国内已经建立和将要建立的各类高等教育机构推行建设绿色校园的原则。

(2)高等教育机构应在可持续发展的生活方式方面成为社会的典范。

因此,作为推动和促进可持续发展、健康、绿色社会的一种方式,这些机构必须在建设"可持续绿色校园"上发挥引领和示范作用。这意味着这些机构将成为"绿色知识与科技"的生产者与使用者,它们将切实成为社会可持续发展的典范。

6.5 招生

(1)高等教育招生应以成绩为基础。可扩大高等教育的招生以吸引更多的学生。高等教育的目标群体不仅包括高中毕业生,还包括:

①职业技术学校毕业的学生;

②工作一段时间后重返学校的学生;

③职前和在职人员;

④职业生涯初始阶段的人员;

⑤通过专业发展实现自我提升的人员;

⑥接受继续教育(作为终身学习的一部分)的人员。

(2)教育部负责对高等教育各类学生的招生比例制定宽泛、可定期审查的目标。

7. 学术型课程、研究与创新

7.1 学术型课程

(1)基于"国民幸福指数"的高等教育课程和研究应做到理论与实践相结合,创设富有成效的教育环境。教育、培训与研究的出发点应始终是实现社会目标必需的实践。

（2）跨学科的教育课程将奠定学生整体发展的基础。例如，致力于成为医生或工程师的学生也必须了解经济学和伦理学。同样，想要成为作家和艺术家的学生也必须接受社会经济和科学实践方面的训练。

（3）高等教育机构应提供各种各样的学科，包括但不限于本科和研究生阶段的人文学科、社会科学、自然科学、商业和专业教育。这些包括传统学术型学科、以就业为导向的专业领域、使用信息技术的跨学科方面的课程。这些课程将促使毕业生具有较高的个人品质、科学的世界观、高水平的分析和创造技能等综合能力。

（4）高等教育的专业项目和普通项目，能提供不同的学术资格。它可以有不同的学习模式：包括全日制、非全日制、短期培训、在线学习和远程教育。但是，学习模式必须与目标尤其是与国家经济、社会、文化发展的内容相吻合。

（5）不管什么专业，不丹高等教育领域的所有学生均应习得一套核心技能，着力发展批判思维、阅读和书写技能等。

（6）在设计、评价和修订课程以及规划未来发展的过程中，高等教育机构应注重考量新学科和跨学科研究，牢记国家的当务之急、全球趋势以及吸引外国学生的条件。

7.2　研究与创新

（1）不丹的战略目标是加强创新并将新知识应用于国家的各个层面；改善信息传播系统，向有需要的人员提供相关信息；培养社会的探究与调查文化。

（2）各级教育体系均有责任激发学生的好奇心和探索精神，高等教育更要使之成为课程必不可少的组成部分。

（3）高等教育机构必须与国内外其他机构的学生和员工交换研究信息，并促进知识的传播。

（4）为了实现高等教育体系以及其他体系的目标，必须获得两个方面的支持：

①为机构研究提供经费支持；

②建立一个全面的研究协调机构。这一协调机构由来自大学、"国民幸福指数"委员会、教育部等机构的人员组成。

8.高等教育管理

8.1　教育部：指导和监督

（1）教育部的总体责任是负责制定高等教育政策、规则和条例，用于确保实现文件中提出的目标。教育部负责确保高等教育从各种可能的渠道获得的经费是可用的。

（2）为了履行使命，应组建一个获得授权的董事会和一个委员会——高等教育委员会和不丹认证委员会协助教育部开展工作。

（3）应建立高等教育注册处，其职责包括注册公、私立高等教育机构，发放许可证。教育部秘书应是高等教育注册处主任。

（4）高等教育注册处将是高等教育委员会和不丹认证委员会的秘书处。秘书处将致力于促进上述部门有效地发挥作用并实施其所形成的各项决议。

（5）通过注册处、高等教育委员会和不丹认证委员会，教育部将通过以下措施实现对高等教育机构的指导和监督：

①规划和出资：教育部与高等教育机构签订合同，该机构在规定的时间内向规定数量的学生提供课程；

②注册和许可：应根据议会法案组建大学或自治机构，学院必须进行注册并获得许可；

③质量保证：不丹提供的所有课程均应遵从质量保障体系，以确保保持较高的教育标准。

（6）教育部负责开发相关的资源，以满足高等教育政策的需求。

8.2　高等教育机构的管理和治理

（1）为了履行提供优质教育的职能，高等教育机构应在规划、人事、财政和学生事务上享有自主权。高等教育机构应尽可能地在其内部有效地履行职能。

（2）高等教育机构应在创建和保证质量与标准方面对自己的行为负责。

（3）高等教育机构应制定 5 年战略规划，这是政府长期投入经费的基础。

（4）高等教育机构将以年度预算拨款为基础，在获准的规划的基础上支付经常性开支。高等教育机构可以雇用员工、开展研究与咨询工作、提供收费的学术性课程。

（5）教育部应允许所有获得许可的高等教育机构内部实行自治。

9.高等教育委员会

9.1　高等教育体系需要通过全面规划和制定高等教育战略，采取精简合并的原则建立。这一原则有助于通过规划和经费支持提高高等教育体系的效率与效能。通过创建一个获得授权的多部门委员会，有效地实施审批系统、保障金、奖学金、学生助学金和贷款，降低高等教育机构的行政负担。这个委员会即是高等教育委员会。

9.2　高等教育委员会由政府根据教育部的建议建立，具有相应的权责，通过高等教育委员会协助教育部完成如下工作：

（1）检查和制定高等教育目标，实施战略目标，保持课程、模式、级别和招生人数之间的平衡。

（2）审核并批准所有关于经费拨款的规划和提案。

（3）基于不丹认证委员会的建议，批准建立高等教育机构。

9.3　高等教育委员会的职责是监督经费，并且规划以下事宜：

（1）全国高等教育，包括所有的学习形式、所有的课程领域向所有类型的学生提供的所有课程。

（2）所有的政府资助的海外高等教育与培训。

（3）具有时限的专门项目（研究、发展和资本）。

9.4 高等教育委员会的成员应包括来自"国民幸福指数"委员会、教育部、财政部、劳动与人力资源部、经济部等相关部门的人员，以及相关的专业团体和专业人士。

9.5 高等教育委员会主席应由教育部部长担任。

9.6 高等教育委员会有权设立分委会，以便有效地履行职责。

10. 质量保证

10.1 所有不丹大学均须建立和实施覆盖所有课程和学位的有效的质量保证体系。

10.2 质量保证体系应覆盖政策、课程、教学、评估、证书和服务等内容。

10.3 质量保证体系必须包含以下要素：

（1）课程实施人员对课程进行定期的批判性评价。

（2）对课程实施人员包含外部成员在内的人进行评价。这一评价必须包括与教职员工、学生和其他相关人员进行的直接讨论。

（3）包含有责任目标和后续跟进责任的行动报告。

（4）不丹认证委员会负责大学质量保证流程的外部评价。

（5）上述所有文件均需随时接受教育部等相关机构的审查。

10.4 大学应每5年定期接受不丹认证委员会的检查，主要检验大学的标准和有效性。检查报告应提交高等教育委员会备案。

10.5 如果高等教育委员会认为需要进一步考察大学课程的质量，它可以着手采取适当的行动对大学进行审查。

10.6 高等教育注册处负责确保公众知悉所有课程的水平和授予文凭的标准。

10.7 为了确保不丹人民获得国外学位的质量，高等教育注册处应明确那些获得不丹认可的机构和资格标准。如果可能，应采用其他国家已经确定的标准。

10.8 不丹认证委员会应建立不丹资格框架，以供其他机构使用，进行课程比较和学分转换。该框架应建立等级制度，并对认可的资格进行分级管理。它将明确学校、职业教育、高等教育和寺院教育之间的关系，也将用于所有国家课程。不丹资格框架应是比较标准、学分转换、认可高等教育学位的基础。

10.9 不丹资格框架中涉及高等教育的条款包括评估方法的定义和常用的评估方法等，应作为不丹高等教育框架的基础，并适用于已有的和未来成立的所有机构。它也将同其他大学一道不断地发展。

11. 不丹认证委员会

11.1 应建立一个负责认证、质量保证、解释和认可资格的全国性自治机构，用于：

（1）为国内外所有公私立机构制定共同的认证框架。

（2）评估高等教育质量并确保其达到规定的标准。

（3）确保国家学位和项目的可信度。

为了有效地实施以上事项，教育部应建立不丹认证委员会，以确保高等教育的国际水准。

11.2 不丹认证委员会是制定高等教育入学标准、授予学位权、监测标准的主要机构。

11.3 作为设计和解释所有资格、框架和机构标准的主要机构,不丹认证委员会职责如下:

(1)通过高等教育委员会向王国政府提出建立大学的建议。

(2)向高等教育委员会提出建立学院和研究所的建议。

(3)开发或审查全国资格框架。

(4)通过定期实施外部审查,检查和认证高等教育机构。

(5)基于已定标准,授予或撤销已认证机构。

11.4 不丹认证委员会应包括5～7名终身成员,其中至少半数成员应是不丹高等教育领域的专业人士或公认的具有相关经验的知识分子。高等教育注册处主任应为委员会主席。

11.5 为了有效且尽责地履行职责,不丹认证委员会有权任命分委会,分委员也可以依赖已建立的各种专业团体。

12. 注册处

12.1 政策制定过程中一个关键部门,除履行下述职责外,还应负责监督和促进高等教育委员会、认证委员会和高等教育机构发挥作用。这个部门被称为高等教育注册处。

12.2 高等教育注册处亦为教育部秘书处,主要负责如下事宜:

(1)确定国外大学可以:①同本国大学一样提供课程和授予文凭;②为其项目在国内刊登广告。

(2)管理学院的登记事宜并颁发许可证。这包括:①制定申请的流程和费用标准;②变更颁发许可证的条件;③建立上诉机制。

(3)接受已注册学院的年度报告并采取必要的行动。

(4)准备和提交年度报告,列出收到的申请、做出的决定及理由。整个文件可交由利害关系方进行审核。

(5)作为关涉全国高等教育体系所有事宜的信息智囊机构。

13. 资助高等教育

13.1 不丹高等教育主要由政府提供经费,这令政府的财政负担日益繁重。但是,确保所有学生不论经济条件如何均可接受高等教育十分重要。

13.2 政府主要承担高等教育的三类开支:

(1)资本开支——一次性基础设施建设,建造新的学院和升级现有的学校。

(2)运营资本开支——包括所有经常性费用,例如员工成本、材料和其他用于提供课程所需的年度费用。

(3)学生出国学习的费用——主要是本科生的奖学金。

13.3　以下具有特殊需求的高等教育,可优先获得经费:

(1)特殊的经济需求:这一需求是必须由适量的合格人员从事的特殊工作,而这是确保经济持续发展的关键。

(2)一般的发展需求:这一需求主要涉及民主社会中个人的发展和社会的发展,以提高国民幸福指数。

13.4　公立高等教育的所有资本开支应始终由王国政府提供。为了清楚地了解经费的使用情况,委员会与接收经费的机构之间将签订合同。合同包括但不限于以下内容:

(1)拟使用经费的财务报表。

(2)机构的采购流程。

(3)详细说明资金使用情况的报告。

13.5　所有公立机构的年度运营开支将以生均课程进行计算。生均成本将由王国政府、雇主或学生共同承担。这意味着政府经费将根据国家的就业需求、学生需求和成绩,优先用于公立大学、学院和研究所。政府可以向学生发放贷款(政府应支持低息、无息或按收入比例还款型贷款)、部分补助金和全额奖学金。

13.6　高等教育机构应负责这些经费的后续支出。除上述经费以外,高等教育机构可通过征收学费、租赁设备等扩大收入。所有高等教育机构均应向委员会提交财政报告,详细说明收支情况。

13.7　经费也可用于支持国家优先发展的研究项目。此外,项目经费应是具体且有时限的。研究成果应上报高等教育委员会。

13.8　应建立以成绩和需要为基础的奖学金和贷款体系。委员会负责与金融机构共同制订相关方案。

13.9　经费分配应遵从以下原则:

(1)质量:在分配资源时,应优先关注那些可以以最少的资源投入获得最大质量提升的机构。

(2)长期保证:经费应是长期且有保证的,以确保大规模的机构发展。

(3)国家的需要:政府经费应优先用于国家发展且人员短缺的重点领域。

(4)学生的需要:应根据需要和成绩给予学生经费,但应根据学生的经济偿还能力对贷款或补助进行划分。

(5)支持专门的项目:当专门的项目并非由公立机构提供时,应向学生提供经费,支持其参加私立机构提供的专门项目。

(6)成本共担:如果合适,教育成本应由受益人共同承担,包括学生、家庭和雇主。

13.10　由于规划和资助高等教育是一项长期性的工作,因此经费应有长期保证。王国政府可考虑建立捐赠基金,该基金的收益可用于资助高等教育的研究基金或作为奖学金。

14. 通过共享资源，优化成本

14.1 为了确保合理使用资源，避免体系和设施的重复建设，应建立通用的国家高等教育体系。所有高等教育机构均可在适当领域共享人事、资源（例如，IT）和国家图书馆等资源。

14.2 董事会的资源分配应注重鼓励整个高等教育体系建立一定数量的共享软件和技术体系。这包括但不限于：

(1)虚拟学习环境，用于支持教学发展和远程学习项目。

(2)建立公共图书馆编目系统和图书馆用户服务的统一标准。

(3)公共行政和软件工具，用于协助资产、预算和员工的优化管理。

(4)公共视频会议设备，确保大学、学院和研究所实现远程信息交流。

14.3 应建设拥有充足和最新资源且人人可以使用的国家图书馆。所有高等教育机构可以随时使用图书馆的资源。图书馆也应与邻近国家的图书馆建立联系，以便向所有学生、教师提供学习和研究所需的任何资料。

14.4 所有高等教育机构均应着力于实现所有人力和物力资源使用效率的最大化。

15. 私立机构的参与和许可

15.1 私立机构的参与主要是为了在特定领域发展优质高等教育并推动不丹发展成为知识中心。如果需要，通过成本分担的方法可以形成额外的能力。

15.2 王国政府将着力引进国外一些高等教育机构。这主要集中于存在能力差距或利基领域的学科（例如，气候变化、伦理商业、佛教研究等），它们将进一步促进不丹发展成为知识中心。

15.3 不丹王国政府将为私立机构的投资提供有力的环境，包括通过更为清晰的程序，提供土地和税收优惠等财政支持，聘用外国员工和外国学生进入不丹的有利程序等促进外国资本直接投资高等教育。

15.4 任何私立学院在正式建立前，如果达到建校条件，教育部可先授予其"金叶"。此后，除非特别规定，否则所有私立学院应根据 2000 年《不丹王国公司法》运行并遵守相关规定。

15.5 任何用于建立私立机构、学院或大学的直接投资均应遵守 2009 年《外国直接投资政策》的相关条例和规则及其修正案的规定。

15.6 由慈善信托和基金建立的非营利性学院、机构，应遵守 2007 年《不丹王国社会组织法》的规定。

15.7 外国机构可在获得高等教育注册处的批准后为其高等教育项目做广告。

16. 修订

16.1 根据时代需要和国家的整体利益，在教育部的建议下，内阁可修订本政策的相关条例。

17. 立法

17.1 《高等教育法》将制定建立大学、学院和研究所的标准。应保护这些机构的名称和学位授予权,并确定高等教育董事会、不丹认证委员会、高等教育注册处各自的权力、作用与职责,其他此类专业团体以及它们在不丹高等教育体系治理、说明和运作流程中的地位。

2014—2024 年不丹教育蓝图——"反思教育"

第一章　背景与方法

1. 背景

现行教育体系是计划性的产物,它在不丹作为一个独特、进步、和平、独立主权国家的政治、文化、环境和社会发展中发挥着重要作用。不丹现代教育始于 20 世纪 60 年代早期,当时只有几百名学生,到 2014 年全国已经有约 200 000 名学生,600 多所学校。当代国家建设者,诸如政策制定者、专业人员、官员、商人等,均出自不丹教育体系的培养。作为推动国家经济发展的杠杆,教育被视为是向公民赋权和国家转型的合法投资。因此,在国家建设过程中不丹王国政府高度重视教育。

通过政策变革和引入现代化教学方法,不丹教育经历了几次重要转折,20 世纪 70 年代早期开始的教育普及和学校课程国家化,20 世纪 80 年代中期初等教育中引入新的教学方法,为开展"国民幸福指数"教育而实施的高风险考试国家化等,这些举措已稳步推行,着力于改善教育体系。

学校教育体系包括 7 年初等教育(含 1 年学前教育),4 年初中教育(7～10 年级)和 2 年高中教育(11～12 年级)。不丹免费教育从学前教育阶段开始,即从学前教育(6 岁)到 10 年级。甄选高中毕业生授予政府奖学金帮助其继续接受高等教育,则是严格以成绩和国家人力资源需求为基础的。高中毕业生,如果未能获得政府奖学金,可以自费继续接受高等教育。

截至 2014 年,国家初等教育的入学率为 95%,初中教育入学率为 85%,高中教育净入学率为 27%,高等教育毛入学率为 24%。在毛入学率方面的性别平等指数为:初等教育为 0.98,初中教育为 1.04,高中教育为 1.16,高等教育为 0.78。截至目前国民总体识字率为 63%。

2. 改革的背景

《不丹 2020 年愿景》高度重视国家的教育发展,尤其是在扩大入学率和提高教育质量方面。它十分重视儿童的整体发展,帮助年轻人为工作做准备,教师培养、专业发展以及利用新技术进行教育革新等。教育部门期望,到 2020 年不丹学生的能力可以达到国际标准。

不丹王国政府实施的大量举措,促使不丹初等和初中教育的净入学率分别达到 95% 和 85%,且其他教育阶段也在稳步增长。但为了应对变革的需要,国家和个人日益感到教育体系难以帮助不丹年轻人充分地应对新世纪的挑战。教育体系也在达到国际教育标准方面面临着挑战。

近年的教育研究显示:学生学习效果远未达到预期目标。理解水平上的巨大差距,导致大量学生虽完成初等教育但却未获得基本的读写算能力。学生在《学生学习年度统计》的排名情况为:2008年(51位),2010年(53位),2011年(52位),2010年"全国教育评估"显示学生的学习成绩较低。在"全国教育评估"的研究中发现,城市学生的成绩好于农村学生,这说明教育机会不均等。

而且,近年来,教育质量问题也日益受到广泛关注。关注点主要集中于家长、媒体、学校、县、议会、第一临时政府等相关利益者在各类论坛中表达的涉及年轻人的问题。指出教育体系难以缩小差距且未能帮助不丹年轻人充分应对未来的挑战。

3.《蓝图》的理论基础

鉴于教育体系的性质以及其作为公共部门且具有多个相关利益者的复杂性,必须实施实用且深远的改革以应对各种挑战。各项研究表明,迫切需要培养强有力的领导人员、加强教师专业发展,赋予学校更大的办学自主权提高学生的学习标准。

伴随经济全球化而来的机遇与挑战以及快速发展的科技革命,需要我们反思教育战略以确保学生可以获得适当的知识和技能。21世纪市场经济要求公民具备作为社会经济生产力所必备的知识、技能、价值观和态度。这要求教育体系必须快速应对变革的需求,并帮助公民获取有助于其适应各种工作环境所需的能力、技能和意识。

随着人们对教育期望的不断提高以及对教育质量的高度关注,迫切需要教育体系提高其帮助年轻人应对21世纪各种挑战的能力。鉴于当前教育体系存在的问题,必须对教育体系进行大刀阔斧的改革。

《2014—2024年不丹教育蓝图》(以下简称《蓝图》),提出反思教育并实施彻底改革是应对各种挑战的需求。《蓝图》立足于教育部开展的全国征询与研究,确立不丹教育体系的愿景和期望并制定实施举措和建议的时间线路图(2014—2024),着力实现国家的总体教育目标。

4.《蓝图》的目的

不丹的政治体系和社会经济形势,已经度过了需要一个强大且具有前瞻性教育体系的阶段。根据规定的线路图,《蓝图》将帮助不丹年轻人为应对21世纪的挑战做好充分的准备。变革过程将提升教育体系的水平,比照国际标准,培养出具有学术标准、技术全面、关注反思、守纪律、善沟通、有技能的人员。

因此,作为一项改革举措,《蓝图》将:

(1)检视当前教育体系的现状与问题,尤其关注扩大入学机会、提升教育质量、缩小学习差距、促进教育体系效率最大化等问题。

(2)确立未来10年及以上时间内,整个教育体系的愿景和期望。

(3)概述教育体系整体改革的进程,确保不丹学生获得最好的能力。

5.《蓝图》的发展方法

基于领导层、国家愿景和公众对提高不丹儿童国内和国际竞争力的期望,教育部着力采取措施规划强大的国家教育改革线路图。2014 年 5 月,教育审查办公室成立,其主要职能是负责检查当前教育体系并提出战略发展建议。

教育审查办公室,主要由来自教育部和其他相关利益者群体的专业人员组成,负责全面检查当前的教育体系。在制定和起草本愿景的过程中,教育审查办公室咨询了教育者及地方和国家一级的相关组织的人。

本《蓝图》的准备过程大致可以分为两个阶段。第一阶段主要是详细检查和诊断教育体系,评估现状并确定改革的优先区域。第二阶段主要是探讨解决在全国征询中出现问题的方法,以便绘制详细的改革线路图。

全国征询形式主要有与杰出人士的一对一访谈、同质群体的小组讨论、同质群体(绝大多数是家长)为形成一致意见而举行的政府会议,同时也分别对学生、教师和校长、公众进行了问卷调查。线上论坛有《蓝图》网站、脸书、推特和广播电视等,这些都是不丹人民表达对教育及其未来发展的观点和意见的重要平台。

第二章 面临的挑战

本章通过文献研究以及调查、一对一访谈、政府会议、小组讨论等形式进行全国征询,评估当前教育体系的情况,明确差距与挑战。面临的挑战主要可以分为四个方面:入学、质量、公平和效率。期望这些挑战可以通过以下措施予以解决。

1. 入学

入学方面,主要涉及教育机构和政策通过何种方式确保学生享有平等的教育机会。教育体系致力于向所有不丹儿童提供入学机会。但是,社会经济背景、经济地位、残疾、学业成绩、地理位置等因素却成为阻碍儿童接受教育的绊脚石。

1.1 初中、高中和职业教育的入学

不丹已经基本实现初等教育普及。初等教育入学人数的增长导致中学教育人满为患、入学压力大。这也导致了有限资源与教师工作量不断增加之间的矛盾。目前,迫切需要加大对扩大优质初中教育和高中教育入学的计划与举措的扶持力度。虽然学校私有化政策缓解了公立高中的入学压力,但由于绝大多数私立学校建于城市地区,事实上又加剧了高中教育入学上的不平等。许多农村地区的家长难以承担孩子就读私立学校的费用。

入学政策要求儿童必须年满 6 岁方能进入学前班。但事实上未满入学年龄入学的情况较为普遍。全国调查显示,56％以上的受访者和 52％的教师建议学前班的入学年龄应降至 5 岁。另一方面,定性研究显示应扩大全国幼儿保育与发展项目的入学人数,以确保所有儿童享有均等接受学前准备教育的机会。

随着学校改革项目的实施,接受学前教育的儿童也需要住宿设施。因此,降低入学年龄至 5 岁,将使大型学校在如何向适龄儿童提供必要的关爱方面面临着挑战。

而且,如果儿童 5 岁入学,他们在 10 年级时仅有 15 岁,而根据《劳动法》的规定,尚未达到工作年龄。在众多教育较为发达的国家,所有儿童均有权接受幼儿保育与发展项目且正规教育的入学年龄为 6 岁或 7 岁。在这一背景下,加强或提高幼儿保育与发展项目而入学年龄保持现状颇为合适。

目前,高中教育招生主要以学术课程为主。鉴于职业技术教育的需求日益增长和有限的职业技术教育供给现状,获取的知识技能与劳动力市场的技能需求之间存在明显差距。

学校内有限的职业课程难以支撑学生进入技能培训机构。虽然,5 所学校已经试行了职业技能发展课程,但由于经费、专业教学人员、评估方法不足等,这些课程往往难以吸引学生。因此,学校应开设具有相关性和吸引力的职业技术类课程,以便学生能尽早修读职业课程。

根据目前的经济发展速度,工业领域对职业技术教育毕业生的需求将不断增加。而有限的职业培训机构和课程质量,使得职业教育领域难以满足经济发展需求。跟踪研究显示,现行的职业教育体系难以给学生提供必需的实用技能。因此,需要提升课程质量,增加技能培训机构的数量并改善大众对技能培训机构毕业生的印象。

建议的干预措施如下:

①加速实施学校改革举措,改善偏远地区儿童的入学状况;

②在 7 年级和 8 年级引入职前指导课程;

③在初中教育和高中教育阶段提供职业技术课程作为选修课;

④政府与工业部门合作开发和提供各级相关的职业课程;

⑤改善现行技术、职业机构的课程质量;

⑥增加职业技术机构的数量,并推动私立机构参与技术教育。

1.2 高等教育的入学

由于现有高等教育机构招生能力有限且私立学校较少,高等教育入学仍面临着严峻的挑战。由于高等教育机构数量较少,致使到国外求学的不丹学生日益增长。2014年,约 2779 名学生在印度和其他国家攻读学位课程。因此,通过与私立机构间的密切合作,发展高等教育非常必要。

建议的干预措施如下:

①加强和扩大高等教育,并促进私立机构参与扩大招生;

②建立中央机构(例如不丹资格认证机构),监督质量并促进学生流动。

1.3 非正规教育和继续教育的入学

不丹的非正规教育项目提高了非正规教育学习者的读写能力,也提高了学习者对健康、卫生、营养、生计、农业、文化、儿童保育的认识与理解。但是,成人识字率仅提高了 2.2%,从 2005 年的 52.8% 增长到 2014 年 55%。影响评估研究显示,应改善课程、教学和监测,以强化教育成效。因此,应增加项目提高识字率,以实现提高全民素养的目的。

继续教育项目主要面向高中毕业但未能接受高等教育的学生,这也需要予以扩大和丰富。

建议的干预措施如下:

①根据课程完成时间和学习者的完成率,改善非正规教育项目;

②扩大高等教育阶段各领域的继续教育项目。

1.4 特殊教育需求学生的入学

由于特殊教育学校设施、配套服务和师资的缺乏,政府采取措施扩大有特殊教育需求儿童的招生仍面临一个严峻的挑战。目前,6～16 岁约 5110 名具有不同程度残疾的儿童,仅有 366 名有特殊需求的学生入学。

全国征询显示,应增加对具有特殊需求儿童的配套服务。具有特殊需求儿童难以入学的一个原因是扩招后,从家到学校的距离大幅增加。现行教育体系难以满足具有特殊需要儿童的需求。因此,需要提供适当的项目和配套服务以满足这类儿童的需求。

建议的干预措施如下:

①对特殊需求人口进行需要评估,为建立新的特殊学校做出明确决定;

②通过增加适当的配套服务和设施包括教学材料、辅助设备、卫生设备、基础设施等,加强和扩大专门化教育服务以帮助有重度残疾的儿童进入指定机构学习;

③加强教师能力,帮助他们更好地满足具有特殊需求儿童的需求;

④开发适当的项目和配套服务以满足有天赋学生的需求;

⑤与家长和公众合作,向具有特殊需求的儿童提供必要的支持。

1.5 早期教育的入学

研究表明,接受优质早期教育项目的儿童留级或辍学的概率将会大幅降低,这将降低总体教育成本。幼儿保育与发展项目对入学准备的影响研究也显示,幼儿保育与发展项目对于入学准备有积极的影响。

尽管政府通过在农村地区推广以社区为基础的早期教育项目来提高早期教育的入学率,但只有 9％的 3～5 岁儿童从中受益。早期教育中心面临着教育供给不足以及物理环境较差等问题。根据《蓝图》调查,公众未能充分认识到早期教育项目对儿童入学准备的作用,同时公众也较为担心早期教育提供者的基础设施、设备和能力。

建议的干预措施如下:

①加强全国各地尤其是农村地区早期教育的质量;

②改善早期教育提供者的基础设施、设备和能力,以达到幼儿学习发展的标准;

③发展幼儿园到 2 年级教师的教学能力,以满足 6～8 岁儿童的保育与发展需求。

2. 教育质量

为了提供优质教育,教育体系必须能够促进学习者的身心成长。课程必须帮助学生获得 21 世纪所需的创新、创造、创业技能以及和平、和谐等价值观。学校领导者必须远见卓识地改善学校,教师必须使用以儿童为中心的教学与评估方法提高所有学习者的理解能力。

以下将讨论在各种评估和水平上测量学生学习,以及学校课程与评价、学校校长和教师的招聘与发展、学校的学习环境等内容。

2.1 学生学习

多年来,不丹教育体系已经为国家培养了大量的劳动力。学生高中毕业后继续接受高等教育并以知识分子和专业人员的身份进入劳动力市场。

但是,教育领域面临的一个主要挑战是如何提高各教育阶段达到预期学习成绩学生的比例。《教育,没有妥协》的研究显示"令人担忧的是,整体'学习增益'是缓慢的",每个年级需要增加一年方能达到该年级的平均水平。这表明学生未能在规定的时间内习得课程,这导致小学的高留级现象。学前班到 4 年级学生的学习成绩呈下降趋势。而且这一下滑在 4 年级表现得最为严重,2001/2002—2006/2007 学年,4 年级的留级率最高,约为 11.8%。即使顺利读完 4 年级,也有很大一批学生在 5 年级或 6 年级复读或辍学。概括地说,大量学生虽然读完小学,却未能获得读写算等基本技能。

绝大多数未能掌握核心课程的儿童在理解力上问题较大。如果儿童在小学阶段未能获得应有的能力尤其是在英语和数学课程方面,那么在后续的学习中他们将面临严峻的学习挑战。为期 6 年的研究也证实了这一结论,研究表明 7 年级是中学阶段留级率(10.9%)和辍学率(7.15%)最高的年级。

"全国教育评估"(2003 年)显示,相较于农村学生,城市学生在各方面都表现得更好,这表明教育体系未能有效地实现教育机会均等。

由国家教育委员会于 2008 年在 18 所学校 5、7、9 年级的英语、数学和科学课程中实施的一项诊断性标准化测验显示:

(1)学生学习成绩低于年级最低预期水平,难以完成基本的读写算作业。

(2)绝大多数学生难以理解核心概念,无法将知识应用于实际生活。

(3)学生在机械记忆类问题上的表现较好。

(4)学生在程序性学习方面存在诸多问题,在程序应用上易犯简单的错误。

(5)各年级学生在词语使用方面表现较差,说明理解能力较差。

(6)雇主认为毕业生缺少入门级工作必需的学术准备和专业技能。

在不丹初中教育认证考试中,2012 年学生的平均成绩为 52.78~74.05 分,2013 年为 52.49~76.84 分。同样,在不丹高中教育认证考试中,2012 年学生的平均成绩在 44.06~64.37 分,2013 年在 43.82~67.88 分。这些说明,在高风险测验中学生的平均成绩低于全国平均水平。

根据学生学习成绩年度统计,在英语测验方面:4 年级学生的平均成绩为 35.2~43.3 分,6 年级学生为 42~53.5 分,8 年级学生为 27.3~54.5 分。在数学测验方面,4 年级学生的平均成绩为 44.4~52.6 分,6 年级学生为 43.4~55.3 分,8 年级学生为

47.1~54.9分;在科学测验方面,4年级学生的平均成绩为39.6~44.7分,6年级学生为43.7~48.4分,8年级学生为43~53.2分。

学生学习成绩年度统计的结果表明,学生在英语、数学和科学方面的学习成绩较低。

研究结论表明,不丹儿童的总体表现不仅难以达到国际标准,甚至未能达到本国标准。导致这种差距的原因主要有教师能力、教学材料、班级规模、课程和评价、课堂实践和学习环境、相关且充足的专业发展项目、学校领导等。

建议的干预措施如下:

①提升学校资源、信息通信技术生态系统和教师能力,以促进体验学习和提高整体评价;

②将学校转型为教师可以不断研究并提高学生学习成绩的学习型社区。

2.2　课程与评价

世界不断面临新的挑战出现新的发展机遇,不断变革的体系和学生的期望,要求教育必须跟上变革的节奏。教育必须通过提供可以实现年轻民主国家期望的学习机会,才能应对变革的不断发展。因此,学校课程应是民主且现代的,以实现"全面教育"的发展。

(1)课程设置

课程开发分八个阶段:课程诊断和规划、课程设计、系统管理和治理、教材和教参的开发、课程实施能力建构、课程实施过程、课程评价和学生评价。当前的课程改革、修订和审查是其中的一部分。它负责按课程不定期地审查其有效性以及决定是否纳入前沿领域的内容。

21世纪教育要求,核心科目的学习应整合全球意识、财政、经济、商业、创业能力、公民能力、健康认知力、环境素养等相关内容。它应促进学习与创新技能,生活与职业技能,信息、媒体与技术技能的发展。它应该多样化,以容纳诸多当前新兴学习领域的研究成果。

各种论坛中已经探讨了学生学习路径和认证方面的问题。当前教育机构可以为学生提供少量选修课程。教育部和国民幸福指数委员会建议,9年级和12年级可以开设更多的选修课程,确保学生接受广博而均衡的教育。研究也建议,检查9年级和12年级学习分流体系,以便提高选课的灵活性,满足更多学生的兴趣和能力发展需求。

建议的干预措施如下:

重组教育路径,增加选修课程、容纳新兴学习领域的内容。

(2)课时安排

至于上课时间、教学天数、每门课程教学时间等,除了少数地形复杂地区外,所有学校每学年均应采用同样的开学、考试、假期和放假时间。全国征询建议,应根据天气条件选择不同的上课时间。

每学年学校课程的最低教学天数应不少于180天,990~1080学时。相较于经合组织的平均数,不丹学生的在校时间是较低的。在教学时数方面,英语、不丹语、数学的教学时间多于科学和人文学科。2012 年课程与研究部的报告显示,学校安排 7 次 50 分钟的课程,即可有效达到每门课程每学年规定的教学时数。但是,虽然研究结论并未显示,但 10 年级和 12 年级学生参加大量的补习班说明,课程任务繁重且在正规教学时间内学校未能完成教学任务。

建议的干预措施如下:

①根据学校地理位置、教学天数以及各门课程时间分配情况,检查学校的假期时间;

②检查内容繁重的课程。

（3）教学材料

作为一种教学材料,教材是知识、技能、价值观的直接呈现方式。学校通常会反馈教材和其他教学材料在内容、纸张和色泽等方面的问题,以及是否充足,是否及时供应等方面的问题。

日益增长的国家期望,要求教材内容应明确融入"国民幸福指数"的元素以及全球意识、财政、经济、商业、创业能力、公民能力、健康认知力、环境素养等主题。教材也应发展学生的批判思维、交流、合作以及创造力,教材应融入国家的愿景和期望。着力简化供应流程,确保所有学校可以充足且及时地获得教材。

建议的干预措施如下:

①教育部负责检查和监督教材质量;

②简化教学资源供应流程。

（4）学生评价

学生评价对于测量学生学习至关重要。"无论正规课程如何呈现,教师在班级如何教,学生想学什么,教什么、怎么教、习得了什么,其中最为重要的决定因素是评价什么。"目前正在实施的评价方法有连续形成性评价、连续总结性评价、期末考试和学年末考试、10 年级和 12 年级的高风险考试。虽然调查显示整个评价体系是相关且全面的,但不丹学校考试与评价委员会在 2013 年对学校整体评价实践的研究中指出,学校评价体系存在巨大的缺陷。这个问题非常严峻,急需关注。

各个课程规定的评价模式,10 年级和 12 年级模拟考试为学校和国家级期末考试准备试卷,学生在不丹学校考试与评价委员会举行的考试和学校 10 年级考试的分数存在不一致,作为课程或规定实验的一部分开展的科学实践,这些方面均需要干预和支持。

建议的干预措施如下:

修订评价体系,促进连续形成性评价制度化,将学校和高风险的连续总结性评价和总结性评价提升为以能力为基础的评价。

（5）语言课程

修订英语课程主要是为了提高学生的交流技能,但尚未达到预期效果。研究显示学生大多喜欢学习语言(英语和不丹语),但这对他们来说是巨大的挑战。

这是由于学生在语言学习尤其是英语学习方面存在困难：

①农村学生在理解和联想有外国内容的故事方面存在困难；

②作为学校文化一部分的学习环境影响着语言的习得。除了不丹语，教学科目采用英语、不丹语或其他方言作为混合语言进行教学，并未为英语学习产生积极的促进作用；

③媒体尤其是电视影响了语言学习。近来的研究显示，儿童观看印度语动画片不利于习得不丹语、英语或母语；

④新的英语课程要求采用大量策略对听、说、读、写技能进行连续性的形成性评价和总结性评价，但这些评价未能按照预期实施。

建议的干预措施如下：

①应修订教材和教参，以便调整涉及国内外内容构成比例等相关问题；

②学校文化应培育学习英语的氛围。

(6)数学和科学课程

通常许多学生不喜欢学习数学。他们发现数学学起来很难，例如 9 年级和 10 年级的三角和集合理论。

公众一致认为教材开发得很好，几乎不需要进行修订，但 3 年级数学教材却被发现存在严重的语言问题，学生难以理解。教材的书写语言必须与学习者的能力相匹配。

章末测验应纳入连续性的总结性评价之中，测验设置的问题应主要测试高阶思维技能和概念理解力方面，但教师准备的试卷中的问题未能与预期思维水平相一致。不丹初中教育认证和不丹高中教育认证考试采用结构化的试题开发模式，考试题目亦未能与目标相匹配。

学生非常喜欢科学课程，发现它极具挑战性。教师面临的挑战是 4 年级到 6 年级的教学，这主要是由于一些教师具有科学背景而另一些则没有，应确保教师持续的专业发展和拥有其他资源是成功实施课程的关键。应改善小学的科学实验设备，并用实验的学习方法激发学生的科学兴趣。

建议的干预措施如下：

①应持续推进在职教师的专业发展；

②职前教师培训应采用当代的教学法。

(7)社会科学课程

社会科学课程进行了微调，加入了一些新的内容，但尚未对历史和地理等课程进行全面修订。应修订并实施 9 年级和 10 年级的经济学课程，会计学课程应删除过时的内容和信息。根据征询，公众强烈要求改革历史和地理课程并重新编写教材。

建议的干预措施如下：

改革历史和地理课程。

2.3　学校领导者

学校领导者是学校成功的关键。过去 30 年的研究证实，优质领导者与学校的良好表现密切相关。相关数据显示，以杰出校长取代平庸校长，学校的成绩将提高 20%。

以下内容探讨了校长成为有效教学领导者所面临的现状与挑战。政策干预建议是应提高校长在教学方面的工作效率。

（1）选拔与聘任

校长的选拔和聘任主要基于《不丹公务员条例》。虽然着力于招聘最具资格和能力的候选人，但在小组讨论过程中，公众较为关注选拔过程。公众认为需要检查选拔过程，听取学校教师和员工的反馈意见。由于当前的选拔过于重视任期，这令许多年轻且有能力的教师难以参与到竞争中来。

学校表现主要依赖于校长的领导力、选拔校长必须严格。

建议的干预措施如下：

评估当前校长选拔的标准和流程。

（2）专业发展项目

研究表明，校长应在任职前接受充分的培训并在其任职期间获得持续的专业学习。这在任职的前 3 年尤为重要，因为这是校长形成领导风格和技能最为重要的时间段。

新任校长的准备和入职培训以及后续的专业发展项目主要依赖于可用的经费数量。调查结果显示，58％的校长接受过新任校长的入职培训，只有 73％的校长在任期后的前 3 年接受过专业发展培训。

建议的干预措施如下：

促进教师有效入职和形成专业发展项目的制度化。

（3）教学领导力

尽管面临着严峻的挑战，但校长的个人特质和主动性将会使学校表现良好。调查显示，"校长的领导品质、教师能力、教师的责任感和价值观"是提升整体教育质量亟待关注的领域。

参与小组讨论的教师普遍认为，由于繁重的行政职责和缺少自主权，校长难以指导教师。鉴于学校自主权对于学校提供优质教育具有重要的影响，2014 年 19 所公立学校作为自治学校进行试点。自治学校的报告显示，由于及时做出决策、筹集经费、合理使用辅助教学的预算及资源，学校的表现越来越好。

建议的干预措施如下：

赋予更多学校以办学自主权。

2.4　教师

《全国教育政策草案》指出："教师应具有三种品质，即对儿童深深的爱、对知识持续的热情、对教育作为赋权工具坚定不移的信念。"

（1）选拔与招聘

在芬兰、韩国和新加坡等国家卓越的教育体系内，参加教师培训需经过面试和考试等选拔过程。在这些体系中，在排名前 30％的毕业生中选聘教师。不丹教师质量的研究显示，入职教师专业标准低是影响学生成绩的主要因素。

在不丹，12 年级的毕业生根据成绩被选拔进入两年制教育学院。12 年级毕业生中最优秀的一批学生首先选择申请国外奖学金,到国外攻读学位。第二批次的学生申请国内奖学金,接受高等教育。教师是剩余的绝大多数 12 年级毕业生最后的一个选择。但是,也有通过不丹公务员考试的本科生自愿进入教育学院攻读一年制的教育研究生文凭。公众认为,将教师入职资格提升至学士学位,有助于提高教育质量。

除了学术要求以外,教师还必须具备重要的品质,例如:热爱儿童、良好的人际沟通技能、学习意愿和教学动机等。目前,教师候选人主要采用学术导向的选拔标准,并未考虑到个人特质和教师的其他特性。

建议的干预措施如下:

①从在 12 年级毕业生中的前 30% 选拔教师,逐渐发展到在前 30% 具备教师特质的大学毕业生中进行选拔;

②采用标准仪器实施严格的面试,检验候选人对儿童的热爱、人际沟通技能、学习意愿和教学动机等教师特质。

(2)职前教师准备

在征询过程中,公众认为由于教师在教育学院的教育准备不足,使他们难以应对现实中教学的需求。这一论断刚好与国家教育委员会的研究结论一致:

①当前的教师预备项目,由于庞大的师资需求面临严峻的挑战,又因为培养出大量质量不高的毕业生而备受批判;

②教育实习时间不足、选修课不合适、课程难度低、称职教师的辅助和指导不足、大量课程缺少建设性反馈等因素,致使理论与实践严重脱节;

③教育学院主要采用讲授法教学,使学生根本没有反思的空间。因此,教师教育体系弥散着被动性的文化氛围,这对于教师专业发展极为不利。

以上研究结论指出,教育学院应重建和改革学校课程。

建议的干预措施如下:

①重建教育培训项目;

②加强教育学院和学校间的合作。

(3)教师能力

在全国征询中,公众较为关注教师在学科和英语语言方面的能力。对全国英语媒介教育的研究显示,学生英语学习并未达到预期水平;课堂教学采用说教式教学方法;教学以考试为导向,且秉承传统的师生关系;任课教师并非都支持学生发展英语能力。

2012 年"教师需求评估"显示,虽然教师所写论文观点丰富,但语言不尽准确。研究也发现,英语教师在语法教学方面需要更多的帮助。而且,一项研究显示,虽然教师秉承建构主义理论,但他们大多习惯于程序性、机械性教学而非理解性教学。同样地,它也表明教师正在将一些错误观念、常见错误传递给学生。许多教师对社会科学所需的一些基本概念和观点缺乏正确的理解。公众和教师调查显示,为了提高教育质量,必须关注教师的能力。

因此,迫切需要提高教师的能力,以提升教育质量。

建议的干预措施如下：

①制定提高教师英语能力的标准；

②制定提高各科目教学的标准；

③创建论坛，促进教师参与研究和讨论。

（4）在职教师准备

面向教师的在职教师专业发展项目，通常可分为不同的类型。全国调查结果显示，需要提高不丹教师的能力。95％的教师认为，专业发展是提升教师质量最为重要的因素。

教师工作满意度调查显示，由于证书的含金量、培训较为便利且培训机构资质较好，教师偏向于参加全国在职培训项目和不丹语在职培训项目。专业发展项目的级联模式其实就是简化项目，原本一周的全国在职培训被缩减为 1 个小时。教育监督与支持服务部的报告进一步证实由于预算、人力、时间和其他资源有限，学校在职培训项目并未能有效实施。目前，教师专业发展项目主要受到经费的限制。

参加小组讨论的教师指出，全国在职培训项目教师的提名和选拔缺乏透明度。教师也表示期望接受更多相关的教师专业发展项目培训。教育部责令所有教师每年必须接受不低于 80 小时的教师专业发展项目培训。但教师却提出每年接受 80 小时的专业发展项目培训有困难。而为了实现这一目标，学校使在职培训项目倾向于追求数量而非质量。

全国调查发现，绝大多数教师只接受过校级在职培训项目；只有 31％的教师参加过国家级在职培训。据"不丹教师工作满意度"和全国征询显示，由于时间和资源的局限，全国在职培训项目和学校在职培训项目被大大简化。鉴于教师数量庞大，直到 2014 年教师专业发展项目与整体师资需求仍不成正比。

在全国调查中，66％的教师和 51.7％的公众建议应把星期六确定为教师的专业发展时间。

建议的干预措施如下：

①根据教师人力资源政策和总体规划，建立专业发展部；

②实施相关且持续的专业发展项目；

③保存有助于专业发展项目的教师数据库；

④为专业发展项目划拨专项资金；

⑤确定星期六只用于教师专业发展项目和其他学校活动。

（5）教师的士气

教师工作满意度调查显示，虽然诸如学生成绩、学习和发展的机会等内部因素对教师起到了激励作用，但恶劣的工作条件、不成比例的薪酬等因素却影响了教师的士气。教师的非学术型责任似乎弱化了其专业地位并由此影响了教师的士气。不丹教师工作满意度调查建议，设定更好的起薪标准可以吸引优秀的大学毕业生进入教师行业。同类研究也建议将教师的入门职位由 5 级提升到 4 级。

在小组讨论中,教师表示恶劣的工作环境和条件,有限的网络,打印机、计算机和传真设备的限制以及缺少合适的住宿条件等都影响着他们的工作动力。获得政府住房的偏远地区学校的教师表示,由于偏远学校政府住房条件恶劣,住房补贴政策是不公平的。在严重的国内问题和地震灾害时期,学校体系在解决问题时过于死板、缺乏灵活性的状况也严重影响了教师的士气。

国家于2012年实施了全国奖励体系,于2014年实施了教师人力资源政策,旨在促进教师和校长的专业发展。

建议的干预措施如下:

①改革教师待遇,留住合格的优质教师;

②严格实施教师人力资源政策,确保以绩效为基础的奖励和认可机制。

(6)师资短缺

根据2014年《年度教育统计》的调查,全国的生师比为20∶1,小学阶段不丹语、科学、健康与体育、地理、历史、信息技术和数学等科目存在师资短缺问题。

造成师资短缺的原因主要有:

不恰当的师资配置这是造成师资短缺的原因之一。农村学校饱受师资短缺的困扰,这直接导致许多缺乏经验的教师不得不进行混班教学。而城市学校过高的生师比也影响了教学效率。

公共征询显示,具有能力和经验的教师大多集中于城市学校,而缺乏经验的初任教师则主要在农村学校任职。在征询中,公众也对合同制教师的能力以及未经有效培训便上岗的教师提出了质疑。

2013—2014年,179名公立学校教师(约为总教师人数的2%)离职。虽然从前年开始这一数字降低至2%以下,但公众十分关注优质且富于经验的教师离开教育系统这一现象。同时,学校间频繁的教师流动也影响了学校的正常运转,尤其是在教学方面。

建议的干预措施如下:

①实施教师人力资源政策,优化教师配置;

②招聘负责学校课外活动的专业人员;

③建立教师委员会,负责教师的调配、福利、认证和许可等。

2.5 营造健康、安全、支持性的学习环境

(1)学校膳食与营养

富有营养的食物对于儿童和成人的成长与发展至关重要。一个饥肠辘辘的儿童难以有精力学习,也会丧失玩耍的兴趣,没有参与任何生理和心理活动的精力。

过去40年,世界粮食计划署和不丹王国政府联合实施的学校膳食项目,有效地提高了入学率和在学率,降低了辍学率,改善了在学儿童的营养状况,促使不丹儿童更好地接受教育激发潜能。

2014年,共51 886名学生受益于学校膳食项目,其中33 131名学生是住校生,

18 755 名学生是走读生。而根据近来三所参与学校膳食项目学校严重营养不良问题的报告,政府在 2012 年将每月的膳食津贴从 700 努尔特鲁姆提高至 1 000 努尔特鲁姆,到 2014 年又进一步规定此项津贴仅限于购买食物。到 2015 年,全国共建立了 24 所试点学校,学校膳食项目受益学生人数翻了 1 倍,但未来的挑战仍十分严峻。这主要是由于在 2018 年年底世界粮食计划署预计将从不丹撤出,届时学校膳食项目将完全由政府出资。政府必须探寻资助学校膳食项目的可持续性方法,以确保教育的连贯性和学生的学习收益。

近来由相关利益者参加的学校膳食会议发现,学校膳食项目作为一项整体政策并未被列入《全国扶贫战略》等相关政策之中。学校膳食的重要性在《食品与营养安全政策》《全国教育政策》和内阁出具的加强全国学校膳食项目的书面说明中均有所提及,但尚未确立全面的学校膳食政策。随着学校膳食项目转为国家独立资助,需尽早确立稳定且独立的经费来源用于保证项目的持续性。

建议的干预措施如下:

①开发并实施学校膳食政策,确保持续性和质量;

②提高学校食堂调度员和厨师的知识和技能,确保学生可以吃到富含营养的食物;

③定期监测学校膳食,以提供必要的支持;

④通过使用政府贫瘠的土地或租用私人用地,加强学校的农耕项目以帮扶学校的膳食项目。

(2)健康与福利

卫生设施是安全处理人类废物而提供的设施和服务。卫生设施不足会引起疾病,最常见的是由粪便污染而引起的腹泻,这会使婴儿的死亡率上升。安全、充足的水、卫生设施和卫生教育将极大地影响学校内儿童的健康和学习。

2014 年,全国 90% 的学校已经拥有管道供水和被保护的水源,而余下 10% 的水源尚未得到保护。92% 的学校已经拥有了充足的饮用水,但只有 60% 的学校拥有充足的洗澡水。在走访的部分学校中,一些学校会出于卫生目的收集雨水,但这只在季风季节适用。2014 年《年度教育统计》报告显示,28% 的学校卫生用水不足,而初中学校并未达到学生和水龙头 50∶1 的国家标准。

虽然全国所有学校均已配有厕所,但初中女厕所并未达到 25∶1 的国家标准。2014 年《年度教育统计》报告显示并由国家征询进一步证实,学校中 30% 以上的厕所都不是功能性的。公众强烈建议学校配备具有足够卫生用水的功能性厕所。且需要雇佣专职清洁工来保持学校厕所干净和可用。

国家征询显示,学校有限的保健服务难以给予学生及时的治疗和个人保健教育。虽然学校都配有健康协调员,但只有 60% 的学校配有经过培训的学校健康协调员,其主要职责是改善卫生状况而非提供临床治疗。医务人员会定期走访学校进行检查,但这类检查并非定期性疾病诊断或提供及时的治疗。2015 年建立的中心学校需配有接受过训练的健康专业人员和受过训练的全职协调员,以满足学生的生理和心理需要。

与此同时,应通过加强学校和卫生保健中心间的联系以及增加学校健康协调员的知识和技能,给其他学校提供充足的支持。

建议的干预措施如下:

①制定学校综合卫生计划;

②通过严格的训练和适当的支持,增加当前学校总协调员的知识和技能;

③加强学校与卫生保健中心之间的协调,提高学校卫生服务的规律性;

④增加和改善学校的水和卫生设施。

(3)学校安全:安全的学校,安全的青少年

学生和教师应获得各种形式的安全保障,而学校需要富有爱心的成年人营造真诚的氛围以促进学生进步和教师成功。学校环境就是教育环境,它必须安全、健康,受到保护且配有训练有素的教师、充足的资源、学习必需的社会条件。

即使是处于人口稠密地区且拥有大量学生的学校,学校大多关注的是人身安全,较少关注教师和儿童的社会和情感安全。事实已经多次证明,灾难期间学校和学生是最易受到影响的。2009年不丹东部发生的地震摧毁了117所学校,严重影响了学生和教师的生活与教育。

(4)环境安全

学校的物理环境包括学校建筑和其中的所有内容,包括物理结构、基础设施、家具、化学和生物制剂的使用和配备;学校所在场所;周边环境,包括儿童可能接触的空气、水和材料,以及邻近的土地、道路等。所有儿童和教师均应安全地在学校中生活、学习和工作。健康的学校环境直接影响着儿童的健康和学习,并由此培养健康且富有技能和生产力的社会成员。因此,学校可参照健康校园环境标准,加强学校安全标准,确保儿童和学校工作人员免受伤害。

(5)学校文化

一所拥有积极文化的学校,可以更有能力通过改革改善其学习环境。许多国际学校利用学校文化来促进所有儿童的学习和整体发展。

根据学校纪律政策,不丹学校禁止体罚,并且所有矫正措施也应符合儿童纪律条例的相关规定。但在公共征询过程中,公众也对修订后的政策降低了对学生的纪律要求表示忧虑,担心这会导致学生在校内外出现违规行为。因此,成人与学生以及同辈之间培养良好的关系能够确保与出现问题的儿童进行有效沟通、及时干预。

虽然尚未有不丹校园欺凌问题的相关研究,但根据报告,欺凌、被欺凌行为在学校中是普遍存在的,这加剧了学生的不安全感,继而破坏了他们以健康方式学习和发展的氛围。学校应落实身体暴力、言语虐待、骚扰和戏弄的标准,明确一致的强制执行和规范成年人干预等方面的相关条例和标准。

建议的干预措施如下:

①确保设计和建设新学校的过程中严格遵从学校建设指南,并考虑环境条件和吸纳绿色科技,确保能及时恰当地评估并进行维护;

②学校必须落实安全条例和标准,并确保学校内所有学生、教师及其他人员之间能够进行有效的沟通;

③通过对家长实施适当的政策教育,检查和加强学校纪律政策的实施;

④制定规划和政策以营造基于国民幸福指数价值观的富有生气的校园文化,从而促进所有儿童的学习和整体发展。

3. 公平

没有公平的教育可能导致巨大的经济和社会差异;而没有质量的公平是毫无意义的空想。教育公平可从两个维度进行解读:公平和全纳。平等的教育体系是公平且全纳的,且在没有正式或非正式地设置障碍或降低期望的情况下激发学生的学习潜能。

3.1 学习差距

根据学校的入学情况和地理位置,不丹学校可分为以下几类:非常偏远、偏远、半偏远、半城市、城市学校。学生学习年度统计显示,不同入学地区的学生在科学、数学和英语学科平均成绩上的差异是巨大的。全国教育评估数据显示,城市学生在识字和数学方面的表现远胜于其他地区。

在入学方面,与许多国家相比,不丹表现较好。但是,学生学习年度统计和全国教育评估显示,学生在学习成绩和学习选择方面存在明显的性别差异。根据学生学习年度统计,在来自 4、6、8 年级的超过 20 271 名女童和 19 645 名男童中,不同性别的学生在学习成绩上存在显著差异。

无论经济和社会条件如何,关心和重视孩子学习的家长会主动参加家长—教师会议和其他学校活动,他们对学校的态度较为积极,重视培养家庭作业习惯,重视避免出现旷课、逃学、辍学现象以及重视提高学习成绩。研究显示,家庭在培养学生养成积极主动学习的观念和态度方面发挥着重要作用。

学校内的弱势儿童难以确保父母最大程度地参与其学习。建立并加强学校社区间的合作将有助于促进农村学校孩子的学习。因此,应采取多种不同的措施帮助弱势学校学生同国内优势学校学生一样表现良好。

建议的干预措施如下:

(1)加强学校、家长和社区之间的有效沟通,改善弱势学校学生的学习环境。

(2)营造支持性的学校氛围,尤其是农村地区的学校。

(3)向在弱势学校中努力拼搏的学生提供系列支持(在他们准备升入中学前,对其数学、科学和英语课程进行专门的辅导、帮助和咨询)。

3.2 具有更大需要的学校间的公平(城市和农村学校)

城市与农村之间的差距仍是影响学生学习成绩的重要根源之一。资源和有经验教师的公平配置是确保教育机会均等的重要因素。事实上,影响学生成绩的绝大多数变量可通过教育资源质量及这些资源如何使用做出解释。"师资是教育的重要资源,教师在其职业生涯中如何发展及获得了何种支持,将极大地影响学生和学校的表现——尤其是那些最需要帮助的学校。"

"有关教师对于学校偏好的研究发现,最不受欢迎的学校主要是农村和偏远地区的学校,以及拥有大量弱势儿童、少数民族和少数民族语言背景儿童的学校。"这类学校很可能出现师资短缺现象,学生会发现他们的教师既无经验又不合格。

根据全国征询,公众也较为关注如何招募优秀毕业生担任教师尤其是师资短缺地区以及分配教师后如何留任等问题。为此,2014 年度教育统计显示,社区教师和合同制教师主要面向农村学校,以解决当地师资短缺问题。

但合同制教师和社区教师反过来又加剧了偏远和农村地区的师资短缺问题。相关数据表明,农村学校师资消耗远高于城市学校,这继而影响了农村学校学生的成绩。

对公众和教师的调查结果显示,公平地分配有经验、有热情、有能力的教师有助于最大限度地缩小农村与城市学校的差距。

加强早期教育,将有助于儿童在后续学习中更便捷地获取技能和知识。对于弱势儿童来说,接受早期教育不仅有助于促进教育公平,从长远来看这也是最具有经济效率的做法。城市早期教育中心大幅增加,规模远超政府资助和捐资的社区早期教育中心,这种状况加剧了学生学前教育上的差距。在城市和农村地区学校中,学龄前接受过学前教育的儿童在后续的学校学习中更具优势,这种状况在学生入学后非常明显。为此,应确保所有儿童均可以接受早期教育,且都能从学前教育中受益。

因此,一方面应确认和评估影响学生学习的问题;另一方面,应提供充足且必要的支持,帮助学生不仅可以待在学校中,更能够充分利用学习机会。

建议的干预措施如下:

(1)改善弱势学校的工作条件。

(2)提供职业和经济上的激励措施,吸引和留任弱势学校教师。

(3)通过学校向弱势学生提供额外的资源。

2.3 社会经济地位

社会经济差距是影响公平的一大要素。大量国内外研究表明,家长收入和学生就读的学校,与学生成绩密切相关。社会经济地位是教育研究中最有可能使用的背景变量。研究者日益重视检视教育过程包括学习成绩与社会经济背景的关系。社会经济地位与学生成绩的关系表明,来自优势环境的学生在学校中表现得更好。国内外研究也证明,学生社会经济地位与其在校成绩显著相关。

在不丹,除了所在地区偏远和交通不便之外,导致学生辍学的主要原因就是贫困。例如,从小学升入中学,需要将学生重新安置到另一个地区,这意味着家长需要承担由此产生的费用。2007 年,虽然大量(69.2%)贫困儿童注册进入小学,但其中只有少数(2.7%)升入中学。

在全国征询中也发现,难以负担的间接教育成本是导致学生辍学的一个原因。因此,全国城市和农村地区弱势学生成绩的巨大差距表明,其学习成绩仍有很大的提升空间。

教育体系的精英主义倾向也日益明显。一些私立学校主要面向富人,这无形中创建了一个特权阶层。这一趋势将进一步加剧经济优势和弱势群体间的差距。由于教育负担能力导致的社会分层,将进一步恶化教育公平问题。

因此,学生方面的因素(家庭结构、父母工作地位等)、学校方面的因素(资源配置、学校地点等)的差异与学生成绩和社会经济地位密切相关,这种情况说明政策和实践影响着公平与效率。

虽然许多贫困学生的成绩在评估测验中低于平均成绩,但学校、学区和政府实施的教学技能和策略可通过向学生提供必要的辅导来缩小差距,提高其学习成绩。

建议的干预措施如下:

实施学校改革方案(建立中心学校等)。

3.4 特殊教育需求

人生来具有独特的天赋和能力,这有助于促进国家和个人的发展。为此,不丹王国政府通过实施"全国特殊教育政策"向所有人提供均等的教育机会。这一国家政策的主要特征是向多样的学生群体提供均等的教育,实现全纳目标,最终促进社会和谐。

2011 年的《残疾评估报告》显示,不丹至少有 21.7% 的 2~9 岁儿童存在不同程度的残疾。这意味着每 5 个儿童中超过 1 个存在残疾状况。但是,直到 2014 年 3 月,不丹只有 6 所综合学校,2 所特殊教育中心,255 名教师,366 名具有特殊需求的在读学生。综合学校和特殊教育中心的数量和质量普遍不尽如人意。因此,教育部于 2000 年成立的全面发展处在 2011 年全面升级。

根据全国征询,迫切需要建立更为"全纳"和"灵活"的学校,用于招收各类具有特殊需求的学习者。受访的所有不丹人民均强调现有学校难以甄别并满足具有天赋学生和弱势学生的需求。而且,94% 的教师表示需要接受教育特殊需求学生方面的专业培训,而 90% 的教师表示他们并未接受过任何教育特殊需求学生方面的培训。

向多样的学生群体提供均等的教育是 2012 年"全国特殊教育政策"的主要特征,着力于通过实现全纳目标,最终促进社会和谐。

建议的干预措施如下:

(1)识别和规划多样性

①对教师开展教育特殊需求学生方面的培训;

②在所有主流和综合学校内建立教学资源中心。

(2)提倡和建立合作

①与不丹皇家大学和其他相关机构合作,加强特殊需求学生方面的培训;

②鼓励和支持私立教育机构接受特殊需求学生。

3.5 教育中的性别平等

目前小学的净入学率为 95%(其中男性为 96%,女性为 94%),性别平等指数为 0.98。虽然自 20 世纪 90 年代以来女性入学人数快速增长,但高等教育层级上两性入学人数的巨大差距导致女性在政治、商业和公共服务领域的参与率极低。例如,议会中只有 7% 被选官员和一位部长是女性,这令不丹在 142 个国家关于女性政治赋权的排名中位列第 130 位。

虽然国家已经通过大量的政策着力提高女性入学率,尤其是小学阶段,但女青年在入学方面仍面临着严峻挑战。这主要集中在中等和高等教育入学方面。学校在建设厕所、水和安全等方面的基础设施时,必须重视两性差异问题,且应尤为关照女性,这将直接影响其在学校和生活中的成功或失败。类似地,根据全国调查和征询,值得注意的是,如果缺乏寄宿设施且儿童需要寄住在由家长搭建的临时小屋内时,女性学生会面临更为艰苦的环境。

社会经济地位方面依然存在性别差距。只有 6.1% 的女性劳动力拥有稳定的工作,而男性的比例则为 17.8%。

根据不丹劳动力调查,大量女性(81% 的女性劳动力)在路边摊、家政、自给型农业等非正式经济行业中从事不稳定、无保护、无监管且低收入的工作。由于未能重视发展 21 世纪女性所需技能,提高女性进入正规部门的比例将仍是一项长期的任务。

建议的干预措施如下:

缩小性别平等差距的策略:

(1)提倡和建立合作,解决性别平等差距。

(2)引入性别响应预算。

(3)将性别观念纳入主流政策之中。

(4)增加提供基于需要的教育设施。

(5)指示监测和评估报告中建立单独的性别数据。

4. 效率

为了扩大入学、提高教育质量与公平,教育部门必须通力协作。过去改善教育的努力大多以投入为主,主要关注于基础设施、设备、人力资源等。并未过多关注提高整个教育体系的效率。当一定的投资产出最大效益时,该教育体系方可称得上有效率。为了提升效率,需要一个协调良好的组织,且该组织应配备有能力、专业且无私的工作人员,良好的信息流通,坚实的立法基础和权威机构,有效的公私立合作,充足的资源等。这些要素难以孤立地存在——只有这些问题均得到解决以后,教育体系的效率方可提升。

4.1 机构的能力和性能

能力和性能建设关系组织和功能水平。因此,它包括赋予能力、意愿和技能以发起、规划、管理、预算、监督和评估项目活动。

部门的效率依赖于其人力资源的能力。与部门官员的小组讨论证实,部门主要面临着人力资源能力与效率以及较高的员工流失率等问题。

研究表明,可通过自上而下的命令对政策制定和实施进行分类,以便在无须对话的情况下实施政策,弱化对管理人员的管控,降低走行政程序造成的资源耗费等。在地方一级,由于缺乏适当的促进社区积极参与小学的规划与管理,令这一问题变得更为复杂。这导致了政策实施上的失败,难以达到预期结果。地方一级的服务提供者——县和学校,经常未能清楚地理解政策。

建议的干预措施如下:

(1)完善学校、县和中央一级教育管理信息系统。

(2)在各级教育行政中实施基于经验的规划。

(3)面向所有部门官员进行每年定期的专业发展培训。

4.2 学校效率

(1)学校自治

为了提高学校效率,教育部于2012年初实行了分权政策。但在当前情况下,许多县级教育官员和校长表示由于在制定关涉学校事务的管理决策方面缺少必要的行政权力,而令工作备受阻滞。目前,县级教育官员的主要职责似乎只着重于县级行政事务,例如监督由县级管理部门负责的但未必涉及发展学校或教育活动的专门项目。教育政策也要求校长履行教学领导职责,提高教育质量主要关注于加强基础设施、设备和人力资源等投入,而非改善体系流程包括学校治理和管理。

建议的干预措施如下:

①需要重新明确县级教育官员和校长的职责;

②由县级教育官员主管在职校长和教师在国内外接受的培训。

(2)学校管理委员会

虽然政策要求所有学校组建管理委员会,鼓励管理委员会参与管理和汲取来自相关利益者的支持,但许多学校并未建立有效的管理委员会。期望学校可以遵循标准化管理流程,包括目标设定、战略规划、实施规划、监督规划、检查、评估、记录和报告。所有学校遵从统一的治理和管理结构是否有效,这还尚未明确。有必要反思当前的标准化治理与管理体系。

建议的干预措施如下:

①检查学校管理委员会的作用;

②开发学校指标,用于与其他学校的效率进行比较;

③提供基于学校的专业发展启动津贴。

4.3 教育管理信息系统

(1)管理信息系统

强大的教育管理信息系统是有效实施项目的基础,各级教育中心、县和学校均应建立有效的教育管理信息系统。目前,在各级行政管理中尚未建有保存学生、教师、学校和员工信息的标准化系统。工作人员十分关注建立绩效管理系统带来的繁重需求。据报告,教育部和皇家公务员委员会可用记录亦存在偏差。

在部门征询中,对于建立统一的教育管理信息系统的要求甚为强烈,该系统将收集关于学校、教师、学生包括奖学金在内的各类信息。

建议的干预措施如下：

在各级管理部门包括在学校内建立综合实用的教育信息管理系统。

（2）学生成绩跟踪系统

国家教育委员会于 2009 年开始实施学生成绩跟踪系统。该系统是负责长期跟踪学生在学术和非学术领域进步情况的数据化系统。在使用学生成绩跟踪系统的过程中，如果及时而准确地更新数据，对于学生个人和教育规划都是非常有用的。学生的通用代码将有助于相关部门共享数据。

建议的干预措施如下：

①恢复系统，用于加强各级质监的信息；

②学生数据应和当前教育部政策与规划处运营的教育信息管理系统相结合。

4.4　教育的立法基础

关于教育法的规定：

不丹王国宪法第 9 条第（15）（16）款明确规定了国家向幼儿园～10 年级儿童提供免费基础教育的标准，而且国家提供教育主要是为了提高人口整体的知识、价值观和技能以促进人的全面发展。为了促进国家履行职责，迫切需要制定教育法以提供优质教育并确保学生可以容易且便利地入学。目前，不同文件中的许多教育政策存在冲突之处，引起了诸多混乱，这迫切需要将所有教育政策整合进同一个立法框架之内，以促进国家教育的发展与进步。

制定教育法得到了约 70% 的教师、校长和普通公众的强烈支持。

建议的干预措施如下：

制定教育法，以 2014 年《全国教育政策草案》为基准。

4.5　全国教师协会

目前，教师并非是一个职业选择，因此，教师这个职业难以吸引最优秀的毕业生。而且，留住合格且有经验的教师，避免其离职进入其他更具吸引力的职业，也是一个巨大的问题。教师质量提升和职业满意度研究显示，缺乏持续的专业发展和支持、恶劣的工作条件、繁重的工作负担、激励与工作量不相符、已有体系有限的支持等是造成教师流失的主要原因。与上述研究发现一致，全国调查也表明，教师专业发展（94.7%）、工作条件（93.3%）、校长的指导和支持（93.1%）、招聘和选拔流程（86.8%）、薪酬（82.3%），这些是影响教师质量的主要因素。

为了解决上述问题，当问及教师和公众是否需要建立一个负责教师注册、发放许可、选拔、薪酬和福利的专门机构时，65% 的教师和 56.4% 的公众都做出了积极的响应。在小组讨论中，教师也表示需要建立一个负责管理教师职业和提升专业标准的专门机构。

拟定的教育法将包含有关教师协会的规定。通过创建可能的组织文化结构即教师协会，将有助于提高教师的职业地位。协会将负责创建结构、流程、政策加强政策开发、明晰行政条例和流程、分权和简化决策制定、减少不必要的科层制流程、增加透明度、改善教师职业。

建议的干预措施如下：

建立教师协会，以便有效地促进教师的发展，创建有效的教师认证、认可、发放许可、注册服务、福利和调整机制。

4.6　机构合作与联系

2014 年开展的组织发展研究结果显示，不同教育机构间的重复劳动增加了实施预期活动和项目的成本。这也导致了相关利益者提供教育服务的延期和低效。虽然需要重新明确教育机构的职责以避免上述问题，但增进机构间的战略合作也将有助于提高效率。国内外机构间的合作与交流可以强化教育研究、共享经验、制定新的战略，以履行 21 世纪的教育服务。

建议的干预措施如下：

①实施组织发展小组的建议，简化相关教育部门机构间的协调与合作以更快地提供服务；

②发展与地方和国际合作伙伴、组织的合作与联系，以提高入学率、促进公平和提供优质教育。

既然已经证实，各操作水平上组织功能的效率与效能会因不同工作部门、机构和合作者之间缺乏合作和联系而受到影响，那么，加强联系非常重要。

教育部相关机构与负责交流项目的国际机构二者之间的联系较少。

4.7　公私立合作

直到近来，提供优质教育仍是政府的职责。但随着公众期望的日渐高涨、学生入学率的扩大以及对于政府资源需求的不断增长，与私营部门建立新型合作关系就显得非常关键。

教育领域的公私合作能够促进更多人接受优质教育。教育部将负责提倡、合作、协调，以便公私立部门间的合作能够平稳地运行。可能的合作领域包括教育融资、创新学校实践、教学材料的印刷与供应、专业发展、学校供餐、交通服务、商品供应等。

（1）私立学校——地方

政府鼓励私营部门参与建立学校。全国已经建立了许多此类学校，用于扩大入学及给予学生替代性的选择。但同时，这方面也存在许多潜在问题。

不丹学校考试与评价委员会对于私立学校管理的研究显示，在学校管理过程中由于利益冲突和所有者的干预，学校会招聘未经训练的教师。

建议的干预措施如下：

促进并鼓励在全国建立更多的私立学校。

（2）私立学校——国际

为了实现将不丹发展成为教育中心的政府期望并向学习者提供更广泛的选择，鼓励具有国际认可的课程和考试体系的国际学校在不丹建立学校。

建议的干预措施如下：

探究在不丹建立私立国际学校的可能性。

4.8 投资教育

作为国家进步的杠杆,教育被视为是赋予公民权利和实现国家转型的合法投资。

(1)内部效率

衡量教育体系内部效率的主要指标包括基础教育的辍学率、复读率和毕业率。年度教育统计显示,2014年基础教育的复读率是5.4%,小学的复读率是6%(男性6.9%,女性5.1%)。基础教育的总体辍学率是2.4%。按年级来看,4年级、7年级、9年级的辍学率较高,分别是7.6%、8.8%、6.9%。小学的辍学率为0.8%(男性1.5%,女性0.2%)。以上数据说明,学生难以应对教育晋阶。

公共征询调查结果显示,家庭问题、高昂的教育成本、对于教育重要性的认知缺乏,是导致学生辍学的主要原因。而且,教师能力不足及教学资源、设施缺乏也是影响学生辍学的重要因素。

不丹多维指标调查结果也显示,如果母亲有文化、家庭经济状况良好,学生读到6年级的概率将会增加。农村地区的辍学率较高。

建议的干预措施如下：

①通过中心学校体系扩充寄宿学校的数量;

②通过增加和提高教师的数量与能力、在各级学校按性别比例合理分配教师、改善教学设施等提高教育质量。

(2)资助教育

教育服务预期的成功主要依赖于诸如政府强大的财政和资源投入等支持机制。尽管政府努力加强教育,但考察过去几个五年规划可以发现,教育占GDP的百分比和教育总支出的百分比呈下滑趋势。在上一个五年规划中,教育占全国财政的比例是11.1%、9.4%、14.5%、12.8%、8.0%,这说明可用教育经费的波动非常大。

一大部分预算被用于基建工程。例如在全国建设新的基础设施以便扩大入学机会。但在全国征询中,学校仍面临很多挑战,例如,包括教师、员工办公室、信息技术、公共空间、艺术、音乐等结构和设施不足。在这种情况下,图书馆库存不足、实验室也未得到充分利用。而且未能重视维护和翻新基础设施,这直接导致了对基础设施和设备的维护不足。而且,相较于农村学校,城市学校拥有更好的设施。

鉴于资金紧缺,有必要最大限度地提高投资效率并实现提高教育质量的总体目标。而随着扩招维护费用和额外投资的日渐增长,预计下一年的教育支出将进一步提高。此外,2018年以后世界粮食计划署的援助将逐渐退出,政府将全面接管学校膳食项目。学校膳食项目是确保入学率的一个重要因素。它对增加非工资的经常性费用,从而提高教师质量也同样重要。

第十个五年规划(2002—2007)的开支显示,46%的教育预算出自发展合作伙伴。

虽然拥有这类援助,但预算支出和经费仍将是一个问题。随着公共开支的缩减而扩大教育的改革又非常重要,教育部需要开发新的经费机制以增加经费确保教育体系的质量和效率。

有效实施《蓝图》必需的财政资源将在第五章中进行专门阐述。

建议的干预措施如下:

①引入基于公式的资金以解决股权问题;

②提高开支水平,以达到国际基准——GDP 的 6％;

③完善与私营部门的成本分担机制;

④改善提供服务的机制,促进产出最大化。

第三章　愿景与期望

1. 国家的期望与教育的作用

2009 年 2 月 17 日,在不丹皇家大学第三次集会演讲中,国王这样说道:"仅提供免费教育是远远不够的——我们必须提供公平的教育,它将确保我们的青年在世界各地均可以表现杰出。"

所有不丹儿童必须获得教育机会,这有助于他们实现全部潜能并更好地生活。因此,应提高对于学生、学校、人民的期望,并确保所有完成正规学校教育或其他形式教育与培训的学生可以获得在生活中成功的工具。不丹教育体系必须以提高全体人民的幸福和快乐为主要目标。它也必须贯彻基于国民幸福指数理念的国家独一无二的发展目标。同时,它应具有想象力、活力和适应力,以明智地应对 21 世纪的机遇和挑战。因此,不丹迫切需要建立一个高效教育体系,给予学生——未来公民在充满竞争且快速均质化世界生存所需的知识、能力和性格。

不丹期望成为一个自力更生、经济繁荣、环境可持续发展、民主健全、文化富有活力且长治久安的国家,而这依赖于公民的知识、能力和品格。这需要一个综合的教育体系,它可以将公民培养成为具备知识、技能,富于同情心、智慧、创造力、进取心、自信的人员,使其能够积极应对日常生活的挑战,能为实现公平且可持续的社会经济发展以及社会与国家的幸福做出贡献。国家教育体系的愿景与使命需要分阶段按步骤地完成大量工作,才能实现这些期望。

愿景:

建立一个基于国民幸福指数、秉承不丹独特价值观、有教养且开明的社会。

使命:

(1)制定健全的教育政策,由此推动建立基于国民幸福指数的知识型社会。

(2)向所有儿童提供接受公平、全纳且优质教育的机会,开发其全部潜能以培养富于生产力的公民。

(3)赋予所有儿童应对 21 世纪挑战所需的知识、技能和价值观。

预计这一愿景和这些期望将会打破不丹教育体系的固有基础。通过向学生多样的学习需求提供结构、支持和指导,不丹教育将能够帮助年轻人发展。

2. 对于教育体系和学生学习的期望

不丹必须建立一个有效关注学生需求且达到国际教育标准的教育体系。因此,国家必须首先阐明其对高效教育体系的期望——该体系既能立足传统,也可以帮助学生应对富于竞争且日益同质化世界带来的挑战。根据公众征询、调查、采访过程中不丹各行各业人士表达的共同期望,以及为制定本《蓝图》开展的政策分析,国家的教育期望主要有两个维度:第一个维度是对于教育体系的总体期望;第二个维度是对于学生学习的期望。

3. 对于教育体系的期望

《蓝图》描绘了不丹人民期望不丹教育体系可以实现四个方面的改革,它们分别是:入学、优质教育、教育公平、体系效率。这些改革方面是参与征询、调查和采访的人民对于国家的期望,且是堪比其他高效教育体系的关键。《蓝图》中的愿景和期望能够实现到什么程度,主要依赖于相关机构在上述四个方面实施的具体改革措施。因此,不应削弱各方面内的改革措施,这些措施之间亦不能相互破坏。应协力确保《蓝图》中制定的所有措施同等重要,这将有助于推动不丹教育体系的改革取得成功。

3.1 优质教育的入学

所有不丹儿童均应平等地接受基础教育、高等教育、非正式教育、继续教育、特殊教育及早期保育与发展项目,这将有助于他们激发其全部潜能。教育部应向所有不丹儿童提供接受优质教育的机会,无论社会经济背景、智力能力、学术表现、性别、特殊教育需求和地理位置如何,从而促进他们激发其全部潜能。

3.2 接受优质教育

所有不丹儿童均有机会实现学习上的进步,这不仅体现了国家富有活力的文化与传统智慧,也能够比照高效国际教育体系内学生的成绩。因此,期望未来 10 年在 TIMSS 和 PISA 等国际评估体系中,不丹教育体系可以进入高效体系的行列。TIMSS 和 PISA 测试主要是阅读、数学和科学课程,在改革过程中不丹教育体系还将纳入其他获得国际认可评估体系测量教育体系的维度。

3.3 实现教育公平

在国际上,高效的学校体系向所有儿童提供最优质的教育,无论其社会经济背景、地理位置或性别如何。实施战略干预将确保所有不丹学生接受最优质的教育,无论其生于何处、父母是谁、就读什么学校。教育部将推出强大且有时限的举措,力争到 2024 年大幅降低当前城市与农村、社会经济地位、性别方面的学术差距。因此,全国的学校,无论学生背景或条件如何,都应赋予所有学生激发其全部潜能的机会。

3.4 实现体系效率

自 20 世纪 60 年代开始实施现代世俗教育,尤其是通过扩大基础设施、实施国家课程、加强教师分配以来,不丹教育获得了长足的发展。然而,学生学习成绩的提高未能抵偿教育体系所提供的资源。因此,教育部期望能够最大限度地提高学生的学习成绩,并将教育标准提高至国际水平。

4. 对于学生学习的期望

不丹教育体系将有效地培育国民幸福指数的理念和价值观,包括深刻的知识与理解力、批判和创造思维能力、生态素养、本国深邃而古老的智慧与文化实践、沉思学习、对世界的全面理解、真诚关怀自然和他人、有效地应对现代世界的能力以及为生计作准备等。

除了对于教育体系改革和结果的期望外,全国征询、全国教育研究、政策分析也表明,各界普遍期望提高学生个人的学习成绩。公众、教师、家长、教育行政人员和学生一致同意应确保全国所有学校的所有学生实现其全部潜能;与国家教育体系利益相关的所有人——学校领导者、教师、行政人员、政策制定者、家长和社区——必须履行职责确保学生能够充分实现这些愿望。基于这些愿望以及来自高效教育体系的经验,应重新检视和明确学生的知识、能力和价值观。不丹教育体系有必要确保所有学校内的所有学生发展本《蓝图》中阐述的特性,以帮助他们在竞争性经济和同质化世界中更好地生活。

学生的愿景和期望在本《蓝图》中被表述为"学生特性",它将不断从国家发展目标、国民幸福指数发展愿景、宪法赋予教育的权利、国王对于不丹青年的愿景等方面获得生命与灵感。这些期望也借鉴了世界其他高效且相关教育体系的经验。因此,对于学生的期望聚焦于学习和成绩的四个要素——知识、能力(技能)、价值观和态度。《蓝图》阐明了九个学生特性,这些特性可以反映个体或集体在一个或多个要素上的学习质量。《蓝图》不仅强调知识和能力,还重视性格建构、学习习惯、家庭、社区和国家价值观、身心健康、认同感。

4.1 九大特性

（1）知识和理解力

所有学生均应有机会激发其天赋潜能,成为具有完全读写能力的人员。拥有了这些基本技能,他们不仅可以睿智地适应生活中的挑战,也能够为社区和国家的福祉做出贡献。学生将获得科学、技术、工程、数学方面的知识与理解力,这些是他们在高等教育领域或竞争性经济中有效发挥作用至关重要的工具。此外,学生必须精通语言,尤其是不丹语和英语。除了读写能力外,他们还应是富于知识和生产力的技术尤其是信息技术的使用者,这是在各学习领域取得成功不可或缺的工具。作为一个多语言社会,我们鼓励学生习得方言知识。他们将获取关于人类历史、社会、文化、生态可持续发展和遗产方面扎实的知识和理解力。为了促进学生的全面发展,应给予所有学生发展不丹文化、艺术、建筑、音乐、运动、媒体和精神实践方面实践知识与经验的机会。

（2）智力能力

所有学生应具备探究精神,学习如何在一生中不断地获取知识以及将割裂的知识联系起来。沉浸于富有活力且以创新课程、创造性教学和真实的学习评价为特征的学习文化之中,学生将获得高阶思维技能,例如分析、综合或评价信息,通过批判性推理判断复杂形势,预设和寻求解决问题的创造性方法等能力。他们将掌握一系列的认知技能,包括创新能力、生发新的可能性的能力、创造新的观念或知识的能力等。

（3）交流能力

具备与他人有效沟通的能力是学生在不同的生活状况下有效发挥作用最为重要的决定因素。所有学生必须在国语、英语和国际交流语言方面有获得最高能力水平的机会。这将有助于不丹学生与同伴有效地合作与交流,建立跨区关系,发展全球意识,有效地进行跨文化交流。学生可以以口头和书面形式清晰地表达观点和意图。凭借优质的语言教育,学生可以在私人和公众场合有效地听、理解和对话。他们可以使用对他人示以尊重且关照敏感性的语言。他们可以表达对于复杂问题的立场和看法。

学生可以理解努力工作这一价值观,并将学科概念应用到现实世界之中,包括工作场合、社会与文化环境等。因此,所有学生应获得养成持续学习习惯的机会,教育亦应努力敦促学生养成终身学习的习惯,并以取得学术卓越为荣。如果具备终身学习的意识,学生将有能力自主学习。如果相应能力得到发展,那么学生可以在其熟悉的学术环境以外应用知识和拥有批判思维能力。

个体发展自身的学习能力并激发其全部潜能,对于促进自主学习发挥了积极的作用,具体包括:能够独立、合作地开展活动、交流观点;理解世界并思考事物为何如此;在继续教育、培训或就业领域继续取得成功;在生活中获得做出学习和就业决策的技能且有动力去实现全部目标。

（4）终身学习习惯

学生能够理解努力工作的价值,并能将学科概念应用于现实世界,包括工作场合和社会文化环境。

所有学生必须获得培养可持续学习习惯的机会,而教育则应关注于培养学生终身学习的习惯以及对于取得卓越成绩的自豪感。自主学习的能力和对终身学习价值的认可,将帮助学生将知识和批判思维应用于学术环境以外之处。因此,应培养个体学习和实现自我潜能的能力;能够独立、协作、团队合同共同计划活动和交流思想;理解世界并思考事物缘何发展至此;在未来的教育、培训或就业中继续取得成功;在人生中获得做出学习和就业决策以及激发全部潜能的技能。

（5）家庭、社区和国家价值观

学生能够认识并理解家庭是社会健康与和谐的基础。学校最基本的工作应是帮助学生学习和内化关怀、善良、同情、热爱、感激和尊重等价值观。懂得感恩,能够满怀感激地回报家庭。他们可以通过这些价值观影响他人的幸福与快乐。在积极的学习环境中,学生相互尊重、彼此关心。而后这些价值观将传入社区。学生将尊重和接受社区的价值观。他们将参与社区活动、文化活动、乐于服务并积极弘扬地方文化与智慧。他们能够理解自我与他人的关系、关心他人，并为社会的康乐与和谐做出贡献。他们积极参与社区活动，保护社区财产与环境，支持社区内平等与公平。学生深刻理解国家的过去和现在，了解国家的社会、经济、文化、政治、环境和精神价值观，因为这些是令国家和人民独一无二的重要因素。拥有了关于国家的知识和信念，学生可以形成坚定的国家认同感，并且认识到维护不丹主权和独立的必要性。有了这种归属感，无论其社会经济地位、地域、语言和宗教信仰如何，所有学生都将以身为不丹人而骄傲。这种爱国主义精神将通过理解包容、宽容、接受和尊重多样性等得到培育。基于深刻的认识与理解，学生将发现自己不仅是不丹人民，还是世界公民。

（6）精神与品格

国民幸福指数的原则与观念已经深深植入不丹学生的头脑之中。学生将清楚地认识现实，不被物质所诱惑，关心他人和自然的可持续发展。他们将注重发展个人价值观以及诸如热情、诚实、适应、同情和尊重他人等特性。他们将在精神上十分强大，拥有促进情绪健康的自我意识、自我认同和自我价值感。因此，学生可以理解、认识、使用和管理自己和他人的情绪。教育体系将通过正规课程、国民幸福指数教育、课堂学习、社会互动以及诸如运动、艺术、课外活动等非正规课程，发展学生的品格。从伦理上说，学生能够理解道德与伦理观，在生活中可以根据这些原则行事并在其所在社区宣传这些价值观。他们拥有强烈的正义感，为人诚实、抵制腐败。他们将基于生态意识谋生，并具有强烈的劳动尊严感。学生将学会诚实，拥有勇气、纪律和意愿去做正确的事情。如果学生能够意识到人们彼此依赖、具有文化意识、宽容其他文化、尊重多样性，那么他们已经做好了履行世界公民职责的准备。

（7）身体健康

学校教育必须向所有学生提供优质的体育，发展学生身体能力、健康、尊重和自我负责的意识。学生应认真对待体育，通过定期运动、健康饮食、培养积极态度等追求积极而健康的生活方式。学校体育可作为应用学生通过课程习得的健康与社会研究知识的试验场。在学校和未来的成年生活中，学生将理解和接受定期且健康地进行体育运动的观念。通过培养保持身体健康的自律精神，学生将自觉保持身体健康。健康的身体，会帮助他们在智力、社会和道德方面更为强大且情绪稳定。拥有了自信、自尊和良好的人际交往能力，他们可以有机会获得领导职位或与人合作。

（8）领导能力

不丹坚信今天儿童所接受的教育品质将决定未来公民和领导者的品格和信念。所有学生均应有机会在其擅长领域内发展其内在的领导潜质。能够与他人有效地合作并领导他人，这对于民主的不丹和联系日益密切的全球化世界尤为重要。因此，学校内的学习经验必须能够帮助学生体验领导角色、学习领导观念和技能、学会在团队中有效地工作等。应尤为重视发展学生的领导特质，诸如知识（理解纪律与世界）、进取心（提出创新方法)、承担风险能力、着力实现目标的驱动力、适应力(培养积极和建设性心态以及勇于承担挫折的能力)、同情心(理解他人想法与感受并愿意关心或帮助他人的能力,以及理解他人、与他人有效合作并积极影响他人的能力)、交流能力(有效倾听他人、提出有效问题、参加有高影响力对话)、建立信任、确定方向达成目标以引导他人的能力。

(9)为世界做好准备

完成学校教育的所有学生应具备应对现实世界挑战所需的知识、技能和态度。学生能够理解努力工作这一价值观,并将学科概念应用到工作场合、社会与文化环境等实际情况之中。他们可以展现出分析推理能力、批判思维能力和创造性解决问题能力。除了读写算能力外,他们还是富于知识和生产力的技术尤其是信息技术的使用者,这是在各学习领域取得成功不可或缺的工具。拥有有效的领导能力,学生可以做出充分考虑到他人的决策。他们关注文化,并遵从可持续发展和保护环境的观念。他们能够将各科知识融会贯通,增进对世界的理解,愿意为解决不丹所面临的问题而努力。他们充满爱心、仁慈友爱、知识渊博、心理健康,能够为国家发展做出贡献。

5. 改革体系的八个方面

《蓝图》是实现卓越与创新的路标,它将提供大量的学校教育标准。过去一年教育部在全国开展了大规模的调研,涉及教师、学生、家长、农民、政策制定者、教育行政人员、教育家、学者、前任教育领导、立法委员、退休人员、民间团体成员等,了解他们对于不丹教育体系的理想与期望以及教育部应做什么以不辜负这些期望。这些数据主要通过调查、小组讨论、一对一访谈和政策分析等方式搜集而来。数据分析显示,公众一致认为应对教育体系和学生学习进行必要的改革。对教育体系和学生成绩的期望在第二章已经进行了探讨。

教育部已经明确通过在八个方面采取一系列改革措施,着力达成期望。

每个方面都着力于至少实现入学、优质教育、教育公平、体系效率四个改革目标的一个。《蓝图》认为质量是所有方面共同关注的内核,因此迫切需要予以重视。其中一些方面关注于战略与指示上的改革;其他方面关注于相关部委和学校运作上的操作改革。无论是战略性还是操作性改革,所有这些都是当前实践的进步。预期从2014—2024年通过对教育体系进行八个方面的改革(第四章将着重讨论),实现对教育体系的四个期望和对学生学习的九个期望。

在实施这些举措之前,必须全面考虑诸多要素。首先,确保实施的改革措施切实有助于实现上述对体系和学生的期望。这意味着各方面的改革措施不能相互冲突,或者不同期望间必须分主次;其次,措施应与教育体系的初衷密切相关,且需在教育部的能力范围之内。这意味着相关措施应随着学校领导、教师、教育行政人员、部门官员能力和水平的发展,按照复杂程度逐步推进;最后,为了确保教育体系能够达成公众的期望,虽然短期内会出现经济或运营障碍,但克服困难、贯彻改革措施十分重要。

各改革方面的措施,将有助于实现不丹人民的教育期待和对未来的理想。提出

《蓝图》的唯一目的是为人们共同致力于改善其所接受教育的质量奠定基础。下一章将阐述这些改革及相关措施。

第四章　建议的教育改革

本章概述了应对新出现的挑战及实现第二章和第三章所述愿景与期望建议的改革内容。《蓝图》明确了从 2014—2024 年推出八个方面改革和 40 个改革措施,最终目标是提高学生学习成绩、促进学生整体发展。应根据各方面改革的优先程度,对改革措施进行排序,以实现不丹人民的教育期待与期望。

1. 改革一:确保入学与教育公平

1.1　为什么需要它?

接受优质教育是不丹实现知识型社会目标的前提。研究显示,虽然全球的入学率在增长,但质量却相对滞后。在发展中国家 6.5 亿的小学适龄儿童当中,2.5 亿并未达到最低学习基准。同样,虽然不丹在这方面表现杰出,到 2014 年小学和中学的净入学率分别达到 95%、85%,但各年级学生并未获得达到预期学习标准的教育。目前,重点必须转向通过严格且持续的教育提供优质教育。

早期教育对于奠定个人发展和终身学习基础十分重要,尤其是来自较低社会经济背景的儿童。但只有 9% 的 3～5 岁儿童有机会接受早期教育,且通常只有做得好的家长和城市社区才有机会。这造成了儿童在智力、心理和身体发展上的差距。在征询期间,公众强烈表示应扩大优质幼儿保育与发展项目,尤其是农村地区,应向所有儿童提供均等的教育机会。

技术、职业教育一贯被视为"二流教育",因此难以吸引学生修习职业技术类课程。而且,尽管随着国家发展对于专门技术的需求日益增长,这类课程的招生仍十分有限。

高等教育对于培养国家经济可持续发展所需人力资本和知识至关重要。但面对 12 年级毕业生人数的增加,存在与现有高等教育机构和私立机构承载力有限的矛盾,高等教育入学仍是一大挑战。

目前特殊教育需求项目的覆盖面也非常有限,2014 年仅招收了 366 名儿童。相较于残疾人口的数量,从项目中受益学生的人数几乎可以忽略不计,因此,需要扩大和保障项目的覆盖面。

虽然非正式教育项目于 1992 年开始实施,但到第十一个五年规划结束时实现 70% 成人脱盲的目标仍是一个巨大挑战,2014 年识字率仍为 55%。这说明需要加强该项目,以便到 2024 年达到 80% 以上成人识字率这一目标。相关研究指出,学校设施与学生学习成绩之间存在差距。虽然教育部采取了各种干预措施,但在教育体系内,从早期教育到大学教育的各级教育中仍存在差距。此外,性别维度是教育公平的重要指标。实施战略干预确保所有不丹学生无论居于何地、父母是谁、就读哪所学校均有机会接受优质教育则十分必要。

1.2　成功是什么样子？

到 2024 年,不丹实现基础教育基本普及。所有完成基础教育的学生,可以根据其才能和兴趣选择学术或职业、技术课程。教育体系产出学术型和职业型毕业生,他们是智力、心理和道德良好且具有生产力的公民。到 2024 年全国成人识字率至少达到 80％,且所有公民均成为终身学习者。至少 50％的 3～5 岁儿童享有平等接受优质早期教育项目的机会,以发展其全部潜能。至少 50％的 3～5 岁具有特殊需求和不同背景的儿童在获得教育机会时可以获得学习上的帮助与支持。所有教职员工和学生尊重多样性,相互尊重,致力于建立公正且关怀的学习环境。不丹学校的所有儿童享有平等激发其全部潜能的机会。

1.3　改革措施

(1)增加早期教育项目的入学人数

①通过宣传方案,向家长和相关利益者宣传早期教育项目在帮助儿童准备接受正规学校教育方面的作用;

②推动私立机构、企业、非政府组织、合作伙伴、团体等建立早期教育中心;

③增加农村地区社区早期教育中心的数量;

④通过定期监测提供支援,确保早期教育中心达到早期学习的标准;

⑤为早期教育中心制定全国质量标准,包括关于所有早期教育提供者应达到具备幼儿保育方面文凭这一最低资格要求;

⑥在识别早期教育项目过程中,简化早期教育提供者的服务;

⑦培养所有教师从幼儿园到 2 年级的教学能力,以满足 6～8 岁儿童的早期教育需求。

(2)增加基础、高中和职业技术教育的入学人数

①致力于实现基础教育阶段适龄儿童入学率的普及;

②向学校提供充足的资源,包括获得赋权的学校领导、有能力的教师、经过培训的顾问、看护人员,以此提供有益且激励的学习环境;

③向学生提供营养餐,以促进其身心发展并获得一生受用的宝贵的学术和非学术学习经验以及强烈的道德观;

④在 7 年级和 8 年级引入职前指导并将职业技术课程作为 9 年级到 12 年级学生的选修课,帮助学生习得职业技术技能、创业技能并树立以劳动为荣的观念;

⑤改善现行职业技术学校的质量,包括项目和教师能力;

⑥增加职业技术学校的数量,并加强政府各部门和企业之间在职业技术教育领域上的合作;

⑦加强学校内的学术与职业咨询服务,以帮助学生在不同职业路径上做出明智的选择;

⑧致力于实现如下目标:到 2024 年高中阶段职业技术教育的入学率达到 20％以上,到 2034 年逐渐提高至 40％。

（3）增加高等教育的入学人数

①通过促进项目多样化、扩大现有机构、建立新机构，扩大公立高等教育机构的招生规模；

②推动私营部门参与高等教育各领域；

③建立不丹高等教育资格认证机构，通过实施不丹高等教育资格框架，确保教育质量以及对机构和项目的认证；

④向家庭存在经济困难的学生提供财政支持，以帮助他们接受各级高等教育；

⑤加强机构间的联系，以扩大本国学生到国外接受高等教育及开展学生交流的机会。

（4）增加特殊教育的入学人数

①增加对特殊教育需求项目的投资，以向所有具有特殊需求儿童提供均等的教育机会；

②甄别轻度到重度残疾的学生，并将之纳入主流学校；

③增加特殊教育学校的数量，以提高特殊需求儿童的入学率；

④为特殊教育学校配备设施和设备，以确保营造支持性且有益的教学与学习环境；

⑤对特殊教育学校教师进行教育和培训；

⑥提供适当的项目和支持服务以满足具有特殊教育学生的需求；

⑦促进私立和高等教育机构接收具有特殊教育需求的学生。

（5）增加非正式教育和继续教育的入学人数

①致力于实现到2024年成人识字率达到80％的目标；

②基于动态课程向非正式教育中心分配合格教师，以促进学习者更具技能、意识和知识，这将有助于他们获得更多的经济收益；

③增加高等教育阶段的继续教育项目；

④促进继续教育项目的多样化，使之涵盖职业技术领域。

（6）弥合学习差距

①向所有学生提供均等的入学机会，无论其背景和地位如何，这样学习成绩的差异并非源自不公平；

②在全国合理地分配有能力的教师和校长，以营造有力的环境并赋予所有学生公平激发其全部潜能的机会；

③向表现较差的学生提供额外的帮助；

④启动学生交流项目，丰富学生的学习经验。

（7）缩小城市农村差距

①确保学校经费可以满足学生和学校尤其是农村和偏远学校的需求；

②建立中心学校。

（8）促进性别平等

①制定提高女性尤其是高中和高等教育阶段女性学习成绩的政策；

②提供配有完善设施的女子寄宿学校。

2. 改革二:改进课程与评价改善学生学习

2.1 为什么需要它?

不丹未来的成功依赖于学校课程承载的精神与愿景。课程应展现未来之路,并规定学生应该知道、理解和能够做什么。日益增长的不丹经济以及不断扩大的世界经济所需要的知识、技能和价值观,不能只在不丹更应在世界都是最好的。它也应关注新兴的学习领域。虽然改革后纳入了不丹国民幸福指数价值观这一要素,以广泛认可的国际标准为基准的语言、科学、技术、工程、数学课程已经涵盖了这一要素,但一些课程领域仍需要改革。国家征询显示,仍需要修订社会课程和教材,并将国民幸福指数价值观与原则、21 世纪技能等融入其中。

现行评价体系只是促进学生再生产内容性知识,并未能帮助学生获得各种预期的能力,因此,需改革整个评价体系以确保对学生进行全面评价。

2.2 成功是什么样子?

应明确规定各关键阶段学生的学习标准,并以包括技术和职业在内所有学科的国际标准为基准。把国民幸福指数和 21 世纪技能的要素应全部整合进课程之中。应采用当代教学法。让学生富于革新精神、创造能力和进取心,在本国和全球均具有生产力。

学校应实施全面评价。评价体系应以能力为基础,着力于测验高阶思维能力。应采取不同的评估策略对学生进行整体评估,除了认知领域,还应评估社会情感和心理领域。应制定国家教育标准,确保不丹学生可以参加 TIMSS、PISA 和 PIRLS 等国际能力测验。

2.3 改革措施

(1)重构教育路径

①除了核心课程外,中学以后向学生提供各类选修课程,包括技术、职业课程;

②实施横向过渡,帮助学生更为灵活地选择不同路径。

(2)确定学校课程的国际标准

①建立定期课程审查制度,确保课程与评价相互结合;

②检查和修订学前班到 12 年级的学校课程(所有学科);

③开发课程材料标准框架,确保教学材料在内容、规格、纸张、颜色等方面的质量;

④由国际验证机构检验学校课程,以明确基准并进行认可;

⑤引入国际考试体系,根据国际标准测量学生的学习质量。

(3)改进评价体系

①加强评价体系建设,以确保校本评价;

②培训教师,以实施各级综合性评价;

③重组当前高风险考试的准备、实施与评价流程;

④审查当前 10 年级和 12 年级的考试制度,发现需求,提高功效。

3. 改革三:提高学生学习成绩,达到国际标准

3.1 为什么需要它?

学校教育的主要目标是确保卓越,通过提高整体学习效率和提高学术标准促进"所有学生获得高水平的学习和成绩"以实现卓越。目标是确保从学校毕业的所有学生,其知识、技能和价值观能够达到世界一流学校毕业生的水平。总的说来,教育不仅要追求学术卓越,也应秉承普世价值观以及不丹文化和传统中固有的价值观。学校课程、学校领导者、教师和整个教育结构应携手营造可以促进学生学习的环境,也必须满足学生和国家多样的需求。

国家教育委员会开展的有关学生学习和教师需要的研究指出,学生难以理解核心概念,也难以将知识应用于生活实践。因此,其学习成绩往往难以达到年级的最低预期。这需要改善教学方法,确保学生有效地学习。

3.2 成功是什么样子?

所有学生达到较高的学习标准。他们可以展现出 21 世纪的技能,并将知识、技能和价值观应用于日常生活之中。学生成绩可以达到一流的国际标准。课外活动能够帮助学生发展交流能力、社会技能及品格。他们也能够理解复杂概念,独立思考,善于交流并合作,并为参与世界竞争做好准备。

学校文化注重营造促进学生学习的健康且友爱的环境。校长和教师不断研究前沿的参与式教学,以发展体验式学习环境。评价的目的是发现所有儿童的天赋与潜能,并促进其有效的学习。所有学生均具有强烈的学习积极性。

3.3 改革措施

(1)转变教学实践

①将教学实践从文化恐惧转变为文化参与;

②采用各种能够促进学生通过自身经验建构知识的教学法,加强教学实践;

③向校长和教师提供聚焦于 21 世纪教学技能的专业发展项目;

④检查和加强形成性评价。

(2)促进学生发展成为独立的学习者

①通过自我管理、实践管理、压力管理和学会学习等,养成有效率和效能的学习习惯;

②提高读写技能;

③在学校建立适当的学生支持服务,以改善学生的学习环境。

(3)确保生理和社会心理氛围

①力争提升学校氛围以促进学生学习;

②提升诸如咨询服务、生活技能教育、探索活动等学术支持项目;

③寄宿学校和有资格供应日餐的学校应提供健康且有营养的饮食;

④确保安全且稳定的学习环境。

（4）认可和奖励表现优秀者

在各年级启动并贯彻奖励制度，以此提高学生的学习成绩、鼓励创造与革新、加强课外活动。

4.改革四：将从教转变为职业选择

4.1 为什么需要它？

学校体系质量的关键是教师质量，因此，应招募合格的候选人进入教师行业并发展其提高学生学习成绩的能力。目前，从教并非始终是一个职业选择。通常教师承担着繁重的教学任务和额外的课外职责。但其工作和生活条件以及薪资却未能与其工作量相匹配。在公共征询过程中，教师对当前学校的工作条件以及偏远学校缺乏适当的住宿设施等表达了强烈的不满。国家教育委员会关于教师质量的研究显示，教师在内容性知识和教学技能方面低于标准。这一结论在公共征询中得到了进一步的证实，因此，教师能力是现在的关注点，需要予以重视。提高教师能力的所有举措，同样也有助于改善学生的学习。

4.2 成功是什么样子？

教师是一份受人尊敬的精英职业，应在全国前30％的优秀毕业生中招募具有教师特质的候选人。教师候选人需到教师教育学院接受严格的教师准备教育，且一旦他们进入教师协会，便可获得持续的专业发展项目的支持。他们可以获得2014年《教师人力资源政策》列出的职业发展机会。教师拥有三个不同的职业轨道：教学人员、行政人员和专业人员，且根据其表现，最高可以获得与政府秘书或大学教授同等的职位。学校内建立专业学习共同体，用于提高教师的学术和教学能力，并促进参与、有效且积极的学习。在各地，由杰出骨干教师、机构骨干教师和学校骨干教师负责进一步的辅导和帮助。

4.3 改革措施

（1）提高教师的士气

①通过建立着力于解决教师专业需求包括福利和调动在内机制的自治团体（例如全国教师委员会），改善教师职业的形象；

②改善学校的工作条件，包括给偏远学校教师提供住宿、配备改善教学所需的互联网设备、计算机等设施；

③向所有教师提供具有吸引力的薪酬，并对偏远学校教师给予额外奖励；

④培育教师积极参与决策制定的学校文化；

⑤减少教师的工作量，促进他们集中精力于教学；

⑥确保严格实施2014年《教师人力资源政策》。

（2）提高专业发展项目的质量

①创建论坛，共享最好的实践经验包括研究工作；

②确保教师和督导联合开发个性化的持续的专业发展项目；

③加强校本在职项目；

④建立百年教育学院；

⑤将信息通信技术应用于教学流程之中，并将之作为专业发展项目的一个核心领域；

⑥划拨常用资金供学校一级组织实施专业发展项目使用。

（3）实施基于能力和绩效的职业晋升

①鼓励学校有效地实施标准绩效评价体系，重点关注教师有效教学的能力；

②通过破格晋升发放国家和地区奖励以及奖学金等形式奖励表现好的教师；

③确保所有教师每年至少开展一项教学研究。

（4）提高教师的入职门槛

①建立严格的教师聘任制度，从前30％的12年级毕业生中招聘教师，而后逐渐发展至从前30％的大学毕业生中招聘教师；

②严格实行面试，检验诸如热爱儿童、较强的人际沟通能力、学习的意愿、使用标准仪器开展教学的能力等教师特质；

③通过英语和选修课程的能力测验，从教育学院毕业生中选拔教师。

（5）改进教育学院的教师准备项目

①在教育学院通过学院间的讨论、辩论和研讨会等活动促进个人口头交流和社会性技能等的发展，以确保准教师在教育学院内已做好入职准备；

②在选修课中提供优秀的内容性知识，并展示和实践21世纪的技能与策略；

③经过各学科骨干、杰出骨干教师、机构骨干教师和学校骨干教师密切地指导和监督，确保开展严格且有效的教学实习；

④提高新任教师的选拔标准，并提升教育学院现任教师的技能；

⑤检查教育研究生文凭课程的时限与内容。

5.改革五：表现出色的学校和学校领导者

5.1 为什么需要它？

学校的根本职责是确保所有儿童获得在未来生活中成功所需的知识、信息、技能和价值观。表现出色的学校将通过提供有效的教学项目、为学生在团队中工作创造正式和非正式的机会、担任领导角色等，帮助所有学生完成所有任务。因此，发展成为表现出色学校的关键是赋予学校财政、人力资源、行政等方面的管理自主权。

全国征询的结果证实，学校领导是亟待关注的最为重要的领域。研究显示当前学校校长的选拔主要以职位而非领导能力为主。它也显示42％的校长在就职前并未接受过职前培训，27％的校长在过去三年中并未接受过任何连续且有组织的专业发展培训。这表明，校长并未准备好承担新的行政、管理和教学领导职责。因此，培养大量表现优秀的校长是确保学校表现良好的关键。

5.2 成功是什么样子？

拥有学校管理自主权的表现出色的学校，能够确保教师和校长集中精力有效地开展教学和实施学习项目。学校享有财政、人力资源和行政权力,可以根据预算拨款和课程实施主导制定发展决策。学校拥有分工明确的学校治理结构,清晰规定其成员的作用与职责。学校拥有有效的管理委员会,并创建机制确保家长和其他社区参与学校管理并提供资源。

设计集中展现学校以学生为中心的教学方法。教室的设计及尺寸应确保在动态环境中灵活地开展教学过程。教室应配有充足的桌椅、书架等,所有教学材料必须是差别化且能丰富学生的学习经验。

由出色的校长领导学校时,他不仅享有权力,更能主动承担相应的义务。由优秀的校长领导学校时,他会不遗余力地提高学生的学习成绩,无论是学术性的还是非学术性的。根据专业发展政策,每位校长(教师)均拥有一份约 80 个小时的专业发展经费,主要用于发展其专业知识、技能和价值观。

5.3 改革措施

(1)向学校赋权,改善学校治理现状

①加强学校管理委员会对于学校实施有效治理的援助,包括发展与认可学校的策略规划,监督和检查学校的表现。他们在批准学校预算、促进学校管理委员会的正常运转等方面发挥着作用;

②向学校管理委员会、学校委员会主席、学校校长提供培训,以建构其管理学校的知识、理解力和技能;

③向学校提供资源等,以便学校与家长、看护人员、社区建立合作关系;

④制定学校年度专项预算,统计计划接受进修培训的教师、校长人数;

⑤促进入职和持续专业发展项目的制度化并在学校内组建专业学习中心,以改善学习并促进校长、教师和相关人员的专业发展;

⑥制订完整的学校管理流程手册,并用于培训;

⑦赋予学校及主要相关利益者一定的学校运营权,教育部继续负责为学校配备校长、教师、教学材料;

⑧检查并加强绩效管理项目,以对学校实施整体评价促进其进一步发展。

(2)优秀的学校领导

①赋予校长更大的自主权,这包括与《学校自治指南》相一致的财政、人力资源、课程和行政事务管理权,并对其管理学校的决策与行动进行问责;

②推动《2014 年教师人力资源政策》的实施,通过校长职业晋升培养一批具有责任感、较高专业标准且表现优秀的校长;

③促进入职培训项目制度化,以辅助初任校长履行职责;

④向校长提供持续的专业发展项目,确保校长充满活力,能预测风险,制定战略规划,达到课程的内容性知识和教学领导能力等专业标准;

⑤根据《教师人力资源政策》,通过提供快速的职业晋升机会以及到外国学习促进专业发展等机制,认可优秀校长。实施有效机制帮助偏远学校吸引优秀校长;

⑥明确继任规划机制体系,用于识别和培训具有潜质的人员以确保储备未来领导;

⑦提高校长选拔标准,从以职位为基础到以经验和领导能力为基础。

(3)赋予教师改善学生学习的权力

①为初任教师提供密集的教师预备项目,以帮助他们履行新的职能。设计和开发学校绩效基准体系,通过制定测量指标提高教学效率;

②向教师提供持续的专业发展项目,提高其知识、智慧、21世纪教学技能、工具及能力以促进学生有效学习;

③促进教师作为完全合作伙伴参与优秀学校创建。推动教师参与决策、制定合作规划、履行职责,以此发掘学校内具有此能力的人员;

④改善工作条件,解决教师工作负担问题;

⑤发展同行主导的专业卓越文化,在这种文化中学校领导相互指导、开发并推广最佳实践、推动同行达到专业标准;

⑥根据《教师人力资源政策》,基于公开、透明的参与式评价体系向优秀者提供奖励,通过这一方式帮助教师明确职业发展路径,从而促进教师的专业发展。

(4)确保家长和社区的参与

①确保家长和社区参与学校运营的管理。学校将家长视为与学校整体发展利益攸关的"客户",开展家长满意度调查并根据调查结果做出改善;

②创建社区与商业部门及其他相关利益者的合作,以调动各方资源促进学校发展。所有相关利益者的参与将有助于营造关注学生知识、技能和价值观的学习系统;

③通过家长参与和在线了解子女在校情况,教给家长必要的知识和技能以辅导子女学习。

(5)确保教室和学校基础设施达到最低标准

①无论学校的位置、规模或类型如何,必须向所有学校提供最基本的基础设施,以营造安全、稳定、卫生且有益的学习环境。基础设施包括干净的饮用水、充足的厕所、教室、桌子、椅子等;

②适当地装备教室并达到理想的班级规模——小学每班24人、中学每班30人,确保能提供富于活力且有差异的教学环境;

③挖掘性价比高且经久耐用的学校建筑设计,它们应安全稳定、环保、节能且易于维护;

④制定监督和评价体系,以明确责任及基础设施维护等问题。

(6)推动学校体系建设锁定共同目标

①推动学校体系建设锁定共同的目标。例如,第十一个五年规划制定了一套关键绩效指标,着力于实现教育体系的入学、质量、公平与效率。根据这些关键绩效指标,每年跟踪学校的表现并对达成这些目标的学校予以认可;

②创建信息共享体系,用于根据《蓝图》提供给相关机构(教育部、县、乡、学校和其他相关利益者)常规且透明的信息;

③根据自2015年开始实施的《蓝图》中阐述的各项举措,出版关于教育部、县、乡、学校目标进展情况的年度公开报告。

(7)确保财政可持续性和问责制

①赋予学校以财物、人力资源和行政权力,包括学校的供给与服务(例如,学校维护);

②通过制定标准操作程序及制定标准会计和审计体系,改善学校的财物管理;

③允许学校自筹资金,这是校本资金发展的必要途径;

④引入周期成本举措,提高学校的投资效率。按生均提供的经费需反映学生学习成绩方面的信息,从而提高教育质量;

⑤采用损耗率和留级率、考试成绩、毕业率等指标,作为提高学校质量或效率的措施;

⑥向学校提供土地(或租赁土地),供学校自己种植蔬菜、其他食物、经济作物,以增加营养、保障食物供给、鼓励学生从事农业劳动。

6. 改革六:利用信息通信技术学习

6.1 为什么需要它?

信息通信技术能促使公民获得信息,与知识、教育更具相关性且便于管理。应用信息通信技术建立必要的交流平台,将改变本国的教育。

6.2 成功是什么样子?

利用信息通信技术作为有效沟通的工具,将促进教育部和学校有条不紊地运转。教师和校长可以获得国内外学习资源,以提高其专业水平。学生成功地利用信息通信技术探索和挖掘相关内容,以丰富其学习。

6.3 改革措施

(1)实施"教育信息通信技术的总体规划"

①提高学生、教育者、辅助人员的能力,以便使基础设施、系统和内容领域的投资可以物尽其用;

②为信息通信技术驱动的课程开发内容,以推动不丹发展以信息通信技术为主导的教学环境;

③扩大教育机构和社区内信息通信技术资源,提高计算机和互联网的访问量,以辅助教学;

④确立治理结构,以推动教育领域内信息通信技术项目的实施。

7. 改革七:促进价值观和幸福感教育

7.1 为什么需要它?

需要大力支持学校在课程和课外活动中融入适当的价值观,以培养学生的责任感、提高社会技能、适应能力获得幸福感。通过观念的灌输,促进学生个人的发展。人们普遍认为性格是"最为宝贵的教育财富",而它只有通过价值观教育才能得以塑造和发展。

青年是不丹人口的主体，被视作主要的人力资源，也是国家未来希望的最主要来源。随着传播形式的不断增加，学生接触到数以百计的图像和观念，所有这些均影响着人们的思想和生活。他们面临着社会经济的挑战、失业、低收入、药物滥用、犯罪与暴力、健康问题等，这些问题，要求我们共同致力于规划、实施和评价青年项目。

当前的教育质量将决定未来公民的素质水平。在变革日益快速的全球化世界，不丹通过"国民幸福指数"发展理念保存其独特的文化与传统，把"国民幸福指数"的观念、价值与原则深深地植入绝大多数青年的意识之中。

因此，2010年，教育部实施了"国民幸福指数教育项目"，作为推广和发展"国民幸福指数"愿景的策略。"国民幸福指数"的价值观念和原则教育主要通过五种方式进行：冥想与精神训练、将"国民幸福指数"价值观注入课程、对学生进行整体评价、扩大学习环境以及提高媒介素养和批判思维能力。

报告显示，该项目已经令教师和学生产生了可喜的变化。这也归功于学校物理环境的改善，例如校园美化、文化项目、园艺、游戏、俱乐部活动等。

7.2 成功是什么样子？

作为全球性公民的学校毕业生，具有"国民幸福指数"价值观及强烈的不丹国家认同。他们习得的价值观可用于日常生活，并在互动交流、行为举止及日益增长的思想意识上有所显现。作为批判性思考者，学生具有责任感并致力于促进社会和谐发展。所有教师和校长都应成为楷模，并在学校和社区践行"国民幸福指数"价值观。

7.3 改革措施

（1）持续推进"国民幸福指数教育项目"

①通过开设"国民幸福指数教育项目"进修课程，提高教师和校长的能力，且通过提供必要的资源，强化学校教学实践；

② 在学校内建立专业学习社区，分享在课程中开展"国民幸福指数"价值观教育的经验并记录最佳做法与其他学校共享；

③与教育学院联合开发专门的"国民幸福指数"教育必修模块，或将"国民幸福指数"价值观纳入职前教师教学模块中；

④在所有的学校活动、项目、日常互动与生活中自觉践行"国民幸福指数"价值观和原则；

⑤监督和支持教育部、县、乡教育官员实施项目；

⑥加强自我评估工具和学校改革方案的使用，以确保所有学校适当规划和实施"国民幸福指数教育项目"及以儿童为中心的举措。

（2）促进青年教育项目的实施

①通过多部门合作，为学生在假期进行见习、实习提供渠道；

②加强家长教育、学校指导和咨询项目；

③为广大青年提供喜爱的设施、服务和项目，鼓励青年积极参加运动和各种活动；

④改善和提升学校内童子军活动进行文化与价值观教育；

⑤鼓励青年参与志愿服务活动，加强青年间的联络；

⑥注重提供职业指导和咨询服务；

⑦定期监督与评价青年教育项目。

8.改革八：系统变革，服务能力

8.1 为什么需要它？

百年的教育之旅推动着国家发展至今天的状况。但是，为了实现教育体系在入学、质量、公平与效率方面的期望，必须改变教育体系的运营方式。建立高效的教育服务体系，明确各级人员的权责。

组织发展机构2014年的研究以及与学校、县、乡行政人员的讨论发现，需要对相关利益者进行规划与协调，从而避免科室、部门、部委秘书处和县级机构间在职能上产生重叠。加强教育部和不丹学校考试与评价委员会及国家教育委员会等相关利益者的制度建设，这在第十一个五年规划中已经有所体现，但迫切需要建立一个综合的可以容纳所有部门的教育部集成复合体。

在不丹建立国际学校、机构将不利于青年出国读书和工作，因为私立国际学校可以满足青年的学习需求。但这也将促使本国学校、机构提高教育质量，并在提供优质教育之外注重满足学生多样的教育需求。

虽然已经取得了极大的进步，但研究显示在提供优质教育方面，现实与理想之间仍存在很大差距。教育体系仍面临着较差的人力资源管理体系、失衡的资源配置、临时性的专业发展项目和薄弱的法律规范等问题。

国家社会经济和政治体系的变革导致教育系统更为复杂，迫切需要加快规划、实施管理。鉴于教育体系的快速发展与变化，需要教育立法。

8.2 成功是什么样子？

应重新设计和规划教育部、县和学校的功能与组织结构，以提供有效的服务。各机构的人力资源发展策略已经明确阐明和规定了各级官员的权责。教育体系配备了极具创造力、高技能、较强进取心且富于文化和精神价值观的人员。

教育部和其他相关利益者间的协调是有效且广泛的。学校接受有效的专业支持和充足的资源，用于改善学生学习环境。通过与教育相关利益者和私营合作伙伴的密切合作，建立少量国际学校、机构，新增一些早期教育中心、学校和高等教育机构。

教育部内的所有官员纳入集成复合体，以便有效地提供服务。各级行政机构中强大的教育信息管理系统，将为政策制定、实施、监督与评价奠定基础。促进政策与国家期望、各级教育目标相吻合。政府做出明确的指示，确保扩大入学、公平、质量与效率，促进《教育法》的实施。

8.3 改革措施

（1）重组部委的组织与功能结构

①根据重组记录和指示，重组教育部、秘书处等部门；

②重新界定秘书处和部门官员的权责，以促进协调、合作与服务；

③制定与实施面向秘书处和部门的人力资源发展策略，以提高相关人员的能力。

（2）重组县乡级的组织与功能结构

①重新界定县乡级教育官员的角色与职责；

②通过人力需求的合理化建议，授权县乡教育办公室，从而为学校提供强大的专业支持；

③增强县乡级教育官员的办学灵活性和责任感，为学校提供量身定制的解决方案。

（3）重组学校的组织与功能结构

①授予学校财物、人力资源、课程和专业发展的自主权；

②与皇家公务员委员会磋商后，重建人力配置模式，提高校长的教学领导力；

③加强学校管理委员会的职能，以促进学校的有效运转；

④提高家长和社区的参与度，提高学生学习成绩。

（4）建立 1～2 所国际学校、机构

鼓励公私立机构参与建立比照国内学校的国际学校，并通过更新理念提高教育质量。

（5）加强机构间的协调与合作

①加强与教育合作伙伴，例如国家教育委员会、不丹学校考试与评价委员会、不丹皇家大学、教育部下属的部门、其他相关利益者、非政府组织、机构等之间的合作；

②与各相关利益者签署具有时限的谅解备忘录，以加快为教育体系提供服务的速度。

（6）推动教育法的启动和制度化

通过多部门参与和磋商，制定教育法。

（7）组建全国教师委员会

组建全国教师委员会，创建有效的机制，教师注册、发放许可、制定在职和职前教师标准、检查和修订行业准则，解决关涉教师的相关问题。

（8）建立专门的部委秘书办公室

将所有部门纳入一个建筑物之中，通过加强联络促进协调与合作，从而促进服务的实施，实现资源共享。

（9）重视数据的及时性和可靠性，以便更好地制定与执行政策

①确保获得及时且可靠的数据，以便更好地理解教育体系的职能并扩大入学、实现教育公平与提高教育质量；

②将学生成绩跟踪系统并入教育管理信息系统之中，以向各级提供关于学生、教师和学校的综合数据库。

第五章　实施改革

向不丹学生提供富有吸引力和有积极意义的经验，需要不断地革新教师、学校、县和教育部的观念和做事方法。这需要将学校、县和教育部门从科层制机构转变为学习

组织。转型后的体系可以满足国王、国家和人民的期望,帮助不丹儿童获得进入世界必需的知识与理解力;获得交流、智力、社会、情感和领导能力;养成终身学习的习惯,形成良好的品格;拥有健康的身体以及国家认同。

必须承认的是,国际上许多教育改革的失败主要是由于政府部门领导的意愿、实践和责任感日渐减退,反对者对改革的阻滞,教师和其他相关利益者之间激烈争论导致的停滞,教师对改革的抵制以及教育部门间的能力差距等。虽然上述阻力令人不安,但不丹应克服这些挑战,以实现和满足其人民的愿景与期望。

1. 后续举措

第二章概述和讨论了四个主要领域:入学、质量、公平和效率。第四章阐述了推动《蓝图》实施的八项改革和40个改革措施。

每个改革措施都非常重要,但为了系统地推进改革,必须分先后顺序实施这些措施,避免教育体系负担过重。

2. 八项改革和40个改革措施

同上,略。

3. 不丹教育改革之旅

教育改革将以10年为期,主要分为三个阶段:第一阶段2014—2017年,第二个阶段2018—2020年,第三个阶段2021—2024年。在每个阶段,都将实施一些改革措施。第一阶段主要关注于打基础和推行建议的干预措施,促进教育体系往好的方向发展;第二阶段主要关注于加快实施各项改革和措施以改善教育体系;第三个阶段主要关注于建立卓越的教育体系。

4. 实施改革

当前,教育部的一些机构负责监督教育投入、过程与产出。教育部门和独立机构根据各自权限搜集、汇编和传播教育报告,这样人为地导致了机构间权责重叠、工作重复,机构各自为政的情况严重阻碍了整体协调、交流与服务。例如,不丹学校考试与评价委员会负责评估和评价学生学习与表现,教育部监督与支持服务处负责评定学校等级,教育部政策与规划处负责规划、协调和监督部委内的所有项目,国家教育委员会负责对学生学习年度统计和教师需要评估等进行研究。

鉴于《蓝图》的重要性以及国际改革的经验,需要建立一个具有时限的独立、自治机构,与教育部合作,确保《蓝图》的实施。该机构将负责对现有机构进行协调与合作从而推进实施,行使权力简化监督机制,确保教育体系更具系统性和高效率。

该机构将负责对《蓝图》中所有的改革和措施进行分类,与现有教育机构相互协调配合,避免权责重叠。例如,拟建的办公室将与以下机构合作:

(1)国家教育委员会,负责所有教师(在职)的专业发展、课程开发与研究。

(2)不丹学校考试与评价委员会,负责所有关涉学生评估与评价的工作。

（3）不丹皇家大学，负责所有关涉职前教师项目等工作。

5. 监督与评价

监督与评价应提供反馈意见，以改善各相关机构的工作。在各自权限范围内，校长负责本校的测评与改善，县级教育官员负责教育的投入、过程与产出。

参与监督教育工作的中央机构，应将监督结果告知县级教育官员和学校，用于改善学校工作。学校、县级教育官员和中央一级机构间的联系应通过引入双向交流机制予以加强。

目前，一些中央机构负责搜集、汇编和传播不同类型的教育信息，例如国家教育委员会、教育部政策与规划处、教育部监督与支持服务处等。国家教育委员会负责研究学生学习年度统计和教师需要评估等；教育部监督与支持服务处负责搜集来自县级教育官员的信息，对学生进行等级划分；而教育部政策与规划处则负责每年搜集学校、学生和教师的信息，用于监督整体的教育成效。搜集到的信息，主要用于改善教育的入学、公平和质量，但应解决时效、质量和覆盖面等问题。应重视已搜集信息的质量与使用中的联系。如果数据质量较差，将直接影响规划人员和决策制定者有效地利用这些数据改善教育。在这一背景下，适当地基于事实制定政策与基于监督和评价结果行事同样重要。

6. 为改革筹措资金

相较于其他发展重点和领域，教育领域包括不丹皇家大学的预算拨款比例约为11%。目前，基于学校专项拨款，政府提供的经常性费用包括教师薪资、免费教材、奖学金、学校膳食项目等。非薪资的经常性费用和充足的基础设施对于提高教育质量同等重要。值得注意的是，此处提出的预算只是参考性的，在项目实施过程中可做出调整以应对变革的环境与需求。

（1）为实施《蓝图》而采取的刺激财政的方法

无论是国家还是家庭的教育支出，均应被视作建设人力资本的投入。随着对教育的关注度不断提高、教育投入的资源日益增加，确保这些项目的效率和相关性及其长期影响则显得十分重要。在这方面，在国家层面制定相互协调且量身定制的策略是实现这些目标最好的方法。

部门应统计资金需求，包括直接费用（除去社区和家庭费用）、经常性和资本支出等。这部分显示了根据基础数据和《蓝图》制定的政策目标所做的财政模拟的数据、过程和结果。

为了在富于活力、共生和发展的环境下探寻教育发展方案，已经开发了各种仿真模型，通过计算机模拟模型来检验不同教育发展方案和政策的真实性、一致性和可信性。开发的模拟模型应符合不丹教育体系的特殊性。

本部分呈现的结果包含了《蓝图》中涵盖的各个领域。时间节点是2024年，展现在《蓝图》实施的时间段内不丹教育体系可能的发展模式。

制定基线使用的数据、信息和资源，将在下文中予以阐述。基线数据主要来自《年度教育统计》和《不丹教育统计年鉴》公布的 2013—2014 学年的数据。

（2）基线数据概览

开发教育蓝图成本模拟模型是战略规划和评价关键性教育政策的关键步骤。应尽可能定制适合不丹教育体系的模式，包括资源框架和开支模块。模型的复杂程度，主要依赖于教育体系各教育阶段的主要特征、《蓝图》提出的干预政策以及制定基线和目标的可用数据。

①人口与教育数据

预计人口数量主要根据 2005 年《不丹人口与住房普查》结果所做的 2005—2030 年不丹人口预测。绝大多数教育数据，即学生人数、入学率（高等教育除外）、教学、非教学人员和基础设施等，均出自 2014 年度教育统计数据；

②与成本相关的数据和财政框架

财政预测主要根据各级教育的单位成本。单位成本根据国内外可用信息来确定。基于公众入学预测，获得各级教育包括职业教育的单位成本后，便可确定总体成本。由于必要信息不足，预测并未计算各项活动的成本以及价格涨幅的支出。但涉及关键资源的大量措施（例如，向所有儿童提供幼儿保育与发展项目等）被纳入模式之中；

③教育数据的主要特点（2014—2024）

不丹的人口增长趋势确定了在《蓝图》实施期间的学生人数。根据人口增长预测，预计在《蓝图》实施期间不丹适龄学生人数将大幅波动，这将影响学生的入学率以及所需资源。

2014—2024 年幼儿保育与发展项目的入学人数将大幅增长，从 10% 增长至 50%，其中就读私立幼儿保育与发展项目的儿童将从 0.3% 增长至 30%。不丹期望到 2024 年可以实现高中的普及教育。

正如预期，在改革期间需要扩大幼儿保育与发展项目以满足人口增长的需求。2014—2024 年学生人数将增长近 4 倍。公立早期教育中心的教师人数需要增加 3 倍，需要大幅增加公立早期教育中心的数量以满足新生儿的教育需求。

相较于幼儿保育与发展项目，初等和中等教育阶段在学生数量、教师需求和教室方面的压力相对较小，主要关注的仍是提高质量。

教师和教室数量也应做相应调整，这对于不丹规划未来的改革将是非常必要的。虽然教室数量的调整空间较小，但随着中心学校体系的引入，宿舍床位的数量将逐渐增加。兴建宿舍不仅只是增加建筑成本，还意味着需要聘用更多的宿舍管理员、厨师和辅导员。

（3）《蓝图》的成本预算（2014—2024）

如前所述，早期的财政预算主要基于各级教育的单位成本。根据《蓝图》将实施许多提高教育质量的举措，有必要提高单位成本。随着 GDP 的增长，预计每年单位成本将提高 5.3%。

为了实现《蓝图》的愿景和预期,不丹需要大幅增加教育财政投入。从 2014—2024 年,教育预算平均每年应增加 8%。增加最大的应是初中,相较于其他教育阶段,高中教育必需的资源涨幅相对较小,这主要是由于职业技术学校的学生人数将不断增加。为了统计总体教育成本,纳入职业技术学校的成本预算十分重要。

联合国教科文组织统计数据研究所的数据显示,2011 年不丹的教育支出占 GDP 的 4.7%,而 2005 年则是 7.1%。2011 年教育占政府总体开支的 11.3%,而 2004 年为 19.8%。不丹教育支出占 GDP 的百分比远低于本地区的其他国家,例如马尔代夫、蒙古、斐济。《蓝图》构想了许多改革教育体系的新举措,因此,有效地改革教育体系将比以往需要更多的财政资源。这些改革措施将如第四章所说按阶段分步骤实施。在这一背景下,根据模拟模型预测,教育领域需要至少 6% 的 GDP 或 15% 的政府总体开支。

尼泊尔

比克拉姆纪元 2028 年教育法(1971 年)

修订:

1.《教育法》修订(一)　比克拉姆纪元 2033 年(1976 年)

2.《教育法》修订(二)　比克拉姆纪元 2036 年(1979 年)

3.《教育法》修订(三)　比克拉姆纪元 2037 年(1980 年)

4.《教育法》修订(四)　比克拉姆纪元 2045 年(1988 年)

5.《教育法》修订(五)　比克拉姆纪元 2049 年(1992 年)

6.《教育法》修订(六)　比克拉姆纪元 2055 年(1998 年)

7.《教育法》修订(七)　比克拉姆纪元 2058 年(2001 年)

8.《教育法》修订(八)　比克拉姆纪元 2060 年(2003 年)

本法案适用于根据全国教育系统规划提供的学校。

序言

为了储备国家发展所需人力资源,保持公民的良好行为、礼仪和道德以符合多党民主制国家的需求,通过改善尼泊尔王国现行和未来学校的管理从而提供优质教育。

因此,在国家委员会的建议和认可下,马亨德拉·比尔·比克拉姆·沙阿·德瓦国王制定并颁布了本法案。

1. 简称、范围和生效期

(1)本法案可以简称为"比克拉姆纪元 2028 年教育法(1971 年)"。

(2)本法案在尼泊尔王国生效。

(3)本法案生效的范围和时间以王国政府在尼泊尔公报上发布的通知为准。

2. 说明

除非本法案有特别说明,否则——

(1)"幼儿园教育",指面向年满 4 周岁孩子提供一年学前教育的学校。

(2)"小学教育",指 1 至 5 年级的教育。

(3)"初中教育",指 6 至 8 年级的教育。

(4)"中等教育",指 9 至 10 年级的教育。

(5)"特殊教育",指面向盲、聋、哑、有身体障碍或智力迟钝儿童提供的教育。

(6)"公立学校",指获得尼泊尔王国政府批准,且获得政府常规拨款的学校。

(7)"私立学校",指那些获准运营但王国政府不给予常规拨款的学校。

(8)"学校",指公立和私立学校。

(9)"小学",指根据第2条第(2)款规定提供教育的学校。

(10)"初中",指根据第2条第(3)款,或者第2条第(3)款规定,提供教育的学校。

(11)"中学",指根据第2条第(3)和(4)款,或者第2条第(4)款规定,提供教育的学校。

(12)"教师",指学校的教师,包括校长。

(13)"委员会",指根据规定组建的教师服务委员会。

(14)"秘书处",指委员会的秘书处。

(15)"主席",指委员会主席。

(16)"委员",指委员会的成员,包括主席。

(17)"家长、监护人",指学校记录在案的在校学生的监护人。

(18)"学校结业考试",指中等教育结束时举行的考试。

(19)"小学结业考试",指初等教育结束时举行的考试。

(20)"规定的或符合规定的",指遵从或符合本法案相关条例的规定。

(21)"临时许可",指在任何规定地区开设学校或增设班级时未获得王国政府长期许可前,获得的临时许可。

(22)"批准",指王国政府授予任何达到规定条件学校的永久批准。

(23)"寄宿学校",指王国政府批准为寄宿学校的学校。

(24)"教育信托",指由个人建立的不以盈利为目的的信托,其主要用于运营学校。

3. 组建学校应获得许可

(1)如果除王国政府以外的任何人计划开设学校,应向王国政府或其指定权力机关提出附有详细材料的申请,同时也应向区教育局局长提交同样的申请。虽然申请是相同的,但申请人应在申请中注明学校是以公司还是以教育信托的方式运营。

(2)如果根据第3条第(1)款规定提交的申请被接收,王国政府或其指定权力机关将负责审查申请。如果申请规划的步骤合理,且必需的条件已经达到,那么,申请人将被获准开设学校。

(3)在核查相关条例和条件后,王国政府或其指定权力机关将根据第3条第(2)款规定授予许可,准许申请人组建学校。

(4)自本法案生效之日起的6个月内,私立学校应向指定权力机关提交附有详细材料的申请,并阐明它是以公司还是以教育信托的方式运营。

(5)如果根据第3条第(4)款规定提交的申请被接收,相关机构将审查申请中所附的必要条件。如果要求符合,相关部门将按要求准许学校运营。

(6)不管第3条第(2)、(3)或(5)款如何规定,下列情况的学校将不准以公司形式运营:

①在政府或公共建筑中运营的学校；

②在建造于政府或公共用地上的建筑物中运营的学校；

③在由个人或组织捐赠给学校的建筑或土地上，或者在捐赠土地上建筑的建筑物中运营的学校。

（7）不管第3条第（2）、（3）或（5）款如何规定，相关村委会或政府可以许可或批准利用当地资源创办学前教育机构。

（8）不管第3条第（1）、（2）和（3）款如何规定，任何人均不许建立任何外国教育机构的附属学校。

但是，如果能够与王国政府签订合同或者提供相关外交机构的推荐信，王国政府可以扩大许可范围，允许在一定规则和条件下组建和运营外国教育机构的附属学校。申请可以直接送至王国政府。

（9）如果根据第3条第（8）款规定获准建立的学校违反了相关条例和规章制度，王国政府可以随时予以关闭。

（10）根据第3条第（8）款规定获准建立的学校，免受本法案其他相关规章制度的限制。

4. 学校的运营

学校应按照规定运营。

5. 考试的实施与管理

对小学结业考试、初中结业考试和中学结业考试应按照规定实施和管理。

6. 中等教育的类型

中等教育的类型如下：
（1）普通中等教育。
（2）梵语中等教育。

6A. 特殊教育、非正规教育、远程教育的运营及其他规定

（1）适用于普通教育的规章制度适用于特殊教育。
（2）面向特殊教育所需员工和教师的薪酬、设施和其他条件等应遵从相关规定。
（3）非正规教育和远程教育的规章制度也应遵从相关规定。

7. 教育媒介

（1）学校的教育媒介应是尼泊尔语。
小学以上的教育，可以使用母语教学。
（2）不管第7条第（1）款如何规定，语言课程的教学媒介可以是该门课程所教的语言。

8. 学校的课程和教材

学校必须使用王国政府批准的课程和教材。

8A. 教育部

（1）教育部下属于国家教育与体育部。

（2）一名部长将负责根据第 8 条第（1）款规定建立教育部。

（3）部长的职能、责任与权力将遵从相关规定。

9. 区域教育理事会

（1）王国政府可以在每个开发区建立区域教育理事会。

（2）区教育主任应是根据第 9 条第（1）款规定建立的区域教育理事会的负责人。

（3）区教育主任的职能、责任与权力将遵从相关规定。

10. 区教育局

（1）王国政府将在每个区设立教育局。

（2）区教育局局长将是根据第 10 条第（1）款规定建立的区教育局的负责人。区教育局必须设立教育局局长作为负责人。

（3）区教育局局长的职能、责任与权力应遵从相关规定。

11. 区教育委员会的组建

（1）每个区将组建区教育委员会，用于监督和管理区内的学校。

（2）根据第 11 条第（1）款规定组建的委员会，应包括以下成员：

①区发展委员会主席或授权代为履行主席职责的人员；

②区教育局局长任委员；

③区发展委员会秘书任委员；

④4 位区高中、初中和小学的教师代表（其中一位应为女性，且所有教师均应具有 10 年以上的学校工作经验）任委员；

⑤由区教育委员会提名的学校管理委员会主席一名任委员；

⑥由区教育局局长提名的区内私立学校管理委员会主席一名任委员；

⑦由区教育委员会提名的村教育委员会主席一名任委员；

⑧区教师协会主席任委员；

⑨区教育局局长任委员兼秘书。

（3）根据 11 条第（2）款规定被提名的委员，任期为两年。如果被提名的委员被发现有失职行为，提名机关或有关单位可以随时取消其委员资格。但在解雇当事人之前，应给予他自陈清白的机会。

（4）应邀请各区选出的议会成员参加相应区的教育委员会会议。

（5）区教育委员会的职能与权责如下：

①制定区教育规划；

②鼓励村委员会和政府在财政上支持公立学校；

③以适当的方式协助实施考试；

④为提高区教育质量积累资源；

⑤确定公立学校审计人员的薪酬；

⑥分配和调整区内公立学校可用的师资的分配与调整标准：小学主要基于学生人数，初中基于学生人数和课业负担情况，而中学则要按照政府指示行事；

⑦向学校管理委员发布必要的指示。

(6)区教育委员会的其他职能、责任、权力与会议流程应遵从相关规定。

11A. 区教育委员会的解散

(1)如果任何区教育委员会未能按规定履行职责，那么王国政府可以解散该区教育委员会。

(2)根据第11A条第(1)款规定区教育委员会解散后，在另一个区教育委员会成立之前，王国政府可以组成临时委员会暂代其职。

11B. 教师服务委员会的组建

(1)组建教师服务委员会，主要根据王国政府批准的公立学校教师职位空缺的情况任命教师，并对这些教师的晋升提出建议。

(2)该委员会除主席外还应包括两名委员。

(3)为了提名根据第11B条第(2)款规定被任命的委员，王国政府将组建一个由公共服务委员会主席领导的委员会，该委员会成员包括特里布万大学校长和教育与体育部的一名秘书，王国政府将根据委员会的提名来任命教师服务委员会的委员。

(4)根据第11B条第(2)款规定被提名和任命的委员，任职期为5年，且可连任。委员会的高级官员将担任委员会的秘书。

(5)委员会的职能、权责与诉讼应遵从相关规定。

(6)委员会的其他服务条款应遵从相关规定。

(7)王国政府将确定委员的薪酬及设施，并在尼泊尔公报上发布。

11C. 委员资格

委员需达到以下条件：

①尼泊尔公民；

②在王国政府认可的大学内获得硕士学位；

③在任命之前两年内未加入任何党派；

④年满40周岁；

⑤主席的任职资格是至少有5年特定领域工作经验，委员的任职资格是至少有15年在法律、教育和行政领域的工作经验。

11D. 委员资格不得保留

(1)出现以下情况，委员职位可视为空缺：

①根据第11B条第(4)款规定的任期已满；

②年满 65 周岁；

③个人的书面辞呈获得王国政府批准；

④死亡。

（2）不管第 11B 条第（4）款如何规定，如果任何人起诉任何委员缺乏工作效率、未能尽职履责和品行不端，王国政府可以组建调查委员会开展调查，如果情况属实，王国政府可以免去当事人委员之职。但是，在解职之前，应给予当事人自陈清白的机会。

11E. 有关秘书处及雇员的规定

（1）委员会应设立一个专门的秘书处，且秘书处将设于加德满都。

（2）王国政府应当委派公开任命的一级政府官员担任秘书处行政主管。

（3）秘书处其他必需的成员由教育部负责安排。

11F. 建议的流程

（1）委员会提出教师长期任命建议的流程如下：

①按照相关区教育局确定学校一级所需教师数量的详细情况，并根据批准的岗位填补长期空缺的职位；

②刊登招聘广告公开招聘，应聘者根据职位要求提交简历；

③在充分审查的基础上，根据第 11F 条第（1）款第②项规定收取简历后，将遵循以下流程选取合适的应聘者：

a. 公开的竞争性笔试；

b. 面试；

c. 实践考试。

当然，实践考试只有在委员会认为合适且必要的情况下才会实施；

④委员会应在发布广告的 6 个月内做出任命和晋升的决定。

（2）委员会提出教师晋升的建议时应按照规定的流程进行。

11G. 委员会的组建

（1）委员会可以组建中央和地方委员会，以便更好地履行职能并开展诉讼；委员会的委员应由教育界人士和热衷教育事业的人员构成，且他们至少在任命的一年内未参加过任何党派。

（2）根据第 11G 条第（1）款规定组建的委员会，其职能、权责与诉讼应遵从委员会的相关规定。

11H. 授予权力

如有必要，委员会可以将本法案赋予的任何权力授予根据第 11G 条任命的主席、委员、委员会或任何公务人员。

11I. 被视为委员会完成的工作

在本法案生效前由学区教师选拔委员会和区域教师选拔委员会履行的职能和诉讼

应被视为委员会完成的工作。

11J. 提交年度报告

委员会应在每个财政年度结束前的三个月向王国政府提交本年度履职和诉讼报告。

11K. 村教育委员会

(1)在每个村发展委员会内应成立一个村教育委员会,以便监督和管理村发展委员会辖区内的学校,在各学校之间建立协调机制。村发展委员会应由以下人员构成:

①村发展委员会的主席或被授权行使同等权力的人员;

②区教育委员会从村发展委员会辖区内学校的管理委员会主席中选取一名担任委员;

③从村教育委员会提名的社会工作者或教育专家中选取两名,其中一名应为女性,担任委员;

④由相关地区的学校督导担任委员;

⑤学校所在地区的区发展委员会的委员担任委员;

⑥在村发展委员会辖区的公立学校中由村教育委员会评为卓越学校的校长,担任委员兼秘书。

(2)根据第 11K 条第(1)款规定被任命的委员,任期为两年。如果被任命的委员行为失当,负责任命的机关或部门可以免除其职务。但在免职之前,应给予当事人自陈清白的机会。

(3)村教育委员会其他的职能、责任与权力以及会议流程应遵从相关规定。

11L. 移动学校的运营

王国政府可以按照规定在偏远地区、山区设立移动学校。

11M. 教学许可证的获取

(1)本法案生效后,未获得委员会颁发教学许可证的人员不得担任教师职位。

(2)委员会可以按照规定通过发布公告举行授予教学许可证的考试。

(3)委员会将向根据第 11M 条第(2)款规定举行的考试中合格的人员授予教学许可证。

(4)在本法案生效之日起 6 个月内,委员会将向在职教师提供临时的教学许可证。

(5)那些根据第 11M 条第(4)款规定获得临时教学许可证的教师,须在 5 年内获取委员会颁发的永久教学许可证。

(6)在规定期限内未能取得永久教学许可证的临时教师将自动终止聘任,而拥有永久教学许可证的教师应按照规定续聘。

(7)有关教学许可证的其他规定应做特别的说明。

11N. 拨款不予缩减

自本法案生效之日起,王国政府提供给公立学校的拨款额不应缩减。

11O. 奖学金的规定

王国政府将按照规定向初中教育和中等教育阶段的学生提供奖学金。

11P. 向儿童发展中心拨款

王国政府可以按照规定向儿童发展中心拨款,该中心由王国政府与村发展委员会或政府联合组建。

12. 学校管理委员会

(1)公立学校均应成立学校管理委员会用于负责运营、监督和管理学校,学校管理委员会的成员包括:

①由家长自行选择一人任主席;

②由家长自行选择三人,其中包括一名女性,任委员;

③由学校所在地区村发展委员会或政府的相关医院院长任委员;

④由学校管理委员会提名的一位当地知识分子或教育家任委员;

⑤由学校管理委员会提名的一位学校创始人或捐资者任委员;

⑥从相关学校教师中选择一人任委员;

⑦学校校长任委员兼秘书。

(2)学校管理委员会,提供职业技术课程或同类培训,委员会委员将由区级工商联合会成员组成。

(3)应邀请相关学校督导及提供资源的人员,作为观察员列席学校管理委员会会议。

(4)私立学校均应成立学校管理委员会负责学校的运营、监督和管理。私立学校管理委员会的成员包括:

①由相关学校举荐、区教育局局长提名的一位学校创始人或捐资者任主席;

②由学校管理委员会提名的一位家长任委员;

③学校所在地区村发展委员会或政府的相关医院院长任委员;

④由村发展委员会或政府提名的一位当地知识分子或教育家任委员;

⑤相关地区的学校督导任委员;

⑥从相关学校教师中选择一人任委员;

⑦学校校长任委员兼秘书。

(5)根据第 12 条第(1)、(4)款的规定,委员会主席或委员的任期为两年。如果委员会主席或委员行为失当,参与选举或提名的家长、机关或部门可以免去相关人员的职务。

但在解除职务前,应给予当事人自陈清白的机会。

(6)公立学校管理委员会的职能、权力及职责如下:

①调动可用的资源和手段运营学校;

②留存或责成留存属于学校的动产和不动产的记录,并予以保存;

③保存和更新学校的学术、设施和财务记录;

④批准学校年度预算,并通知村教育委员会和区教育局;

⑤防止政治、宗教等不同因素浸入学校环境,维护学校优良的学术环境;

⑥将区教育局局长任命的教师分配到学校中,并赋予相应的职责;

⑦连同区教育局局长任命的审计员共同审计学校的年度财务预算;

⑧根据审计报告采取必要的行动,并将该报告呈送区教育局局长;

⑨执行由区教育委员会和区教育局下达的命令;

⑩任命已经从委员会获得教学许可证且根据相关法律通过公开竞聘成为教师合格候选人的人员,并负责安排被任命教师的薪酬、设施和晋升等事宜;

⑪组建家长教师联合会,用于提高学术标准。

(7)私立学校管理委员会的职能、职责及权力如下:

①调动可用的资源和手段运营学校;

②负责安排学校的基本设施;

③建设学校良好的环境;

④必须实施和使用王国政府批准的课程与教材,如果需要其他必要的补充材料,应获得课程发展中心的批准;

⑤任命已经从委员会获得教学许可证且根据相关法律选择适合教师职位的人员担任教师职位;

⑥以不低于王国政府确定的工资标准向教师发放薪资;

⑦如果教师出现违纪的情况,应采取行动;

⑧执行王国政府发布的命令。

(8)学校教育管理委员会的其他职能、责任、权力及会议流程应做特别说明。

12A.学校管理委员会的解散

(1)如果任何学校的管理委员会未能按规定履行职责,区教育局局长在阐明原因后,可以解散幼儿园和小学学校管理委员会;区域教育主任在阐明原因后,可以解散学校管理委员会。

但在解散之前,应给予学校管理委员会说明情况的机会。

(2)根据第12A条第(1)款规定解散学校管理委员会后,在另一个学校管理委员会组建之前,或者由于其他原因组建学校管理委员会之前,区教育工作人员可组建幼儿园或小学临时学校管理委员会,区域教育主任可组建临时学校管理委员会,用于履行学校管理委员会的职能。

12B.村教育发展基金

(1)设立中央一级村教育发展基金,用于协助农村地区公立学校的发展以及提高其学术标准。

(2)根据第12B条第(1)款规定设立的基金,其经费主要来源于:

①王国政府的拨款；

②来自私立学校的款项,该款项的额度不应低于学校年净收入的1.5%；

③捐款；

④通过其他渠道获得的款项。

12C.基金管理委员会

(1)为了运营农村教育发展基金,应组建基金管理委员会,成员包括：

①教育与体育部秘书任主席；

②财政部的代表任委员；

③地方发展部的代表任委员；

④教育与体育部的联合秘书(教育行政部)任委员；

⑤教育署署长任委员；

⑥审计部门的代表任委员；

⑦由教育与体育部在中央一级私立学校中选出的两名校长任委员；

⑧教育与体育部下属学校管理部门的主管任委员兼秘书。

(2)基金管理委员会其他的职能、责任、权力与会议流程应遵从相关规定。

13.区教育基金

(1)各区均应设立区教育基金,基金主要来源于：

①王国政府的拨款；

②教育税；

③捐款；

④通过其他渠道获得的款项。

(2)根据第13条第(1)款规定建立的基金,其运营应遵从相关规定。

(3)根据第13条第(1)款规定建立的基金,应接受王国政府审计部门的审计。

13A.学校基金

(1)各学校均应设立学校基金,基金主要来源于：

①王国政府的拨款；

a.区教育基金会的拨款；

b.村发展委员会或政府的拨款。

②学费；

③捐款或捐赠；

④收费；

⑤通过其他渠道获得的款项。

(2)根据第13A条第(1)款规定建立的基金,其运营应遵从相关规定。

14.王国政府可以下达指示

(1)如有必要,王国政府可以向区教育委员会和学校管理委员会下达指示。

（2）各区教育委员会和学校管理委员会有责任遵从第 14 条第（1）款规定下达的指示。

15. 王国政府有权迁移、合并、更名或关闭任何学校

在区教育委员会的建议下，王国政府或指定权力机关有权将现有任何学校从一处迁移到另一处，将两个或两个以上学校合并，重新命名，关闭学校，在规定场所或地区开设新学校，或者批准学校增设班级。

16. 学校财产

（1）公立学校所有财产均应被视为公共财产。王国政府根据现有法律将公立学校关闭或并入其他学校时，如果学校财产对相关学校无用，那么，可出售学校财产，由此所获经费将存入区教育基金。

（2）依照教育信托方式运营的私立学校，其财产归于该学校名下。但如果学校由于某些原因被关闭，该学校的财产将被视为公共财产。王国政府可以将这些财产用于任何公立学校，或者将之出售，收入所得归入区教育基金会。

（3）依照公司方式运营的私立学校，其财产应归于公司名下。

（4）在接受任何人或组织的动产或不动产之前，私立学校应获得相关区教育委员会的批准。

（5）在未获得王国政府的批准的情况下，根据第 16 条第（4）款规定所得财产不得出售。

（6）学校每年应至少举行一次家长会，公开前一年的收支和学术成绩的详情以及下一年的学术规划。

16A. 学校的重复投资及相关规定

（1）无论法律如何规定，以公立学校名义签署任何类型的契约均不应收取登记费用，私立学校可以以教育信托的形式进行。

（2）除第 16A 条第（1）款的规定外，王国政府可以按照以其他学校名义签署的契约规定的比率重复投资。

（3）公立和私立学校可重复投资，特许的比率应遵从相关规定。

16B. 取消许可或批准

如果私立学校未能按第 16 条第（3）（4）款规定提交报告，或做出违反本法案及相关法律的行为，相关机构可以取消许可或批准。

但在取消许可或批准之前，相关学校应获得自陈清白的机会。

16C. 学校分类

学校将按照规定进行分类。

16D. 有关收费结构的规定

（1）公立学校提供免费的初等教育，王国政府将向这类学校的学生免费提供教材。

（2）公立学校向初中和中等教育学生征收学费的比率应依照规定执行。但是，应向女童及处于贫困线以下的达利特和部落的学生提供免费教育。

（3）一旦学校向学生收取入学费用，招收学生进入指定班级后，这些学生如果重新进入其他班级，学校不得再向这些学生收取任何费用。

（4）学校不得向学生收取任何用于建设学校的基础设施费用。

（5）学校向学生收取的费用应获得王国政府或其授权人员的许可。收费结构的许可将以学校分类为基础。

（6）如果学校违反本法案的规定向学生收取费用，相关权力机关必须责成学校退还所收的费用。

（7）如果学校违反本法案规定收取费用，相关权力机关可以处以最高 2.5 万卢比的罚款。

16E. 教师协会、教师行为及其他规定

（1）应组建教师协会，保障教师的权利和福利。

（2）可以组建中央和区两级教师协会。

（3）教师协会的选举应遵从相关规定。

（4）教师不得参加任何政党的任何选举，不得在任何政党内任职，也不得代表任何政党。但本条规定并不否定现行法律赋予教师的投票权。

（5）如果教师出现以下情况将被解雇：

①违反第 16E 条第（4）款的相关规定；

②未能履行所规定的职责；

③无故缺席超过 15 天；

④有证据显示在学校喝酒；

⑤因刑事指控被处罚。

16F. 学术资格

学校教师职位必需的学术资格应遵从相关规定。

16G. 有关通过法庭命令复职的规定

（1）由于部门行为或未能履职而被解雇的教师，只有在获得法庭的命令或决议后方可复职。

（2）根据第 16G 条第（1）款规定复职的教师，有权获得其从解职到复职期间所有的工资、津贴以及增长的工资。

16H. 教师的调动

（1）如果教师申请调动，应按照规定填写表格并向区教育局提出申请。

（2）如果教师根据第 16H 条第（1）款规定提交的申请被接受，在岗位空缺且科目匹配的情况下，区教育委员会可以批准调动。但每年，超过 25% 的空缺职位难以通过从

其他学区调动教师来补充。

（3）不管第 16H 条第（2）款如何规定，如果出现必须调动教师的情况，区教育局局长可以在学区内调动教师；区域教育主任可以在区域内调动教师；教育部可以在整个国家范围内调动教师。

（4）虽然根据第 16H 条第（3）款规定可以调动教师，但区教育局局长应获得区域教育主任的预先认可；区域教育主任应获得教育部的预先认可；同时，相关学校也应提出意见建议。

16I. 不适用于私立学校的规定

除了本法案另有规定外，否则第 11J 条、15 条、16C 条、16G 条、16H 条、17 条第（1）款及第 17 条第（2）款第①④⑤项规定不适用于私立学校。

17. 处罚

（1）如果任何人挪用或损害学校财产，相关权力机关将提出索赔并处以最高 2.5 万卢比的罚款。

（1a）如果发现任何人本人或唆使他人、协助他人做以下事情，相关权力机关可以根据罪行情节严重程度，处以当事人最高 10 万卢比的罚款，或 6 个月的监禁，或两罚并罚：

①泄露试卷内容；

②在阅卷时粗心大意或不负责任；

③未经相关权力机关许可进入考试中心，或者进入考试中心后试图做不道德行为；

④在公布考试结果时有违反规定之处；

⑤替考；

⑥被发现做出任何可能破坏考试规则的事情。

（1b）根据第 17 条第（1）和（1a）款规定涉嫌的学校教师或员工，如果被起诉，那么自起诉之日起至案件审理结束这段时间当事人应被暂停职务。如果情况属实，当事人将依法接受相关部门的处罚。

（2）除第 17 条第（1）和（1a）款的规定外，指定权力机关有权处罚任何违反本法案及相关条例规定的人员：

①对学校教师和雇员给予纪律处分；

②将学生从学校、宿舍或考试中除名；

③处以 1 000 至 2.5 万卢比的罚款；

④减少、暂停或取消政府的援助；

⑤取消授予学校的许可或批准。

17A. 调查和起诉有关财产案件

（1）不管《政府案件法》（1960 年）如何规定，任何涉及第 17 条第（1）款规定的案件均应接受指定权力机关的调查,调查结束后案件应以学校的名义在审判机关备案。

(2)在根据第17A条第(1)款规定进行调查和存档期间,指定权力机关可以向公诉人征询法律意见。

17B. 审判机关

任何涉及第17条第(1)款规定的案件,应由区长做出处罚决定。

17C. 王国政府作为原告

(1)根据第17条第(1)和(1a)款规定被记录在案的案件,王国政府将成为原告。

(2)根据第17条第(1a)款规定被记录在案的案件,均应收录于比克拉姆纪元2049年《国家案件法》的规定之中。

18. 上诉

(1)在区长根据第17B条规定做出处罚命令的35日内,当事人可以向受理上诉的法院提出上诉。

(2)对根据第17条第(2)款规定指定权力机关提起上诉,除将学生从考试中除名的命令外,其他均应在35日内到受理上诉的法院备案。

19. 制定条例

(1)王国政府可以制定条例,以实现本法案的预期目标。

(2)在不损害第19条第(1)款规定的情况下,可以制定条例对以下内容做特别规定:

①学校的校旗、校徽和祷告经文;

②向学生收取的费用及其使用;

③给予学校的拨款;

④学校的考试;

⑤有关学校毕业考试同等资格的决定;

⑥关涉国家教师服务委员会的规定;

⑦有关学校人事处的规定;

⑧有关学校课外活动和项目的决定;

⑨学校教师和雇员的宣誓;

⑩学校学生的入学方式和学生人数;

⑪学校财产的保护;

⑫学校宿舍的运营;

⑬学校收支的检查;

⑭学校记录、账目、其他文件准备和保存的办法;

⑮教师及学生的行为规范;

⑯学校的图书馆和阅览室;

⑰男女同校；

⑱教师培训计划；

⑲教学与学校管理培训；

⑳校长的权力和职责；

㉑学校教师的服务条款；

㉒学校教师的教学许可证、身份证和通行证；

㉓特殊教育；

㉔非正规教育；

㉕远程教育；

㉖教师服务章程；

㉗区教育基金会；

㉘学生咨询和指导服务；

㉙其他必要事项；

㉚寄宿学校的运营；

㉛有关私营辅导班、语言教学班和教师培训班的规定。

20. 解决困难的权力

如果在执行本法案的过程中遭遇任何困难或阻力，为了解决困难或阻力，王国政府可以在尼泊尔公报上发布通知下达命令，该命令应视同本法案。

21. 保留和豁免

(1)本法案及相关条例规定适用于本法案规定的事宜，其他事宜适用现行法律。

(1a)本法案的任何规定不得阻碍王国政府根据《防止贪污法》而采取的行动。

(2)《1968 年教育法》和《1972 年教育条例》的规定不适用于本法案生效之处。

比克拉姆纪元 2059 年教育条例(2002 年)

修订:

1.《教育条例》修订(一)   比克拉姆纪元 2060 年(2003 年)

2.《教育条例》修订(二)   比克拉姆纪元 2061 年(2004 年)

3.《教育条例》修订(三)   比克拉姆纪元 2062 年(2005 年)

4.《教育条例》修订(四)   比克拉姆纪元 2066 年(2009 年)

5.《教育条例》修订(五)   比克拉姆纪元 2067 年(2010 年)

为履行《比克拉姆纪元 2028 年教育法》(1971 年)第 19 条赋予的权力,尼泊尔政府特制定本条例。

第一章　前言

1. 简称与生效期

(1)本条例可称为《比克拉姆纪元 2059 年教育条例(2002 年)》。

(2)本条例当即生效。

2. 说明

除非相关条例特别说明,否则——

(1)"法案",指《比克拉姆纪元 2028 年教育法(1971 年)》。

(2)"部委",指尼泊尔政府的教育部。

(3)"司",指教育司。

(4)"司长",指教育司司长。

(5)"理事会",指区域教育理事会。

(6)"主任",指区域教育理事会主任。

(7)"督导",指指定的监督学校的人员。

(8)"公立学校",指根据本条例第 22A 条规定由社区管理运作的学校。

(9)"公立学校教师",指尼泊尔政府批准的由公立学校管理委员会负责任命的常任教师。

(10)"教师选拔委员会",指条例第 22 条规定的教师选拔委员会。

(11)"管理委员会",指学校管理委员会。

(12)"考试",指初级水平考试、初中水平考试和中等水平考试。

（13）"考试委员会"，指初中水平考试和中等水平考试委员会。

（14）"学期"，指学校教学的年度周期。

（15）"非正规教育"，指根据条例第48条规定开展的教育。

（16）"远程教育"，指通过函授、视听或其他媒介开展的学科教育。

（17）"儿童发展中心"，指根据条例第67条规定建立的致力于4岁以下儿童身体、心理或智力教育的儿童发展中心。

（18）"教育人力资源开发委员会"，指根据条例第72条规定建立的教育人力资源开发委员会。

（19）"校长"，指根据条例第93条规定任命的教师。

（20）"家庭"，指教师及其需要供养的家庭成员，包括共同生活的丈夫、妻子、儿子、未婚女儿、养子、继女、继父、继母，如果是男教师的话，还包括男教师的爸爸、妈妈、爷爷、奶奶，如果是女教师的话，还包括女教师的爸爸、妈妈。

（21）"教师档案室"，指根据条例第126条规定建立的学校教师档案室。

（22）"费用"，指根据条例第146条规定由学校向学生收取的费用。

（23）"指导委员会"，指根据《教育法》第12C条规定建立的村教育发展基金指导委员会。

第二章　关于建校许可的规定

3.填报建校许可的申请

（1）意图建立小学、初中或中学的人员，应在新学期开始的至少三个月以前，按照规定的格式填报申请并将申请连同村教育委员会或政府的推荐信一并呈送区教育局。

（2）意图开办学前教育机构的人员，应在新学期开始的至少两个月以前，按照规定的格式填报申请并将申请一并呈送村发展委员会或政府。

4.建校所需基础设施应予以满足

建立学校时，规定提及的基础设施应予以满足。

5.颁发运营学校的许可

（1）如果已经根据条例第3条第（1）款的规定提交了申请，区教育局局长将检查提交的申请以及所有必要的文件，如果学校已经达到了条例第4条规定的所有基础设施的要求，那么，可根据规定的格式在新学期开始的至少30天以前颁发开办小学、初中和中等学校的申请许可，申请许可则需在新学期开始前的至少两个月连同申请和区教育委员会的意见一并交付给主任。

（2）在根据条例第3条第（1）款规定颁发许可或交付主任之前，区教育局局长应检查或责成工作人员检查根据第4条规定拟建学校的基础设施是否已经落实。

（3）在收到根据条例第3条第（1）款规定提交的建立中学的申请后，主任应检查申请附带的所有文件以及拟建学校是否已经落实了必备的基础设施之后,可根据规定的格式在新学期开始的至少 30 天以前颁发许可。

(4)在收到根据条例第 3 条第(2)款规定提交的建立学前教育机构的申请后,相关村发展委员会或政府应检查拟建学校的建筑以及申请附带的所有文件,如果所有基础设施已经达到第 4 条规定的要求,应根据规定的格式在新学期开始的至少 30 天以前颁发许可。

6. 学校应履行的条款

除非《教育法》和相关条例有特别说明,否则学校应履行以下条款:

(1)采用经尼泊尔政府核准的课程和教材。

(2)未经课程开发中心批准,不得使用其他教材或学习资料。

(3)不得在学校内使用任何包含有损国家内容的读物或书籍。

(4)教师薪酬不得低于尼泊尔政府规定的最低标准。

(5)在召开年度会议时,应将学校收支、学术成绩和下一学年课程情况及时呈报督导。

(6)根据条例第 170 条规定保存收支账簿。

(7)保存学校的投资记录。

(8)不得在学校内开展危及国家统一、主权独立和宗教的活动。

(9)根据现行法律规定,学校合格教师人数不得低于规定的要求。

(10)学校应开展课外活动。

(11)在学校和宿舍内营造必要的健康且有利于品德发展的氛围。

(12)须按照区学生教育委员会的规定确保食品质量和膳食营养。

(13)自建校起,寄宿学校应向至少 10% 的学生提供寄宿设施。

(14)遵从区教育局下达的指示并履行职能。

(15)对第 4 条提及的基础设施进行日常维护。

(16)应根据教育部或其下属机构的要求统计学校的学术成果并呈报教育局。

7. 授理建立学校的申请

(1)根据条例第 5 条第(1)或(3)款条规定获得许可的小学、初中和中等学校,可按照规定的格式向区教育局局长提交申请。

(2)在收到根据第 7 条第(1)款提交的申请后,区教育局局长可责成督导或其他官员对学校进行调查。

(3)在收到根据条例第 7 条第(2)款规定形成的调查报告后,区教育局局长应检查已经收到的申请文件,如果学校已经达到条例第 6 条规定的条件,那么,他可以从区教育委员会获得批准,并根据规定的格式向小学和初中授予许可,初中则需将申请连同区教育委员会的意见一并呈送理事会。

(4)虽然根据条例第 7 条第(3)款规定检查申请附带的文件,但如果获得许可的学校达到了第 6 条规定的条件,可按照规定的格式给予批准。

（5）已经获得许可的学前教育机构,可根据第 5 条第（4）款规定按照规定的格式填写申请。

（6）虽然根据条例第 7 条第（5）款规定收到申请,但如果已经达到第 6 条规定的条件,相关村发展委员会或政府应按照规定的格式授予许可。

（7）相关村发展委员会或政府应将其根据相关条例授予许可或批准的信息在 30 日内呈送区教育局。

8. 关于准许运营学校的规定

（1）自《教育法》生效之日起已经作为私立学校运营的任何学校,应在规定时间内按规定的格式填写申请,并将申请连同公司注册证书（如果学校是公司化运作的话）或相关章程（如果学校注册为教育信托公司的话）一并呈送理事会。

（2）在收到根据第 8 条第（1）款提交的申请后,如果司长检查认为申请附带的必要文件均合理妥当,可以按照规定的格式批准申请人按照公司或教育信托的形式运营学校。

9. 关于批准建立任何外国教育机构附属学校的规定

（1）如果任何人员期望根据《教育法》第 3 条第（8）款规定建立学校,那么,当事人应按照教育部规定的格式向教育部提交申请。

（2）在收到根据第 9 条第（1）款提交的申请后,教育部负责检查申请及附带的文件,如果申请及附带的文件令人满意,教育部可以批准申请人建立外国教育机构的附属学校。

除非与尼泊尔政府达成合作协议,否则不得基于外交使团的建议批准建立任何学校。

10. 存款

（1）在开办学校时,应按以下要求预存保证金：

① 中学一级,分别为 20 万卢比和 10 万卢比；

② 初中一级,5 万卢比；

③ 小学一级,5 万卢比。

（2）不管第 10 条第（1）款如何规定,根据《比克拉姆纪元 2050 年民事服务条例》第 80A 条规定在 A 级区域开办的学校,只需缴纳一半的保证金。

10A. 保证金应存入固定的账户

（1）根据第 10 条规定缴存的保证金,应按照区教育局确定的学校名称存入固定账户。

（2）根据第 10A 条第（1）款规定存入银行的保证金,其所产生的利息可用于学校开支。

（3）涉及第 10A 条第（1）款条账户的相关操作,应由管理委员会和区教育局指定人员共同完成。

11. 关于教育信托的规定

（1）意图以教育信托形式建立学校的人员，需起草信托条例并在相关理事会注册。

（2）教育信托主要有两种注册方式：一种是私人信托，另一种是公立信托。如果为运营《教育法》第 3 条第（6）款提及的学校，不得以私人信托的形式注册。

不管第 11 条第（2）款如何规定，如果任何人或组织捐赠建筑或土地用于建立私人信托形式的学校，那么，该学校可以按照私人信托的形式运营。

（3）教育信托条例应说明以下事宜：

①学校名称和地址；

②教育信托创始人的姓名和地址；

③教育信托受托人的姓名、主管人员、任职程序和任期；

④受托人的职能、职责与权力以及向他们提供的设施；

⑤教育信托中建筑物、土地、收入、债务和其他财产情况的说明；

⑥其他必要的事宜。

（4）在公立教育信托中相关学校校长和教育部任命的人员和在私立教育信托中学创始人或由创始人任命的人员，均为信托的当然受托人。

（5）在公立教育信托中，应至少有 5 位受托人；而在私立教育信托中，应有创始人规定的一定数量的受托人。

（6）在公立教育信托中，应至少有一名政府代表、一名地方机构代表和一名监护人作为信托人。

（7）第 11 条第（6）款提及的政府代表应按照区教育局的规定进行任命。

（8）依照本条例建立的教育信托，应根据本条例和其他现行法律履行职责。

12. 学校的运营

应根据教育法和本条例的规定运营学校。

12A. 学校合并的基础

如果出现以下情况，可根据《教育法》第 15 条规定将两所及以上学校合并为一所学校：

（1）学校没有规定提及的基础设施。

（2）绝大多数班级学生人数不足。

（3）两所或两所以上学校的管理委员会共同提出合校申请。

13. 关于学校增设班级的规定

（1）打算增设班级的学校，应在新学期开始前两个月填写申请并提交区教育局。

（2）在收到根据第 13 条第（1）款规定提交的申请后，教育局需根据第 4 条的规定检查学校是否具备增设班级的条件，如果学校已经达到相关的要求，教育局可在新学期开始前准许每个年级增设一个班级。

（3）不管第 13 条第（1）和（2）款如何规定，在本条例生效前已经运营的一些致力于以最少的费用提供教育的学校，如果打算增设 1～5 年级或 6～8 年级的班级，那么，相关学校需要向区教育局提交申请。

（4）在收到根据第 13 条第（3）款规定提交的申请后，区教育局需根据条例第 4 条规定检查学校是否具备增设班级的条件，如果学校已经达到相关的要求，应将申请连同区教育委员会的建议一并呈报理事会。

（5）在根据条例第 13 条第（4）款规定收到申请并进行适当的调查后，理事会可根据区教育委员会的建议在新学期开始前授予增设班级的许可。

（6）在本条例生效前运营的私立学校，每次增设班级均需根据第 13 条第（5）款规定获得许可。

第三章　教育司长、主任、区教育局局长和督导的职能、责任与权力

14. 教育司长的职能、责任与权力

除其他事宜外，司长的职能、责任与权力包括：

（1）为理事会和区教育局实施学术规划和项目做出必要的指示。

（2）协调主任的工作。

（3）为实施教育规划和项目组建委员会、分委会和工作组。

（4）为教师行政、管理和教育发展采取行动或责成他人采取行动。

（5）准备学校的教育项目，并着力实施或责成他人实施。

（6）实施或责成他人实施教育部的条例和政策。

（7）监测和评估，或者责成他人监测和评估教育司实施的教育规划和项目，并将报告呈送教育部或相关机构。

（8）为实施中等教育、基础或初等教育以及儿童发展中心项目做出必要的安排。

（9）监督及评价主任和区教育局局长的表现。

（10）制定客观标准并予以实施或责成他人实施，以确保学校财务的透明与真实。

（11）开展教育部规定的其他工作。

15. 主任的职能、责任与权力

除其他事宜外，主任的职能、责任与权力包括：

（1）实施或责成他人实施教育规划和项目。

（2）监督和责成他人监督学校的工作。

（3）协调区教育局局长的工作。

（4）监督和评价区教育局局长的表现。

（5）为提高教育质量提供或责成他人提供教师培训。

（6）检查学校上交给教育局的期末考试记录、试卷和答案，保存学校教育质量记录并向区教育局局长做出必要的指示。

（7）根据现行法律，更正已经完成中等教育的学生的名、姓和出生日期。

（8）向已经完成中等教育的学生发放临时移民证书。

（9）对区教育委员会提出的教师需求开展必要的调查，并将意见上报教育司和教育部。

（10）准备审计员名单并呈送区教育局以对小学、初中和中等学校进行审计，并予以监督或责成他人进行监督。

（11）对非正式教育及特殊教育的培训、监督和监测做出或责成他人做出规定。

（12）对协调和检查教师培训的项目做出规定。

（13）检查和协调公私立教育项目。

（14）每三个月监测一次是否已经按照督导报告开展工作，并将相关报告呈送教育司和教育部。

（15）每两个月递交一次有关该理事会或教育司的工作进展报告。

（16）执行中等教育考试委员会（学校结业考试委员会）指示或委托的工作。

（17）履行或责成他人履行委员会的指示或委托的职能。

（18）开展教育司及教育部规定的其他工作。

16. 区教育局局长的职能、责任与权力

除其他事宜外，区教育局局长的职能、责任与权力包括：

（1）实施或责成他人实施本学区的教育项目。

（2）在市教育委员会的批准下实施市级教育项目，在区教育委员会以及区理事会的批准下实施区级教育项目。

（3）准备有关学校、技术学校和儿童发展中心的记录，并且每年将相关材料呈送给理事会、教育司和教育部：

①实施或责成他人实施教育食品项目、非正式教育项目和特殊教育项目，并且每年将相关报告呈送给理事会、教育司和教育部；

②对由公立学校管理但因学生人数减少而被取消职位的教师进行调整；

③定期检查和监督公立学校是否按照批准的工作计划运营，并将相关报告呈送理事会和教育司。

（4）举办校长和主席会议、研讨会或培训会，以提高教育质量。

（5）举办初中教育结业考试。

（6）检查学校提交的期末考试记录、试卷和答案，并对学校教育质量是否有所提升进行记录，并采取其他必要的改进措施。

（7）检查学校是否根据教育法和相关条例规定运营，并根据检查报告采取必要的措施，如：提高教育质量、提升学校标准或关闭学校。

（8）根据现行法律，更正学生在中等教育证书考试报名表中填写的名、姓和年龄。

（9）在委员会推荐任命和晋升的人员中任命学校教师。

（10）及时更新公立学校教师的信息和其他记录。

（11）对由委员会予以晋升的教师进行评估，并提交评估报告。

（12）检查或责成他人检查学校和儿童发展中心。

（13）按照教育部的规定通过对公立、私立学校进行分类，确定资源中心，并通过资源中心对学校进行监督、教师培训，对其他教育活动进行监督或责成他人进行监督。

（14）在规定时间内以规范且有纪律的方式组织或责成他人组织实施中等教育证书考试。

（15）在新学期开始时调整公立学校的教师职位，并将教师职位调整的说明呈送教育部；批准公立学校常任教师的辞职。

（16）监测督导资源中心是否对学校进行了检查。

（17）监测督导资源中心是否监督了学校。

（18）监督划拨给学校的出自村教育发展基金的款项是否合理使用，并将相关报告送达管理委员会。

（19）检查或责成他人检查批准的课程和教材是否已经予以实施和使用。

（20）向课程开发中心提出修改课程和教材的建议，并收集管理委员会和教师的意见，提出确保免费教材供应、分配体系更为有效的建议，同时积极开展或责成他人开展与此相关的工作。

（21）在理事会提供的名单中遴选审计员，责成其对学校进行审计。

（22）收集、分析和公布区教育年鉴。

（23）每两个月向理事会和教育司提交教育规划进展的报告。

（24）责成批准公立学校教师的薪酬报告。

（25）监督或责成他人定期监督学校的年度教育项目，并采取或责成他人采取相应的措施。

（26）针对学校督导提交的检查报告采取行动，并每两个月向董事会提交详细的说明。

（27）按照委员会的指示或授权行事或责成他人按照委员会的指示或授权行事。

（28）开展或责成他人开展教育部、教育司及理事会安排的其他工作。

17. 督导的职能、责任与权力

除其他事宜外，督导的职能、责任与权力包括：

（1）每月对学校进行监督或责成他人监督，在监督和监测过程中与校长和管理委员进行讨论，并记录或责成他人记录讨论关涉学校监督与监测的事宜。

（2）与校长、家长、教师协会和教师商讨学校是否按照《教育法》和相关条例的规定有序运营，学校的设施、资源和教学人员是否充足，可用手段是否得到了最大限度的合理利用，教学活动是否按照规定的标准进行，如果没有的话，则需指导改进。

（3）每月向村教育委员会、政府和区教育局局长提交学校监督报告。

（4）与管理委员会和对教育发展做出贡献的当地人保持联系、开展必要的咨询和互动，以促进学校的发展。

（5）随时召集包括校长在内的教师会议，开展示范教学并解决与教学相关的问题。

（6）对教师进行绩效评价并保存评价记录。

（7）组织校长和学校管理委员会主席召开提高学校教育标准的研讨会。

（8）根据考试委员会的指示安排或责成他人安排考试。

（9）检查或责成他人检查学校是否妥善保管教育和财务记录。

（10）在权限范围内收集和分析相关教育数据，并提交区教育局。

（11）推荐教师参加培训。

（12）检查管理委员会是否定期召开会议，如果没有，应要求校长召开会议。

（13）向校长和管理委员会做出关涉学校运营的必要指示。

（14）基于对教师表现的监测，每月向村教育委员会和区教育局提交报告。

（15）在学期末核实学校教师和工作人员的请假记录，并责成学校存档。

（16）突击检查教师出勤记录是否准确，如果教师有缺勤情况，应在登记册中注明并将相关信息送至相关学校管理委员会、村教育委员会和区教育局。

（17）定期指导和监督自身管辖范围内非正式教育、特殊教育和教育食品项目的运行情况。

（18）开展或责成他人开展或安排执行区教育局局长规定的其他工作。

第四章　区教育委员会的职能、责任与权力以及相关会议流程

18.区教育委员会的职能、责任与权力

除《教育法》规定外，区教育委员会其他的职责、责任与权力包括：

（1）根据批准的教育规划制定学校教育项目并责成实施。

（2）通过管理委员会实施教育项目以维护良好的教育环境，提高教育质量。

（3）根据尼泊尔政府批准的政策和指示，对实施非正式教育项目做出必要的安排。

（4）向学校提供财政援助，并对相关机构提出建议。

（5）开发面向教师和学生必需的福利项目。

（6）为学校财产安全和学校繁荣做出规定。

（7）组织有关教育的区级研讨会、会议或展览。

（8）合作实施促进学校发展的教育活动。

（9）根据审计员审计账目后形成的审计报告，履行或责成他人履行必要的职能。

（10）着力促进学校的财务独立。

（11）批准关闭学校。

（12）指导村教育委员会和学校管理委员会准备校历。

（13）为区级体育、青少年和文化活动及其发展寻找经费来源，并使用相关的经费。

19. 区教育委员会的相关会议流程

（1）通常每月应召开一次区教育委员会会议。

（2）区教育委员会会议应在主席指示下由委员会秘书负责召集。

（3）不管第 19 条第（1）款如何规定，如果 1/3 的区教育委员会成员以书面形式要求召集会议，那么，委员会秘书可随时召集会议。

（4）区教育委员会的会议议程，通常应由委员会秘书在会议召开的前三天提交给委员会成员。

（5）如果超过 50 名成员出席区教育委员会会议，可视会议已经达到法定人数。

（6）委员会主席负责主持区教育委员会会议，如果主席缺席，则应选举一名成员代为主持。

（7）会议以多数成员的意见为准，如果票数对等，主持会议的人员有权投出决定票。

（8）区教育委员会会议的其他流程，应由委员会自行决定。

（9）参加区教育委员会会议的委员会成员，可按照教育部的规定享有出自区教育基金的会议津贴。

20. 区教育委员会的解散

如出现以下情况，尼泊尔政府可解散区教育委员会：

（1）出现危及学校利益的行为。

（2）滥用《教育法》或相关条例赋予的权力。

（3）发生违反《教育法》或相关条例的事件。

但在委员会解散前，应给予区教育委员会自陈清白的机会。

第五章　村教育委员会的职能、责任与权力以及相关会议流程

21. 村教育委员会的职能、责任与权力

村教育委员会的职能、责任与权力包括：

（1）鼓励儿童至少完成小学教育。

（2）准备和更新有关入学儿童、未入学儿童和其他人员的年龄、姓名、性别等基本信息的记录。

（3）保存更新学校教育规划记录，并将建议呈送负责监督该规划的相关机构。

（4）协助管理委员会确定本地可用的手段和资源，并向学校分配相关的资源。

（5）记录贫困家庭并为其子女接受教育做出必要的安排。

(6)协调管理委员会的工作,并针对为提高教育质量而开展的学校监督与监测活动向校长、教师和管理委员会提出建议且施以援助。

(7)推行以公众意识为导向的项目、培训、研讨会和讲习班,促进学校教育质量的提升。

(8)要求管理委员会发放资金前先研究学校的条件等。

(9)营造健康的学校氛围。

(10)准备村教育项目,并在获得村委员会的批准后实施。

(11)保存相关乡村受过教育的人力资源的记录。

(12)对基于效率的教师奖励做出规定。

(13)为学校收集必要的资源并充分利用。

(14)基于地理位置充分考量建立的必要性后,提出建立学校的建议。

(15)责成开展校际体育活动和课外活动,并对此类活动的奖励做出规定。

22.村教育委员会的相关会议流程

(1)村教育委员会应至少每三个月举行一次会议。

(2)村教育委员会会议应在主席的指示下由委员会秘书负责召集。

(3)如果1/3的村教育委员会成员以书面形式要求召开会议,那么,委员会秘书可随时负责召集会议。

(4)村教育委员会的会议议程,通常应由委员会秘书在会议召开前3天提交给委员会成员。

(5)村教育委员会会议的法定人数是现有成员的50%。

(6)村教育委员会主席负责主持委员会会议,如果主席缺席,则应选举一名成员代为主持。

(7)村教育委员会以多数意见为准,如果票数对等,主持会议的人员有权投出决定票。

(8)村教育委员会会议的其他流程,应由委员会自行决定。

第五A章　关于公立学校管理的规定

22A.提交管理公立学校的申请

(1)想要接管学校的任何地方机构、管理委员会或组织,可将申请连同按照规定的格式形成的文件一并呈送区教育局(如果是村发展委员会、政府、管理委员会或组织的话)或理事会(如果是区发展委员会的话),申请包括:

①公立学校管理的两年工作规划;

②管理委员会接管学校的决定;

③地方机构或组织,应有相关地方机构的同意书或该管理委员会的决定。

(2)在收到根据第22A条第(1)款规定提交的申请后,区教育局局长或主任可开或责成他人开展实地考察,以确定是否可以移交管理权。

（3）经检查区教育局收到的根据第 22A 条第（1）款规定提交的申请以及根据第 22A 条第（2）款规定进行实地考察形成的文件和报告后，证实可以移交公立学校的管理权，那么，如果是小学层级的公立学校的话，区教育局局长可亲自移交管理权；如果是初中或中等层级的学校的话，区教育局局长应将其意见呈报主任。

（4）经检查根据第 22A 条第（1）和（3）款规定收到的文件和申请，如果主任认为可以移交公立学校的管理权，则可移交。

（5）在根据第 22A 条第（3）或（4）款规定移交公立学校的管理权时，区教育局局长或主任应与负责管理的地方机构、管理委员会或组织签订协议。

（6）不管本条例如何规定，教育部可以对移交学校管理权做出其他的规定。

（7）区教育局局长或主任应向有关部门或教师档案室提供根据第 22A 条第（3）或（4）款规定移交公立学校管理权的相关资料，以备案。

22B. 公立学校有权获得的款项

除公立学校有权从尼泊尔政府获得以下款项：

（1）尼泊尔政府批准的教师职位薪酬、津贴和逐等级增薪的总体拨款；但如果学生人数减少，教师职位亦同比缩减的话，拨款额度也需做出相应的调整。

（2）如果是尼泊尔政府批准的常任教师，学校负责缴纳 10% 的公积金。

（3）根据第 22A 条规定移交公立学校管理权时，可一次性获得 10 万卢比的奖励。

22C. 公立学校管理委员会的职能、责任与权力

除《教育法》规定的职能、责任与权力外，公立学校管理委员会的职能、责任与权力包括：

（1）任命校长和公立学校教师。

（2）任命其他校聘的教师和员工。

（3）根据第 22C 条第（2）款规定确定聘任教师和雇员的薪酬、津贴和其他福利。

（4）为了学校利益，与政府和非政府组织或个人签订协议。如果与境外组织、协会、个人签订协议，须事先征得尼泊尔政府的批准。

（5）制定必要的学校发展规划并予以实施。

（6）履行或责成他人履行第 25 条第（6）、（7）、（8）款规定的职能、责任与权力。

22D. 负责管理公立学校的地方机构或组织的职能、责任与权力

负责管理公立学校的地方机构或组织，其职能、责任与权力包括：

（1）向管理委员会提供财政援助，以便发展和运营学校的基础设施。

（2）随时检查和监督学校，并为解决问题做出必要的指示或提出建议。如果有问题的话，需要以此种方式进行检查。

（3）如有必要，根据管理委员会而非公立学校教师的建议，批准教师和员工的职位。

（4）基于小学学生人数、其他教育阶段学生和课程数量等因素，调整学校教师的职位数量。

（5）准备和实施周期性教育项目。

（6）任命学校改革必需的专家。

（7）遵从或责成他人遵从教育部、教育司、理事会或区教育局的指示或建议。

22E. 关于公立学校教师聘任的规定

（1）如果公立学校出现教师职位空缺的情况，管理委员会可在规定时限内（至少 30 天）张贴广告，说明空缺职位数量、最低资格要求、提交申请地点、截止时间和考试地点，以便通过公开竞聘的方式填补空缺职位。通知应张贴在相关学校、地方机构和区教育局的布告栏中，以便公众了解。如果区教育局发行报纸或公告，管理委员会也应在该报纸或公告上刊登广告。

（2）在根据第 22E 条第（1）款规定招聘人员时，如果是小学、初中和中等学校水平的一级和二级职位空缺的话，这些职位可被视作三级职位进行招聘。

（3）根据第 22E 条第（1）款规定发布的广告，只有以下人员有资格成为候选人：

①根据《教育法》和《比克拉姆纪元 2057 年教师服务委员会条例》的规定，达到资格要求的人员；

②其他公立学校的常任教师。

（4）为了对第 22E 条第（1）款规定确定的候选人进行选拔，可举行以下考试：

①笔试，共 100 分；

②实践考试，共 25 分；

③面试，共 25 分。

（5）不管第 22E 条第（4）款如何规定，教师选拔委员会可根据科目的性质，举行实践考试。

（6）书面考试的科目由委员会确定。

（7）笔试和实践考试的及格分数分别为 35 分和 10 分。

（8）按照笔试和实践考试的成绩高低，选拔候选人参加面试。

（9）面试分数为 25 分，其中以往教学经验每年 1 分，最高 10 分，教育资格最高 3 分（即，三级 1 分、二级 2 分、一级 3 分），面试分数最高 12 分。

（10）教师选拔委员会负责核算每名考生笔试和实践考试的总分数，推荐总成绩最高的候选人，并将结果公布于第 22E 条第（1）款规定的地方。虽然应按照上述方式进行推荐，但可将成绩较高且人数等同于空缺职位总数 10% 的候选人或至少一名候选人列入候补名单。

（11）根据第 22E 条第（10）款规定推荐的候选人，应在任命通知公布或发出的 30 天内收到聘任证书，如果当事人未能收到聘任证书，或在收到聘任证书的 30 天内未能到学校报到，或因死亡等导致职位空缺，或在一年内出现任何问题，管理委员会可以从候补名单中选拔候选人。

（12）在任命候选人担任公立学校教师职位时，管理委员会可确定一年的试用期，女教师的试用期是 6 个月。

(13)如果任何教师在第22E条第(12)款规定的试用期内表现不合格,管理委员会可以辞退该教师。

(14)如果按照本条规定候选人被聘为学校的常任教师,其试用期也应算入任期之中。

22F. 教师选拔委员会

(1)每所学校均应组建教师选拔委员会,负责公立学校教师的任命和晋升:

①管理委员会主席或指定的成员任召集人;

②负责学校的督导或区教育局局长指定的人员任委员;

③相关学校校长任委员兼秘书。

(2)不管第22F条第(1)款第③项如何规定,如果推荐任命的校长或承担校长工作的教师被提拔,那么,管理委员会可指定学校最高级别的教师担任教师选拔委员会的委员兼秘书。

(3)教师选拔委员会秘书处应设于相关学校中。

(4)教师选拔委员会的会议及其他流程应由委员会自行决定。

22G. 关于晋升的规定

(1)为促进公立学校教师的晋升,晋升等级分类如下:

职位总数	三级	二级	一级
4	3	1	—
5	4	1	—
6	5	1	—
7	5	2	—
8	6	2	—
9	6	3	—
10	6	3	1

(2)不管第22G条第(1)款如何规定,区发展委员会负责管理地区内所有的学校,可按照第89条规定对晋升的职位进行分类;如果村发展委员会或政府其管辖范围超过一所学校,则可以根据学校的总职位数对晋升职位进行分类。

(3)在实施教师晋升前,管理委员会可与区教育局局长共同确定晋升人数。

(4)根据第22G条第(3)款确定的分类,被尼泊尔政府正式任命的教师且达到以下资格可列为候选人:

①在较低职位连续任职7年以上;

②已经接受了教育部规定的拟晋升级别或类别的培训;

③已获得委员会颁发的拟晋升级别或类别的教学许可证;

④过去5年未受过行政处罚。

（5）达到第 22F 条第（4）款规定资格的教师,可以提交申请及必需的文件。

（6）根据第 22G 条第（5）款规定收到申请后,管理委员会可将文件连同申请一并提交教师选拔委员会。

（7）教师选拔委员会应根据工作表现推荐教师晋升。在评估工作表现时,以下内容最高可计算 60 分:

①工作表现:50 分;

②面试:10 分。

（8）在工作表现方面,最近 5 年的最低分为 50 分,每年 10 分。

（9）教师选拔委员会推荐晋升的教师至少应获得 51 分,其中包括 45 分的工作表现和至少 6 分的面试分数。

（10）工作表现评估的形式由教育部确定。

（11）教师的督导和审查人员分别为校长和管理委员会主席,校长的督导和审查人员分别为管理委员会指定的成员和主席。假如教师和校长属于同一等级,教师的督导应由管理委员会成员担任,审查人员应由管理委员会主席担任。

（12）不管本条例如何规定,先前参与学校管理的常任教师,也可以参加委员会开展的晋升工作。假如教师已经根据本条例规定获得晋升,那么,当事人则无权再参加委员会开展的晋升工作。

22H. 撤销公立学校教师的聘任或晋升

（1）不管本章如何规定,如果通过调查或其他来源发现已经获得任命或晋升的公立学校教师出现以下问题,相关区教育局局长可以撤销该任命或晋升,并以书面形式向相关管理委员会申请重新开展教师任命或晋升工作:

①教师的任命或晋升过程未能完成本章提及的流程;

②任命和晋升的职位并非空缺职位;

③任命或晋升的公立学校教师,与规定的资格和科目要求不一致。

（2）不管第 22H 条第（1）款如何规定,在教师聘用或晋升的 6 个月以后,区教育局局长将无权撤销该聘用或晋升。

22I. 公立学校教师任职的薪酬、福利、任期和条件

（1）不管本条例如何规定,公立学校教师有权获得管理委员会规定的薪酬、津贴和等级。

（2）针对根据第 22I 条第（1）款规定公立学校教师获得的薪酬、津贴和等级,尼泊尔政府可向管理委员会下达必要的指示。

（3）除第 22I 条第（1）款的规定外,关于公立学校教师福利、条件和任期的其他规定,应与公立学校的其他教师一致。

22J. 引入学校运营流程

（1）地方机构、管理委员会或组织应制定学校运营流程,以促进学校良性运转、任命

或晋升学校的教师和员工(公立学校教师除外),向获得任命或晋升的教师或员工提供服务和福利,对教师和员工进行处罚等。

(2)根据第 22J 条第(1)款规定由区发展委员会制定的学校运营流程,应在理事会批准后开始实施;而由地方机构、管理委员会或组织制定的学校运营流程则应在区教育局批准后开始实施。

第六章　管理委员会成员的选拔流程、职能、责任与权力以及相关会议流程

23.关于管理委员会主席及成员选拔的规定

(1)根据《教育法》第 12 条第(1)款第①②项规定选拔管理委员会主席与成员时,校长应当在新学期开始之日的 30 日内召开家长会议,并提前 7 日发布通知。

(2)校长应根据第 23 条第(1)款规定在召开会议的前三日公布监护人名单。

(3)为了协助监护人根据第 23 条第(1)款规定选拔管理委员会主席与成员,校长应组建由其负责的三人选拔协助委员会,包括督导和一名其他学校的教师,监护人将按照委员会规定的流程选拔主席和成员。

23A.受理辞职的权力

管理委员会成员辞职应由管理委员会主席受理,而管理委员会主席辞职应由管理委员会受理。

24.不得随意指定监护人

除了学生的父亲、母亲、兄弟姐妹、祖父、祖母及负责养育、照顾、支持并安排其学习的人员外,学校不得指定其他人担任学生的监护人。

25.公立学校管理委员会的职能、责任与权力

(1)除《教育法》另有规定外,公立学校管理委员会的职能、责任与权力包括:
①负责学校的实施、监管、监督与管理;
②为学校收集必要的财政资源;
③选拔教师参加培训;
④与被指派参加培训的教师签订协议,完成培训后需至少为学校服务 3 年;
⑤加强对教师的服务;
⑥从学校资源中支付校聘教师和其他员工的薪酬和津贴,应参照尼泊尔政府规定的同级薪酬和津贴水平,支付校聘教师和其他员工的薪酬和津贴;
⑦任何获得尼泊尔政府批准教师职位的教师在离职的 15 天内应致函区教育局申请填补空缺职位;
⑧检查教师和其他学校员工的出勤情况,对缺勤教师及其他员工采取必要的措施,

或者向区教育局提交报告,听取管理委员会的意见以便采取必要的措施;

⑨管理学校的后勤、物资和教育材料,以便提高学校的教育标准;

⑩促进学校参与尼泊尔政府实施的不同项目;

⑪制定并实施学生行为守则;

⑫保存最新的教师记录;

⑬每年召开捐赠人和监护人会议时,应提供学校上一学年的收支情况、成绩以及下一学年新的教育项目等信息;

⑭向区教育局呈报受到行政处罚教师的相关信息;

⑮从理事会提供的人员名单中推荐 3 名供区教育局局长任命的审计员;

⑯要求相关机构支付学生的奖学金;

⑰扣减在督导突击检查时因缺勤被记录在案的教师工资;

⑱在学校设立管理委员会秘书处,确保学校文件和记录的安全;

⑲按照区教育局的指示行事。

(2)如有必要,管理委员会可赋予管理委员会秘书一定的权力。

26. 私立学校管理委员会的职能、责任与权力

(1)除非《教育法》另有规定,否则,私立学校管理委员会的职能、责任与权力包括:

①与学校教育信托受托人或公司董事共同负责学校的实施、监督和管理;

②增加对学校教师和其他员工的服务;

③要求学生参加考试;

④要求学生参加尼泊尔政府实施的不同项目;

⑤每年召开捐赠人和监护人会议时,应提供学校上一学年收支情况、成绩以及下一学年新的教育项目等信息;

⑥批准学校教师职位数量,并在 6 个月内对暂时空缺的教师职位启动聘任常任教师的流程;

⑦向学校任命的教师和其他工作人员提供必要的基金;

⑧管理学校教师和其他员工的福利基金;

⑨第 26 条第(1)款第⑦项规定的基金只能用于该条款所规定的用途;

⑩对未能根据其权责行事的教师采取措施;

⑪责成由区教育局任命的审计员对学校进行审计;

⑫制定并实施学生行为守则;

⑬按照区教育局的指示行事。

(2)如有必要,管理委员会可以组建教师-监护人协会。

(3)管理委员会可赋予管理委员会秘书一定的权力。

27. 管理委员会的会议流程

(1)管理委员会应至少每两个月召开一次会议。

（2）管理委员会会议应按照主席的指示由管理委员会秘书负责召集。

（3）不管第 27 条第（1）款如何规定，如果 1/3 的管理委员会成员以书面形式要求召开会议，那么，管理委员会秘书可随时召集会议。

（4）会议议程通常应由管理委员会秘书在会议召开的前 3 天提交给管理委员会成员。

（5）管理委员会会议的法定人数是现有成员的 50%。

（6）管理委员会主席负责主持管理委员会会议，如果主席缺席，则应选举一名成员代为主持。

（7）管理委员会以多数意见为准，如果票数相等，主持会议的人员有权投出决定票。

（8）管理委员会会议的其他流程应由管理委员会自行决定。

28. 导致管理委员会解散的情况

如果出现以下情况，管理委员会将予以解散：

（1）学校财产被挪用。

（2）学校的学术环境遭到破坏。

（3）出现任何违反尼泊尔政策的行为：

如果是公立学校的话，未能按照第 22A 条第（5）款规定签订的协议履职。

（4）学校的管理难以令人满意。

（5）未能遵从相关机构或部门下达的指示。

29. 不得担任管理委员会主席或成员的人员

以下人员不得担任管理委员会主席或成员：

（1）非尼泊尔公民，但经尼泊尔政府同意的学生家长可担任管理委员会主席。

（2）年龄未满 25 岁的人员。

（3）文盲不得担任小学管理委员会主席，未读完 8 年级的人员不得担任初中学校管理委员会主席，未通过 S.L.C. 或同等考试的人员不得担任高中学校管理委员会主席。但是，如果具备教育资格的人员不能担任初中和高中管理委员会主席，那么，具有较低教育资格的人员也可以担任主席一职。

（4）在相关学校担任教师或工作的人员。

（5）被法庭判定涉嫌道德犯罪的人员。

30. 有关教师-监护人协会的规定

（1）应组建由公立学校所有教师和监护人构成的教师-监护人协会。

（2）管理委员会应通过召开监护人会议组建最多由 11 人组成的教师-监护人协会，该协会执行委员会由主席、校长及至少一名教师和监护人组成。

（3）根据第 30 条第（2）款规定组建的执行委员会，其成员任期为两年。

（4）根据第 30 条第（2）款规定组建的执行委员会，应至少每三个月召开一次会议，有关会议的其他流程应由委员会自行决定。

(5)根据第 30 条第(2)款规定组建的执行委员会,其职能、责任与权力包括:

①履行提高学校教育质量必需的职能;

②监督学校是否按规定收费,并提出必要的建议;

③定期更新学校学术活动的信息并积极参与。

(6)私立学校管理委员会在根据本条例规定组建教师-监护人协会的执行委员会时,执行委员会成员应不少于 7 人。

第七章　关于课程与教材的规定

31. 采用的课程和教材

学校应采用尼泊尔政府批准的课程与教材。

32. 全国课程开发与评估委员会

(1)为制定课程开发与评估政策,应组建包含以下人员的全国课程开发与评估委员会:

①教育部部长或者国务部部长任主席;

②负责教育事务的全国规划委员会的成员任委员;

③教育部秘书任委员;

④教育部(教育行政司)联合秘书任委员;

⑤教育人力资源开发中心执行主任任委员;

⑥考试办公室主任任委员;

⑦特里布万大学课程开发中心主任任委员;

⑧高中教育委员会课程开发中心主任任委员;

⑨中央教育部课程专家任委员;

⑩尼泊尔梵文大学课程开发中心主任任委员;

⑪教育部提名的一名课程专家任委员;

⑫教育部提名的两名学校教育方面的著名学者任委员;

⑬中央委员会教师协会的代表任委员;

⑭课程开发中心司长任委员兼秘书。

(2)可邀请三位相关领域的专家作为观察员参加全国课程开发与评估委员会的会议。

(3)根据第 32 条第(1)款规定提名的成员,任期为 4 年。

(4)课程开发中心应履行作为全国课程开发与评估委员会秘书处的职能。

(5)全国课程开发与评估委员会的会议流程应由管理委员会自行决定。

33. 全国课程开发与评估委员会的职能、责任与权力

全国课程开发与评估委员会的职能、责任与权力包括:

(1)制定关涉学校课程和教材的政策。

（2）组建开发课程必需的学科委员会或分委会。

（3）向尼泊尔政府提交用于报批的课程和教材。

（4）批准课程改革的政策和流程。

（5）制定有关教科书编写、批准和使用的政策。

（6）制定有关教科书编写及配送酬劳的相关政策。

（7）在各区主任和区教育局局长的领导下在各地区组建委员会,用于搜集有关课程的建议并规定委员会的职能、责任与权力。

（8）批准补充阅读材料和书籍的清单如下:

①在评估批准的课程和书籍后,向尼泊尔政府提出必要的审查建议;

②如果是根据国家教育政策规定由任何特殊性质组织运营的学校,应向尼泊尔政府提出在不增加总课程学时的情况下实施补充科目教学的计划;

③制定关于多文本教材的政策,并呈报尼泊尔政府;

④如有必要,将其职能、责任与流程委派给课程开发中心。

（9）为开发课程和提高质量而履行的其他职能。

34. 准备教材

课程开发中心应准备学校教学中使用的教材副本。

35. 使用补充阅读和教学材料、书籍的批准

（1）如果任何学校试图使用补充阅读和教学材料或书籍,应在相关区教育局填写申请以待批准。

（2）在收到第 35 条第(1)款规定的申请,并进行调查后,如果认为准许学校使用教学补充阅读和教学材料、书籍是合理的,而且申请的补充阅读和教学材料、书籍在课程开发中心所列的书单之内,那么,区教育局局长可批准学校使用。

（3）学校选修科目应获得区教育局的批准。

36. 监督与监测

（1）主任和区教育局局长负责监督和监测学校是否已经实施了尼泊尔政府批准的课程、教材以及其他补充材料。

（2）主任和区教育局局长应在学期开始前的一个月调查相关学区是否使用了批准的课程和教材,并向教育部、相关机构或办公室提供相关的信息。

37. 对未使用批准的课程和教材的学校予以处罚并责令其购买教材

（1）如果学校未能使用经批准的课程及教材,区教育局局长可命令相关学校校长使用批准的课程及教材。

（2）学校不得强迫学生从学校购买教材。

（3）如果校长未能按照第 37 条第(1)款规定在学校使用批准的课程或教材,且强迫学生从学校购买教材,那么,区教育局局长应根据《教育法》的规定对该校长进行处罚。

38. 认可和同等资格认定委员会

（1）为了对在外国教育或学术机构获得的证书或学位以及通过中等水平考试进行认可和同等资格认定，应组建包含以下成员的认定委员会：

①教育部（教育行政司）联合秘书任委员；

②考试处负责人任委员；

③特里布万大学的代表任委员；

④高级中学教育委员会的代表任委员；

⑤课程开发中心主任任委员兼秘书。

（2）第38条第（1）款提及认定委员会的其他职能、责任与权力应由教育部规定，而会议流程可由认定委员会自行决定。

（3）课程开发中心应作为第38条第（1）款提及认定委员会的秘书处。

第八章　关于组织与管理考试的规定

39. 初等教育证书考试的组织与管理

相关学校可自行组织和管理初等教育考试。

40. 初中教育证书考试的组织与管理

（1）各区教育局局长应组建由其辖区内教师代表组成的5人制考试委员会，负责组织和管理全区初中结业考试。

（2）根据第40条第（1）款规定提名的考试委员会成员，任期为3年。

（3）区教育局局长应任命区教育局职员担任考试委员会秘书。

（4）考试委员会可邀请相关科目的专家列席考试委员会会议。

（5）考试委员会会议流程应由考试委员会自行决定。

41. 初中教育证书考试委员会的职能、责任与权力

（1）初中教育证书考试委员会的职能、责任与权力包括：

①制定有关组织考试的政策；

②准许保持教育部规定的最低教育标准的学校自行进行考试或分类进行考试；

③指定考试中心；

④对学校进行分类，组织考试；

⑤责成公布考试结果并向通过考试的学生颁发证书；

⑥确定考试费用以及参与考试工作员工的薪酬；

⑦如果任何考试中心发生违规行为或因考试中心被关闭而取消已经准备举行的考试，那么应重新组织考试；

⑧如果因自然灾害或其他原因，难以组织考试或在规定时间内公布考试结果，应做出迅速且必要的调整；

⑨执行教育部、教育司及主任办公室规定或分配的其他工作。

（2）考试委员会可根据第41条第（1）款规定赋予分委会、工作小组或其他官员一定的权力。

42. 中等教育证书考试委员会

（1）为了组织和管理中等教育考试，应组建包含以下成员的中等教育证书考试委员会：

①教育部秘书任主席；

②教育部（教育行政司）的联合秘书任委员；

③教育司司长任委员；

④教育部提名的一名主任任委员；

⑤高级中学教育委员会的考试负责人任委员；

⑥课程开发中心主任任委员；

⑦特里布万大学的考试负责人任委员；

⑧教育部提名的一名学者任委员；

⑨考试办公室主任任委员兼秘书。

（2）根据第42条第（1）款规定任命的成员，其任期为3年。

（3）考试委员会可邀请相关科目的专家作为观察员列席考试委员会会议。

（4）考试负责人办公室应作为考试委员会的秘书处。

（5）考试委员会会议流程应由考试委员会自行决定。

43. 中等教育证书考试委员会的职能、责任与权力

（1）中等教育证书考试委员会的职能、责任与权力包括：

①制定有关考试的政策；

②确定考试中心的职责；

③责成组织考试；

④确定考试的注册费用、申请形式等；

⑤确定参与考试工作员工的薪酬和津贴；

⑥公布考试结果并向通过考试的学生颁发证书；

⑦对违反考试条例规定的教师和其他员工采取必要的行动；

⑧如果任何考试中心发生违规行为或因考试中心被关闭而取消已经准备举行的考试，那么可重新组织考试；

⑨如果因自然灾害或其他原因，难以组织考试或在规定时间内公布考试结果，应做出迅速且必要的调整；

⑩规定主考官、考官和出题者的职能、责任与权力；

⑪在成绩公布一年后，按规定流程处理试卷。

(2)如果第43条第(1)款规定提及的考试委员会认为有必要,它可以赋予分委会、工作小组或任何官员一定的权力。

44.中等教育证书考试委员会委员兼秘书的职能、责任与权力

中等教育证书考试委员会委员兼秘书的职能、责任与权力包括:

(1)指定出题人、主考官、副考官和其他必要的工作人员。

(2)实施考试并公平公正地阅卷,并向相关人员做出必要的指示。

(3)如有必要,可赋予考试委员会成员相应的权力。

(4)根据考试委员会或相关组织考试的委员会主席的指示行事。

45.中等教育证书考试的实施

考试办公室应根据考试委员会的指示负责组织实施中等教育证书考试。

46.中等教育证书考试协调委员会

(1)为了公平且定期地实施中等教育证书考试,各区应组建包含以下成员的中等教育证书考试协调委员会:

①区长任主席;

②区警察局局长任委员;

③区教育局局长任委员兼秘书。

(2)根据第46条第(1)款规定组建的委员会,其职能、责任与权力包括:

①确定考试中心;

②任命主管和其他必要的职员;

③在相关地区公平且定期组织考试;

④履行或责成他人履行教育部和考试委员会规定的其他职能。

47.特殊人员参加考试的规定

(1)对于盲、聋、哑、无行为能力人员或者智力迟钝人员,在考试时应使用他们能够理解的语言。

(2)如果第47条第(1)款提及的人员未能在规定时限内完成考试,主管可给予最多1小时30分钟的加时。

第九章 关于非正式教育的规定

48.可以接受非正式教育

(1)未能获得学校入学资格的人员,可通过以下方式接受非正式教育:

①成人基本识字教育;

②扫盲后教育;

③继续教育;

④替代教育项目。

(2)第 48 条第(1)款规定的非正式教育,其使用的课程与教材须获得全国课程开发与评估委员会的批准。

49. 成人基本识字教育

(1)通常成人基本识字教育主要面向 15～45 岁的文盲。

(2)通常成人基本识字教育的课程时限为 6 个月。

50. 扫盲后教育

(1)扫盲后教育主要面向已经完成成人基本识字教育的人员。

(2)通常扫盲后教育的课程时限为 3～6 个月。

51. 继续教育

(1)继续教育主要面向已经完成扫盲后教育的人员。

(2)继续教育课程的时限由教育部规定。

52. 替代教育项目

(1)替代教育项目主要基于学校课程的文本材料,面向不在学校学习或辍学的学生。

(2)学校应认可基于规定标准完成相应替代教育项目的儿童。

(3)试图提供替代项目的学校,应获得区教育局的许可。

53. 非正式教育委员会

(1)为了制定有关非正式教育的政策并协调、监督和管理非正式教育,应组建包含以下成员的全国非正式教育委员会:

①教育部或国务部部长任主席;

②国家规划委员会(教育部分)成员任委员;

③教育部秘书任委员;

④卫生部秘书任委员;

⑤地方发展部秘书任委员;

⑥财政部秘书任委员;

⑦农业与合作部秘书任委员;

⑧妇女、儿童和社会福利部秘书任委员;

⑨由教育部在大学教育中心主任中提名一人任委员;

⑩教育部(教育行政司)联合秘书任委员;

⑪教育行政司司长任委员;

⑫社会福利委员会成员兼秘书任委员;

⑬区发展委员会联合会主席任委员;

⑭市联合会主席任委员；

⑮村发展委员会联合会主席任委员；

⑯教育部在国家和国际非政府组织主席中提名一人任委员；

⑰中央委员会教师协会的代表任委员；

⑱非正式教育中心主任任委员兼秘书。

(2)根据第53条第(1)款规定被提名成员的任期为3年。

(3)非正式教育委员会的其他职能、责任与权力应由教育部规定。

(4)非正式教育委员会的秘书处应设在非正式教育中心。

(5)非正式教育委员会的会议流程应由委员会自行决定。

54.区非正规教育委员会

(1)为了管理、协调与监督区级非正规教育,应组建包含以下成员的区非正规教育委员会：

①区发展委员会主席任主席；

②区长任委员；

③区发展委员会秘书任委员；

④区公共卫生办公室主任任委员；

⑤妇女保健科科长任委员；

⑥区非正规教育委员会在村发展教育委员会主席或者政府负责人中提名一人任委员；

⑦区教育委员会在区内提供非正规教育项目的非政府组织中提名一人任委员；

⑧区教育局非正规教育项目的项目主管任委员；

⑨区教育局在校长中提名的一人任委员；

⑩区执行委员会教师协会的主席任委员；

⑪区教育局局长任委员兼秘书。

(2)根据第57条第(1)款规定被提名成员的任期为3年。

(3)区非正规教育委员会可根据需求组建村级和县级非正规教育委员会。

(4)区非正规教育委员会的其他职能、责任与权力应由非正规教育委员会做出规定。

(5)区非正规教育委员会的会议流程应由委员会自行决定。

55.提供非正式教育

(1)意图提供非正式教育的任何组织,应向区非正式教育委员会提交申请及向相关村发展委员会或政府提出申请以获批准。

(2)根据第58条第(1)款规定收到申请后,区非正式教育委员会应开展必要的调查,如果能够准许申请人提供非正式教育,那么,可予以批准并注明必要的条件。

(3)如果任何组织未能按照第58条第(2)款规定的相关条款和条件提供非正式教育,那么,区非正式教育委员会可随时撤销该批准。

第十章　关于远程教育的规定

56.可提供远程教育

可在以下方面提供远程教育：

(1)教师教育与培训。

(2)有关学校教育。

(3)关涉开放教育的其他项目。

57.远程教育委员会

(1)为了制定远程教育政策并协调、监督和管理远程教育,可组建包含以下成员的远程教育委员会：

①教育部秘书任主席；

②教育部(教育行政司)联合秘书任委员；

③教育人力资源开发中心执行主任任委员；

④信息通信部联合秘书任委员；

⑤教育司司长任委员；

⑥教育部课程开发中心主任任委员；

⑦教育部在远程教育机构中提名一人任委员；

⑧中央委员会的教师协会代表任委员；

⑨远程教育处主任任委员兼秘书。

(2)根据第58条第(1)款规定被提名成员的任期为3年。

(3)远程教育委员会秘书处应设于教育人力资源开发中心。

(4)远程教育委员会的会议流程应由委员会自行决定。

58.远程教育委员会的职能、责任与权力

远程教育委员会的职能、责任与权力包括：

(1)制定有关远程教育的政策。

(2)设计并实施远程教育项目。

(3)管理远程教育所需的资源和手段。

(4)给远程教育机构提供附属机构。

(5)对远程教育的同等资格做出规定。

(6)批准远程教育的课程和教材。

(7)监督和评估提供远程教育的机构。

(8)为通过远程教育提供学习和研究的高等教育做出规定。

(9)确定课程评估和教材编写的薪酬。

59.可实施远程教育

（1）如果任何社会组织想要实施远程教育，就应通过教育人力资源开发中心向远程教育中心提交申请以待批准。

（2）在收到根据第59条第（1）款规定提交的申请后，远程教育委员会应进行必要的调查，如果准许申请人提供远程教育，那么，可予以批准并规定必要的条件。

（3）如果任何组织未能遵从按照第59条第（2）款规定的条款和条件，远程教育委员会可随时撤销批准。

（4）如果任何学校想要实施远程教育，就应获得远程教育委员会的批准。

第十一章　关于特殊教育的规定

60.可接受特殊教育的对象

特殊教育主要面向盲、聋、智力低下或身体有障碍的儿童。

61.特殊教育委员会

（1）为了制定特殊教育政策并管理特殊教育，应组建包含以下成员的特殊教育委员会：

①教育与体育部部长或者国务部部长任主席；

②国家规划委员会（教育部分）成员任委员；

③教育部秘书任委员；

④教育部（教育行政司）联合秘书任委员；

⑤财政部代表任委员；

⑥妇女儿童社会福利部代表任委员；

⑦比尔医院耳鼻喉科主任任委员；

⑧全国残疾人联合会主席任委员；

⑨教育部在特殊教育专家中提名的一名人员任委员；

⑩特殊教育委员会在特殊教育教师中提名的一名人员任委员；

⑪特殊教育委员会从为有身体障碍人士事业做出特别贡献的有身体障碍人士中提名一名人员任委员；

⑫教育行政司司长任委员兼秘书。

（2）根据第61条第（1）款规定被提名成员的任期为3年。

（3）特殊教育委员会的秘书处应设于教育司。

（4）特殊教育委员会的会议流程应由委员会自行决定。

62.特殊教育委员会的职能、责任与权力

特殊教育委员会的职能、责任与权力包括：

（1）批准实施特殊教育。

（2）实施已经获得课程开发中心批准的特殊教育课程。

（3）对协助特殊教育项目的财政资源做出规定。

（4）确定特殊教育的考试流程。

（5）做出或责成他人做出有关协调、管理、监督和检查特殊教育机构和学校的规定。

（6）规定给予特殊教育的公立学校财政拨款的具体标准。

63.提供特殊教育

（1）如果任何组织想要提供特殊教育,就可向特殊教育委员会提交申请以待批准。

（2）在收到按第 63 条第（1）款规定提交的申请后,特殊教育委员会应进行必要的调查,如果能够准许申请人提供特殊教育,则予以批准并注明必要的条件。

（3）如果任何组织未能按照第 63 条第（2）款规定的相关条款提供特殊教育,特殊教育委员会可随时撤销批准。

（4）该组织应配备特殊教育委员会规定的基础设施。

64.特殊教育机构教师和其他工作人员的任命、任期和条件

特殊教育机构教师和其他工作人员的任命、任期和条件应遵从同等机构条例或规章的规定。

65.可创办提供特殊教育的学校

（1）如果任何组织有意愿,就可创办特殊教育机构。

（2）在本条例生效后,如果任何机构在尼泊尔政府财政拨款的前提下,根据第 65 条第（1）款规定创办提供特殊教育的公立学校,教育部可批准给予此类学校所必需的教师名额。

（3）在本条例生效时如果教师已经是特殊教育机构的常任教师,那么,委员会可推荐当事人填补根据第 65 条第（2）款规定批准的职位空缺,且这类职位空缺不得有年龄限制。

（4）教育部可根据委员会按照第 65 条第（3）款规定的教师职位而任命相关人员。

（5）根据第 65 条第（4）款规定任命的教师,其服务期应从教师根据第 65 条第（2）款规定被特殊教育机构任命为常任教师之日起计算。

66.向特殊教育机构提供设施

应向特殊教育机构提供尼泊尔政府规定的设施。

第十二章　关于组建儿童发展中心的规定

67.有关组建儿童发展中心的规定

（1）如果任何组织意图组建儿童发展中心,就应按照规定的格式向相关村发展委员会或政府提交申请。

（2）在收到根据第 67 条第（1）款规定提交的申请后,村发展委员会或政府应进行必要的调查,如果准许申请人组建儿童发展中心,则需按照规定的格式予以批准并注明必要的条件。

（3）如果任何组织未能按照第 67 条第（2）款规定的相关条款组建儿童发展中心，那么，相关村发展委员会或政府可随时撤销批准。

68. 组建儿童发展中心必需的基础设施

组建儿童发展中心必需的基础设施如下：

（1）拥有宽阔、开放、宁静、安全的建筑。

（2）除了建筑物外，还需要至少 0.5 罗帕尼（面积单位）或卡特哈（面积单位）的土地。

（3）儿童游戏场所。

（4）健康的饮用水和干净的厕所。

69. 使用批准的课程

儿童发展中心应使用课程开发中心批准的课程。

70. 给予拨款

根据区教育局局长的建议，尼泊尔政府可向儿童发展中心提供拨款。

第十三章 有关培训与教学的规定

71. 可做出有关培训和指导的规定

为了提高教育部下属教师和其他员工的技能，教育部可做出以下规定：

（1）提供培训。

（2）给予指导。

（3）提供教育人力资源开发项目。

72. 教育人力资源开发委员会

（1）应组建包含以下成员的教育人力资源开发委员会，以便提高教育部下属教师、员工和负责公立学校教育事务人员的工作效率，制定教育人力资源开发政策和管理人力资源开发的相关事宜：

①教育与体育部部长或者国务部部长任主席；

②教育部秘书任委员；

③高中教育委员会副主席任委员；

④特里布万大学的教育学院院长任委员；

⑤尼泊尔行政学院执行主任任委员；

⑥教育部联合秘书任委员；

⑦负责教育人力资源工作的全国规划委员会联合秘书任委员；

⑧教育司司长任委员；

⑨课程开发中心主任任委员；

⑩由教育部在教师与职员培训的专家中提名两名人员任委员；

⑪由教育部在教育培训中心的负责人中提名一名人员任委员；

⑫由教育部在私立教育培训中心的负责人中提名两名人员任委员；

⑬教师协会代表任委员；

⑭教育人力资源开发中心执行主任任委员兼秘书。

(2)根据第 72 条第(1)款规定被提名委员的任期为 3 年。

(3)教育人力资源开发中心应履行教育人力资源开发委员会秘书处的职能。

(4)教育人力资源开发委员会的会议流程应由委员会自行决定。

73. 教育人力资源开发委员会的职能、责任与权力

教育人力资源开发委员会的职能、责任和权力包括：

(1)说明有关提高教育部下属教师和其他员工以及负责公立学校教育事务人员工作能力的教育人力资源开发政策。

(2)制定教育人力资源开发课程。

(3)承认和确定不同教育人力资源开发组织提供的培训。

(4)制定和实施教育人力资源规划。

(5)协调国内外提供人力资源开发教育培训和教学的组织，以便推进各项工作。

(6)批准职前教师培训项目。

(7)组建履行人力资源开发职能的分委员会。

74. 教育人力资源开发中心

(1)为了开展教育研究工作,提高教育部下属教师和其他员工以及负责社区教育事务人员的工作效率,应组建教育人力资源开发中心。

(2)教育人力资源开发中心应为教育人力资源开发委员会的秘书处。

(3)教育人力资源开发中心应配备一名执行主任。

74A. 教育人力资源开发中心执行主任的职能、责任与权力

教育人力资源开发中心执行主任的职能、责任与权力包括：

(1)指导并准备教育人力资源开发委员会的议程并在会议上提出。

(2)实施教育人力资源开发委员会的决定。

(3)开展或责成他人开展监督、监测、协调或评估教育人力资源开发中心的工作。

(4)开展有关教育培训的研究工作。

(5)维护更新教育人力资源开发的培训信息系统。

(6)开展作为教育人力资源开发中心负责人应承担的其他工作。

(7)开展教育部规定的其他工作。

75. 不得中途停止培训且应回原单位工作

指定参加培训或教学项目的教师和员工,不得中途停止培训。完成培训的教师或员工应返回原单位工作。如果任何教师或员工中途停止培训或未返回原单位工作,那么,其培训产生的所有费用均由本人承担,且当事人也应受到一定的处罚。

第十四章　　课外活动

76.开展课外活动

(1)学校应开展课外活动,以培养学生的创造能力。

(2)教师和学生均应参加课外活动。

(3)学校应通过以下方式开展课外活动:

①在学校组织不同的活动,通过戏剧、舞蹈、民间音乐和比赛等活动培养学生的民族主义情感及对国家文化和艺术的兴趣;

②定期开展和实施不同类型的体育运动,以促进学生的身体健康;

③鼓励学生积极参与提高社会服务意识和环境保护意识的活动,例如教育机构和公共场所的清洁卫生、学校保护与建设、园艺、种植、扫盲等活动;

④鼓励和激励学生发表有关国际、历史、社会、宗教节日和道德的演说;

⑤鼓励学生参加童子军等。

(4)为了促进第76条第(1)款规定的课外活动,学校应鼓励学生参加以下竞赛:

①绘画和手工竞赛;

②音乐竞赛;

③舞蹈竞赛;

④戏剧竞赛;

⑤演讲竞赛;

⑥知识问答竞赛;

⑦拼写竞赛;

⑧体育竞赛;

⑨文学活动、诗歌、散文等竞赛;

⑩园艺技能竞赛;

⑪其他竞赛。

(4A)学校可以要求学生在星期五完成规定教学任务以后参加课外活动。

(4B)区教育局应定期举行面向学生的区级比兰德拉盾大赛。

(5)如有需要,学校可组建负责课外活动的委员会。

(6)可以奖励根据第76条第(4)款规定举办的竞赛中表现优异的学校和学生。

第十五章　　学生人数、入学和升级的规定

77.学生人数

(1)通常山谷、平原、丘陵地区的公立学校,每个班级学生人数应分别为50人、45人和40人。

（2）私立学校每班学生人数应最少 22 人,最多 44 人,平均人数为 33 人。

不管第 77 条第（1）款和第（2）款如何规定,特殊教育学校每班学生人数应遵从教育部的规定。

（3）如果学生人数超过第 77 条第（1）款规定的人数,在获得学校管理委员会的许可后,学校可以增设一个班级。

（4）增设班级必需的基础设施应由管理委员会和学校负责筹措。

78. 有关入学的规定

（1）学生入学时,应出示以下证书原件:

①为进入 6 年级,应出示 5 年级通过证书;

②为进入 9 年级,应出示初中教育通过证书;

③为进入其他班级,应出示学校颁发的年度考试成绩单和转学证明。

（2）学校不得在学期中间招收任何学生,也不允许拥有转学证明但未能通过年度考试的学生进入高一年级学习。

（3）已被学校某一年级录取的学生,如果想要进入该校高一年级,需要重新申请。

（4）学生第一次到学校申请入学时需要有监护人陪同。

（5）在录取学生时,学校应当问清监护人的姓名、地址和家庭不动产状况并对其收入进行评估。

（6）未满 5 周岁的儿童不得入学,未满 14 周岁的学生不得参加中等教育考试。

79. 有关自学考试的规定

（1）区教育局可对自学的学生参加学校年度考试做出规定。

（2）想要参加第 79 条第（1）款规定考试的人员,应缴纳教育局规定的相关费用并按照区教育局的指示填写表格。

（3）想要参加第 79 条第（1）款规定考试的人员,应提交低于其打算进入年级的两个年级的通过证书。

80. 有关转学证明的规定

（1）如果任何学生需要转学证明,当事人可以向校长提交申请并附上监护人的证明。

（2）不管第 80 条第（1）款如何规定,不得向 10 年级学生发放转学证明。

但如果出现以下情况,根据拟转入学校的建议以及区教育局的批准,可在学期开始的两个月内向学生发放转学证明:

①如果学生的监护人是职员,在此期间他（她）已经调动工作;

②由于结婚等原因,女学生需要移居到其他地方;

③监护人移居。

（3）如果根据第 80 条第（1）款规定提交了申请,校长应在 7 日之内将转学证明免费发放给基础教育阶段的学生,对其他教育阶段的学生则需收取一定的费用。

(4)如果校长未能根据第 80 条第(3)款的规定及时发放转学证明,学生可向区教育局投诉。区教育局经过调查后,如果情况属实,应下令校长尽快发放转学证明。

(5)如果证明原件丢失或损毁,学生或其监护人可向相关学校提交申请阐明缘由并获取转学证明原件副本,如果情况属实,校长可以向申请人发放转学证明副本。

(6)如果任何学校向未在学校上学的学生发放转学证明,那么,校长将根据现行法律接受处罚,发放的证明也随即失效。

(7)学生的学费和其他费用应交至其获取转学证明的月份。如果学生在放长假(寒假或暑假)的前一个月申请转学,那么,该假期的学费和其他费用也需缴纳。

(8)当根据相关条例发放转学证明时,学校应确保学生或其监护人收到证明。

81. 录取不合格的学生

如果任何学生未能通过中等水平考试但想入学,学校可录取这类学生进入其选择的中等教育水平的班级。

82. 关于未参加学年考试的学生升入下一年级的规定

任何学生由于疾病或无法控制的原因未参加学年考试,其监护人可提交申请和相关证明,如果校长认为合乎情理且学生的以往记录表明其在其他考试中表现良好,校长可以批准已经参加了主要必修科目考试的学生升入下一年级。

但是:

(1)新学期开始一个月后学生不得升入下一年级。

(2)学生不得升入 6 年级和 9 年级。

83. 关于升入下一年级的其他规定

根据班级任课教师的建议,校长可批准有天赋的学生升入高一年级。但是,任何学生均不得升入 6 年级和 9 年级。

84. 学期、入学时间与工作日

(1)学校的学期从 1 月的第一天算起,到 12 月的最后一天止。

(2)通常,学校应在学期开始的一个月内录取学生。

(3)任何学生在第 83 条第(2)款规定的时间后申请入学,如果学校认为该学生适合参加考试且有能力通过学年考试,可在规定时间后的一个月内录取该学生。

(4)学期开始前不得录取学生。

(5)学校每个学期的最少工作日为 250 天。

(6)公立学校教师每周最少需要授课 24 学时。

85. 学校的关闭

(1)在尼泊尔政府宣布的公共假期可关闭学校。

(2)德赛节期间应关闭学校。

（3）除了第 85 条第（2）款规定的假期以外，学校管理委员会每学期可批准 5 日的额外假期作为地方假期。

（4）如果学校未能按照第 85 条第（1）款和第（2）款规定关闭学校，可对校长采取行政处罚。

第十六章　学校教育服务的提供、层级与分类

86. 学校教育服务的提供

学校教育服务由任职的学校教师提供。

87. 学校的层级

（1）学校分为以下几个层级：

①1 至 5 年级——小学水平；

②6 至 8 年级——初中水平；

③9 至 10 年级——中等水平。

（2）第 87 条第（1）款中第①项和第②项规定的小学水平和初中水平都应视为基础教育。

88. 教师的分类

为了促进教师的职业发展，各级学校教师可分为三类。

89. 教师职位的数量和教师的分类

基于尼泊尔政府向区级公立学校提供的教师职位，应按以下比例确定教师分类：

职位总数	三类	二类	一类
5	4	1	—
10	8	2	—
15	12	3	—
20	16	4	—
25	20	5	—
30	24	6	—
35	28	7	—
40	32	8	—
45	36	9	—
50	40	9	1

90. 职位不得被视为空缺

如果任何教师晋升更高级别的职位，其之前职位的等级不得因此而被视为空缺。

91. 创设女教师的职位

(1)如果小学有三个教师职位,则应有一个女教师职位;如果有七个教师职位,则应有两个女教师职位;如果有更多的职位,则至少要有三个女教师职位。

(2)如果在本条例生效前,由于各种原因学校出现职位空缺而聘用男教师的情况,则应根据第91条第(1)款规定聘用女教师。

(3)不管第91条第(2)款如何规定,如果教师职位难以聘到女教师,那么,在获得主任批准后相关职位可聘用男教师。

(4)如果在聘任教师过程中违反第91条第(2)款规定,区教育局局长可取消该任命,并根据相关条例的规定对负责聘任的机构或官员给予处罚。

92. 公立学校的教师职位

公立学校的教师职位,可参照教育部批准的教师职位。但提供特殊教育的公立学校,其教师职位应遵从教育部的规定。

第十七章　　校长和教师的任命及其职能、责任与权力

93. 关于任命校长的规定

(1)校长应是学校的行政负责人。

(2)管理委员会应从同一级别公立学校中推荐至少两名有兴趣担任校长职务且按照规定至少达到70分的常任教师,以供区教育局局长任命。

(3)区教育局局长可任命在第93条第(2)款规定中分数最高的教师担任校长职位。

(4)不管第93条第(3)款如何规定,如果相关学校的教师未能达到70分,那么,区教育局局长可任命区内其他公立学校达到70分的教师担任校长职位。

(4a)不管第93条第(2)、(3)和(4)款如何规定,如果公立学校校长职位和教师职位出现空缺,管理委员会可根据第22E条规定发布广告以招聘填补空缺职位。

(4b)根据第93条第(4a)款规定发布的广告,相关级别公立学校的常任教师可根据规定提交申请以及学校发展的方案。

(4c)在收到根据第93条第(4b)款规定提交的申请后,教师选拔委员会可组建专家组,负责评估候选人根据第93条第(2)款规定提交的学校发展方案,并建议校长职位候选人应达到70分以上。

(4d)如果根据第93条第(4c)款规定没有候选人达到70分,教师选拔委员会则应推荐获得最高分数的候选人担任校长职位。

(4e)不管第93条第(4a)款如何规定,如果学校只有校长职位出现空缺,那么,教师选拔委员会可通过在学校中组织竞争性考试从常任教师中选拔人员担任校长职位。

(4f)根据第93条第(4c)、(4d)和(4e)款规定,管理委员会可从推荐担任校长职位的候选人中选拔任命。

(5)如果学校督导提交报告反映校长的工作难以令人满意或者发现其品行不端且管理委员会意见一致,区教育局局长可随时解除该校长的职务。但在解除之前,应给予校长自陈清白的机会。

(5a)不管第 93 条第(1)款如何规定,如果公立学校校长的工作难以令人满意或其品行不端或者未能按照就职时提交的学校发展规划履职,管理委员会应给予当事人自陈清白的机会。

(5b)如果校长未能根据第 93 条第(5a)款规定提交自辩书或者自辩书难以令人满意,可随时解除其职位。倘若,因未能按照就职时提交的学校发展方案履职而被解职,当事人可继续担任教师。

(6)校长有权按以下标准获得每月津贴:

①中学校长——500 卢比;

②初中校长——300 卢比;

③小学校长——200 卢比。

94. 校长的职能、权力与责任

校长的职能、责任与权力包括:

(1)维护学术环境、学术质量和纪律。

(2)与教师和其他员工协力营造教师、其他员工、学生与监护人相互合作的环境。

(3)为保持学校的纪律、良好的道德品格等履行必要的职能。

(4)与教师协商准备开设的课程,并监督课程是否按计划实施。

(5)提供或责成他人开展学校的卫生、课外活动及其他活动。

(6)履行管理学校的行政职能。

(7)招收学生并组织考试。

(8)向学生发放转学证明等。

(9)保存学校重要的工作和活动记录。

(10)从教师工资中收回由于其故意或疏忽给学校财产造成的损失。

(11)根据管理委员会的建议,对未能有效履行教师职责的校聘教师采取解除其职务等行动。

(12)保存教师和其他员工的处罚记录,当区教育局局长和督导想看时,应提供相关记录。

(13)向区教育局和管理委员会提交有关教师和其他员工举止、行为和工作表现的报告。

(14)向管理委员会和区教育局提出对教师进行奖惩的建议。

(15)每月至少举行一次教师会议,在会上讨论学校的事宜并保存记录。

(16)向管理委员会递交校聘教师和其他员工的薪资报告。

(17)严禁在学校和宿舍等场所开展恶作剧活动。

(18)准备学校课程,并在管理委员会批准后开始实施。

(19)准备和实施学校每月、每半年和每年的教学活动计划。

(20)在管理委员会批准后,委派教师到区教育局接受培训。

(21)开除违反纪律的学生。

(22)在学校实施和使用尼泊尔政府规定的课程与教材。

(23)按照管理委员会委托的权力使用预算,并保存或责成他人保存收支账目。

(24)定期、公正且严肃地在学校举行或责成他人举行考试。

(25)如果任何教师所教科目中连续三年有超过15%的学生考试不及格,或者教师存在疏忽或违纪行为,应暂缓该教师两年内晋升等级。

(26)按照教育部规定每天在学校上课或责成他人上课。

(27)根据尼泊尔政府批准的职位,将学校教师的薪资报告呈送区教育局,以供批准。

(28)规定学校教师和其他员工的职能与责任。

(29)遵从或责成他人遵从管理委员会和区教育局下达的指示。

(30)在教育部规定的时间内,按照督导要求的格式,呈送有关学校学术进展情况的详细资料和统计数据。

(31)填写校聘教师工作绩效评估表,并将其递交至管理委员会。

95. 公立学校教师的任命

(1)区教育局应在收到委员会候选人建议的30日内,任命候选人担任教师。被任命的教师应在收到任命书的15日内到相关学校报到。

(2)在根据第95条第(1)款规定就职前,相关候选人应按照规定的格式向区教育局局长提交学历证书、尼泊尔公民身份证明和健康证明。

(3)根据第95条第(1)款规定发放的任命书中,应明确说明薪酬和其他福利待遇。

(4)根据第95条第(1)款规定发放任命书时,区教育局局长可要求教师按照要求就职宣誓,保存其照片和其他资料,并呈送副本至教师档案室和学校。

(5)根据第95条第(1)款规定任命的教师,应按照规定的格式填写三份个人及职位说明表,并于收到任命书的3个月内呈送区教育局。区教育局应将这些表格送至教师档案室存档。

(6)根据第95条第(5)款规定核实相关资料后,教师档案室应保留一份副本,并各呈送一份副本至区教育局和学校,以供查询。

96. 试用期

(1)根据第95条规定聘任的教师应有一年的试用期。

(2)如果相关教师在第96条第(1)款规定的试用期内表现难以令人满意,相关任命机构可予以解聘。

97. 关于临时任命的规定

(1)在聘用任何候选人填补政府批准的空缺职位前,学校管理委员会可根据第97条第(2)款提及的管理委员会的建议,任命临时教师,聘用时间最长不超过6个月。

但是,只有经区教育局核实高中和初中的相关科目确实存在职位空缺时,管理委员会方可任命教师,只能任命跟学科相关的教师。

(2)为了根据第97条第(1)款规定任命教师,管理委员会应组建由管理委员会主席领导的由校长及一名当地知识分子组成的三人委员会,委员会将根据现行法律对符合资格的人员进行考试,推荐通过考试的人员担任教师职位。

(3)根据第97条第(2)款规定参加考试的候选人,应按照规定的格式提交学历证书、尼泊尔公民身份证明和健康证明。

(4)学校应将根据第97条第(1)款规定任命的教师的相关信息呈送区教育局局长。

(5)不管第97条第(1)款如何规定,如果在任命临时教师的6个月内未能招聘到常任教师,管理委员会可延长临时教师的聘用时间,每次最多延长6个月。如果学校延长聘用时间,相关信息应呈送区教育局。

(6)如果教师未能根据第97条第(2)款规定完成流程,区教育局局长可宣布任命无效。

98. 如果没有空缺职位,不得聘任或调动教师

(1)如果学校没有空缺职位,不得聘任或调动任何教师。

(2)如果没有规定所述科目的学校,不得聘任或调动其他科目的教师。

(3)如果未能遵从第97条第(1)或(2)款规定聘任或调动任何教师,则应从负责聘任或调动的权力机构收回发放给该人员或教师的薪酬和津贴等。

99. 关于调动的规定

(1)想要调动的教师应按照规定的格式向区教育局局长提交申请。

(2)通常女性且有身体残疾的教师不得被调动到任何不适合的地方。

(3)如果教师在尼泊尔政府规定的偏远地区工作不满5年,或在其他地区的同一地方任职不满7年,不得调动。

第十八章　工资、津贴和其他福利

100. 工资和津贴

(1)教师自任职之日起有权获得尼泊尔政府规定发放的工资和津贴。

(2)除根据本条例规定停职外,常任教师有权在每个学期结束后增加尼泊尔政府规定的一级工资。

101. 劳有所得

(1)教师有权每月获得工资和津贴。

(2)教师即使离职,也有权获得在工作期间的工资和津贴。

102.关于晋升教师工资标准的规定

晋升到更高等级的教师可获得该等级的初始工资。但是,如果目前的工资标准等于或高于晋升等级的工资标准,那么,其工资标准应遵从以下规定:

(1)如果目前工资标准等于晋升等级的初始工资标准,则应为其增加一级工资。

(2)如果目前工资标准高于晋升等级的初始工资标准,则应将其工资标准提至与目前工资一致的水平,而后再增加一级工资。

103.公积金

(1)学校应从常任教师每月工资中扣除10%存入公积金中。

(2)尼泊尔政府应按照第103条第(1)款规定的扣款金额同比例缴纳。

104.要支付的德赛节津贴

(1)教师每年有权获得相当于一个月薪酬的德赛节津贴。

(2)领取退休金的退休教师也有权获得相当于一个月薪酬的德赛节津贴。

105.学校承担工资和福利费用

不管本章如何规定,私立学校和公立学校校聘教师的工资和福利费用应由学校承担。

第十九章　　关于休假和代表的规定

106.教师休假

(1)教师有权获享以下类型的假期:

①每年6天事假;

②每年最多6天的节假日;

③每年最多12天的病假;

④分娩前后60天的产假;

⑤15天的丧假;

⑥每次不超过一年、整个服务期不超过3年的特别假期;

⑦一次或间隔最长不超过3年的学术假。

(2)半天的事假和节日假不予累计。

(3)教师可以积存病假并顺延到下一年。教师的病假应由督导出具证明。如果当事人退休,则应根据当事人每月薪酬一次性支付其积攒假期的酬劳。

(4)如果教师身患重病且其积攒假期难以满足治疗所需,当事人可在治疗期间提交注册医生出具的医疗证明,申请至多12天的病假。如果当事人死亡,申请的病假不再予以计算。

（5）如果教师在收到积攒病假的酬劳前死亡,这笔现金将交由其指定继承人或最近继承人。

（6）产假只有两次。

（7）需要参加葬礼的教师可以请假。如果丈夫需要参加葬礼,女教师也可请假陪同参加。

（8）除病假外,工作未满5年的常任教师不得享受特别休假。

（9）工作5年以上的常任教师可享受进修学习的学术假。

（10）教师在事假、节日假、病假、丧假、产假和学术假期间可享受全额工资。

（11）教师的特别休假不享受工资待遇。

107. 批准请假的机构

（1）学校管理委员会可批准校长请假,校长可批准教师请假。但是,校长每次事假或节日假不得超过3天。如果校长需请超过3天以上的假,则应通知管理委员会主席。

（2）不管第107条第（1）款如何规定,只有区教育局局长可以根据管理委员会的建议,批准校长的特别假期和学术假。

108. 未经批准的请假不得计入服务期

在工作期间未经批准的请假不得计入服务期。

109. 临时教师的请假

如果临时教师未休暑假或寒假,当事人应获得过去10个月工作时间的累计假期。

110. 请假只为提供便利

请假只为提供便利而非教师的权利。

111. 代表与每日津贴

（1）教师代表学校参加任何会议、集会或研讨会的时限应遵从理事会或区教育局的相关规定。

（2）在校长和管理委员会主席的批准下,教师和校长可代表学校开展工作的最长时限为一周。

（3）如果学校已经发出调动教师的通知,应按照教育部规定,向当事人发放每日津贴和差旅费。但如果教师是自行调动,则不得享受每日津贴和差旅费。

（4）教育部可根据教师协会的建议,批准两位教师担任协会中央委员会成员,最长任期为3年,每期为1年。

（5）如果学校教师人数比例大于学生,多余的教师应转入区教育委员会教师储备库,且可委派这些教师到生师比较高的学校任职。

112. 本章规定不适用的情况

不管本章如何规定,本章规定不适用于私立学校和公立学校的校聘教师。

第二十章 退休金、遣散费、医疗支出及其他规定

113. 退休金

(1)被任命为尼泊尔政府批准的常任教师职位的教师,如果完成 20 年以上的服务期,有权根据以下比例获得按月发放的退休金:

$$总额＝总服务期×最后一个月工资/50$$

(2)不管第 113 条第(1)款如何规定,退休金不得低于该职位初级工资标准,不得高于该职位最高工资标准。

114. 服务期的计算

为发放退休金,可按以下方式计算服务期:

(1)在《比克拉姆纪元 2028 年全国教育规划》(1971 年)颁布前已从事教学工作的教师,如果当事人继续在学校担任常任教师,那么,其服务期应从《比克拉姆纪元 2028 年国家教育体系规划》(1971 年)引入前当事人被任命为常任教师之日算起。

(2)如果教师已经被聘为常任教师,但中途停职一段时间后再次到学校任职,那么,当事人之前被聘任为教师的时限应算入服务期内。

(3)在《比克拉姆纪元 2028 年全国教育规划》(1971 年)颁布后进入学校担任教师的人员,其服务期应自被聘为常任教师之日算起。

(4)不管第 114 条第(1)(2)和(3)款如何规定,未经批准的特别假期、无薪休假、休假或产假不得算入服务期内。

(5)在计算服务期时,如果存在停职的情况,应予以扣除。

(6)退休人员被聘为教师,如果当事人有意愿,可以将其之前的服务期计入其中。

114A. 计算服务期的流程

(1)想要根据第 114 条规定计算服务期的在职教师,可在本条例生效后的一年内从教师档案室获得服务期的记录;本条例生效后被聘为教师的新任教师,可在其自任命起的两年内从教师档案室获得服务期的记录。如果超过上述时限,将不再予以计算。

(2)任何领取遣散费退休的教师重新被聘为教师职位,如果想要根据第 114A 条第(1)款规定计算服务期,当事人必须返还之前接受的遣散费。

(3)根据第 114A 条第(1)款规定计算服务期的教师,如果已经获得了学术假、特别假期、医疗和保险费用,则应向教师档案室提交详细的情况说明。

114B. 服务期确定推荐委员会

(1)如果在第 114 条第(1)款规定提及的情况下计算教师服务期时出现任何混乱,应组建包含以下成员在内的服务期确定推荐委员会,以便协助教师档案室确定教师的服务期:

①区教育局担任召集人;

②区教育局代表任委员;

③相关学校校长任委员。

(2)第114B条第(1)款提及的委员会,其会议及流程由委员会自行决定。

115. 家庭退休金

(1)如果教师在工作期间或未达到领取退休金规定的7年工作时间死亡,则应由去世教师指定的家庭成员领取退休金;如果没有指定成员,应由其近亲领取。但是,这类退休金的发放不得超过7年,并且如果教师在其退休的7年以前死亡,其家属只能领取7年的退休金。

(2)在未达到领取退休金规定的7年工作时间而死亡的教师,其妻子或丈夫有权按照第115条第(1)款规定领取家庭退休金,且当事人在领完上述阶段的经费后可终身享受50%的退休金;如果当事人无权享受这类退休金或退休金发放已满7年,当事人则不再享受。但是,根据本条规定享受退休金的教师,不得享受双份退休金。

116. 终身家庭退休金

如果教师因事故死亡或重伤,去世教师的配偶有权享受该教师最低退休金的50%。

117. 有关退休金的流程

(1)聘任后,教师应按照规定的格式向学校提交三份表格。

(2)如果未根据第117条第(1)款规定提交表格的教师达到强制退休年龄,当事人应在退休前9个月,按照第117条第(1)款规定向学校提交表格。

(3)如果教师在按照第117条第(1)或(2)款规定填写表格前死亡,那么,指定的家庭成员,或者没有指定家庭成员,但符合领取退休金资格的家庭成员,应在当事人去世的3个月内按照第117条第(1)款规定向相关学校提交表格。

(4)按照本条例规定填写表格的人员,应写明其期望收取退休金或家庭退休金授权书的地区。

(5)根据第117条第(1)(2)或(3)款规定收到表格后,学校管理委员会主席负责提交校长核实的表格,校长负责核实教师填写的表格;学校保留一份,其余两份呈送至相关区教育局。

(6)收到根据第117条第(5)款规定呈送的表格后,区教育局在调查核实表格后,保留一份表格,并将另一份交付教师档案室。

(7)收到根据第117条第(6)款规定交付的表格后,教师档案室需检查核实并保存相关记录,如果是第117条第(1)或(2)款规定的情况,教师档案室则应按照规定的格式以退休教师名义发放退休金授权书;如果是第117条第(3)款规定的情况,教师档案室则应按照规定的格式以死亡教师承继人的名义发放退休金授权书。

118. 退休教师退休金的增长

退休教师退休金应基于该教师退休时所属级别按初始工资标准 2/3 的比例增长。

119. 遣散费

(1)如果任何常任教师已经工作 5 年以上但未达到获得退休金的资格或者获批辞职离开学校或者因教育资格不足被解雇,那么,可按以下标准获得遣散费:

①任职 5～10 年的教师,任职最后一个月工资的一半;

②任职 10～15 年的教师,任职最后一个月的全额工资;

③任职超过 15 年但未满 20 年的教师,任职最后一个月工资的 1.5 倍。

(2)如果教师在获得遣散费前死亡,如果有指定的家庭继承成员,可由该成员接收遣散费;如果没有指定的家庭继承成员,可由最近的亲属接收遣散费。

120. 以下情况不得发放退休金或遣散费

(1)如果出现以下情况,不得向教师发放退休金或遣散费:

①被任命为临时教师职位;

②因未来教育服务资格遭到取消而被解雇;

③如果被证实为了获得任职资格或继续任职资格而在学历、年龄、名字、姓氏、父姓和祖父姓名、常住地址或身份信息等方面造假。

(2)不管第 120 条第(1)款如何规定,被证实有罪前当事人收取的遣散费不予收回。

121. 扣发退休金或遣散费

如果教师未能按照本条例规定缴费,可扣发当事人的退休金或遣散费。

121A. 不得同时获得退休金和工资

如果根据本条例规定退休的人员被公立学校聘任为常任教师,当事人在工作期间不得领取退休金。

122. 医疗费用

(1)常任教师有权基于以下工资标准获得医疗费用:

①高中教师,12 个月的工资总额;

②初中教师,10 个月的工资总额;

③小学教师,21 个月的工资总额。

(2)不管第 122 条第(1)款如何规定,与高中教师初始工资标准相同的初中教师,应获得与现行中学教师等额的医疗费用,与初中教师工资标准相同的小学教师,应获得与初中教师等额的医疗费用。

(3)如果教师或其家庭成员患病,在不超过第 122 条第(1)款规定额度的情况下,医疗费用可用于支付以下费用:

①由批准的医生进行身体检查的费用和按照医生处方购买药品的费用;

②在医疗机构住院治疗产生的费用；

③除整形手术外,所有手术产生的费用。

（4）当向工作未满 20 年的教师发放医疗费用时,应按其实际工作年限折合的比例进行计算。

（5）除因不合格被解雇,否则,离职教师有权根据本条例规定获得其结余的全部医疗费用。

（6）除了根据本条例规定在医疗机构住院治疗或出国治疗的情况,在一个财政年度内一次或多次向教师发放医疗费用时,20 年应被看作一个完整的服务期,由此每年应按比例领取相应份额的医疗费用。

（7）区教育局局长应根据本条例规定保存教师医疗费用的记录,并将相关记录副本送达相关学校、教师档案室和理事会。

（8）对使用虚假内容申请或接受医疗费用的教师应给予行政处罚。

123. 失踪教师的退休金和遣散费

（1）如果教师失踪或消失 5 年或者生死未卜,那么,可向其家庭发放退休金或遣散费。

（2）不管第 123 条第（1）款如何规定,如果有权获得退休金的人员在领取退休金前消失,那么,应在 7 年内将全部退休金发放给其家庭。如果当事人在领取退休金的 7 年之前消失,那么,可向其家庭成员发放最多 7 年的退休金,而后,应向当事人的妻子或丈夫发放 50% 的退休金,直至其死亡。

（3）如果失踪的教师重新出现,如果尚未支付退休金,该人员自己有权领取退休金,或者从其确定的日期开始领取退休金。

但是,该人员不得索要已经发放的退休金、遣散费或家庭退休金。

124. 教育津贴与子女补贴

（1）如果任何教师因第 116 条提及的任何原因或长期患病死亡,可向该教师的两名子女提供教育津贴,直至其年满 18 岁。

①高中教师,每个孩子 900 卢比；

②初中教师和小学教师,每个孩子 700 卢比。

（2）除了第 124 条第（1）款提及的教育津贴外,可按以下比例向因第 116 条提及的死亡教师的两名子女提供补贴,直至其年满 18 岁：

教师级别	初始工资标准百分比（%）
中学 1 级	8
中学 2 级和 3 级	10
其他	12

125. 津贴建议委员会

(1)应组建包含以下成员的津贴建议委员会,负责向学校提出关于给予死亡教师家庭或子女津贴方面的建议:

①区长任主席;

②区警察局局长任委员;

③相关学校校长任委员;

④区卫生局局长任委员;

⑤区教师协会的一名代表任委员;

⑥区教育局局长任委员兼秘书。

(2)第125条第(1)款提及的委员会应确定教师是否是在学校履职的过程中死亡,并提出向该教师家庭或子女提供津贴的建议。

126. 学校教师档案室

(1)应在教育部设立学校教师档案室,负责对退休金、家庭退休金、教育津贴、遣散费、保险和医疗费用等做出规定。

(2)学校教师档案室的职能、责任与权力:

①更新学校教师任职记录;

②对教师的退休金与遣散费做出必要的安排;

③从理事会和区教育局获取信息用于准备教师退休金、遣散费、医疗费用和保险金所需的个人资料;

④提前6个月通知教师的退休日期;

⑤批准或责成他人批准教师的薪资报告;

⑥运营退休基金;

⑦发放退休金、遣散费、保险、医疗费用和其他款项;

⑧开展关涉退休金和遣散费的其他工作;

⑨计算教师服务期;

⑩遵从教育部下达的指示。

(3)学校教师档案室其他的职能、责任与权力应由教育部规定。

127. 关于保险的规定

尼泊尔政府可责成相关部门为常任教师购买保险。如果任何教师在职期间没有投保且死亡,那么,保险费用应一次性给予指定人员;如果没有指定人员,则发放给最近的亲属:

(1)高中教师,30 000卢比。

(2)初中或小学教师,20 000卢比。

127A. 咨询委员会

(1)应组建包含以下成员的咨询委员会,以便协助教师档案室解决关涉教师退休金、家庭退休金、教育津贴、子女补贴、奖金、保险与医疗费用等问题:

①教育部规定的联合秘书任主席;

②卡乌石·土佐卡哈那的办公室主任任委员;

③财政部(预算与项目司)代表任委员;

④教育部(学校教育司)副部长任委员;

⑤(法律司)副部长任委员;

⑥公务员档案保管处代表任委员;

⑦教师档案室主任任委员兼秘书。

(2)教师档案室应作为咨询委员会的秘书处。

(3)咨询委员会的会议流程应由委员会自行决定。

(4)在财政部的批准下,咨询委员会委员参加会议有权享有会议补贴。

128. 关于退休金与遣散费的特别规定

(1)不管本章其他条款如何规定,由尼泊尔政府在政府公报上发布通知任命的新任教师不得享受本章规定的退休金或遣散费。尼泊尔政府可通过在政府公报上发布通知设立基金,用于向这些教师提供退休金或遣散费。

(2)教师应从每月工资中扣除通知规定的金额,并将这笔经费存入根据第128条第(1)款规定建立的基金中。

(3)如果根据第128条第(1)款规定任职的教师提前离职,当事人有权收回根据第128条第(2)款规定以其名义缴存的经费。但是,如果教师被解雇,当事人不得享受尼泊尔政府存入其账户的经费。

129. 本章规定不适用的情况

本章规定不适用于私立学校教师和公立学校的校聘教师。此类教师可按管理委员会的规定从学校获得本章规定的福利。

第二十一章　关于退休的规定

130. 自愿退休

负责任命的官员可随时向任何想要退休的教师发布许可。

131. 法定退休

(1)任何年满60岁的教师均应退休。

说明:为实施本条规定,教师的年龄应按以下方式计算:

①按任命时提交的教育证书上的出生日期或年份开始计算年龄；

②如无上述记录，则应按其任命时当事人提供的出生日期或年份开始计算。

（2）不管第 131 条第（1）款如何规定，如出现以下情况，教师可以退休：

①如果教师在《教育法》第 11E 条第（5）款规定的时间内未能获得常任教学许可；

②如果学校不再设置教师所教的科目，而且虽然给予当事人接受教授其他科目的培训机会但其并未参加，或者难以将当事人转至任何开设其所教科目的学校。

（3）公立学校教师在特别假期或学术假结束后的 15 日内未到学校报到，则其可以退休。

（4）根据第 131 条第（2）款第②项规定由于退休造成的公立学校教师职位空缺，则应取消该职位。

132. 关于退休的特别规定

如果尼泊尔政府组建的医务委员会建议公立学校任何教师由于身体原因难以继续履职，那么即使当事人尚未完成服务期工作，教育部也可通过增补 5 年服务期的方式帮助其达到规定的服务期时限。

第二十二章　　师生行为守则

133. 教师行为守则

（1）教师应遵守以下行为守则：

①在被分配的地方开展规定的工作；

②在规定时间内定期到校，在考勤处登记出入时间，且离校需事先请假；

③不得为了达到与其服务有关的利益影响或试图影响任何团体；

④不得以真名或化名发表任何文章，或在报刊、广播、电视或其他通信媒体上发表论及危害尼泊尔政府和人民以及尼泊尔与外国之间和谐关系的任何信息、声明或演讲；

⑤通过教学和学习帮助学生成为好公民；

⑥养成服从、守纪、诚信、合作、美德、同情心、耐心和良好的品行；

⑦在教师或学生中不得散播对任何语言或宗教有敌意的言行；

⑧公立学校教师未经管理委员会和区教育局局长的许可不得在校外任职；

⑨通过学校或教育机构培养民族精神，实现国家的情感统一；

⑩不举行示威、挟持、罢工、封锁等破坏尼泊尔主权和团结，扰乱公共秩序与安全，影响外交关系，破坏公共道德，藐视法庭或导致政府机关或官员难以履行法律赋予职责的活动。

（2）校长和管理委员会应分别保存教师和校长是否遵守第 133 条第（1）款规定行为守则的记录，如果未能遵守，应将详细情况呈送相关区教育局。

134.学生行为守则

学生应遵守以下行为守则：

(1)听从并尊重教师。

(2)遵守校内外纪律。

(3)始终致力于弘扬国家、语言和文化。

(4)积极参与学校组织的项目。

(5)举止文明。

(6)遵守管理委员会规定的其他行为守则。

第二十三章　关于处罚的规定

135.处罚

如果理由充分,可对教师采取以下行政处罚：

(1)批评。

(2)扣发最多5年的薪酬(等级)增幅。

(3)两年不得晋升。

(4)免职但不影响以后从事教育工作。

(5)解雇且以后不得从事教育工作。

136.批评

如果教师不按时到校、上课和外出,则应进行批评。

137.两年不得晋升或扣发最多5年的薪酬(等级)增幅

如果出现以下情况,则应对教师做出两年不得晋升或扣发最多5年的薪酬(等级)增幅等处罚：

(1)出现违纪行为。

(2)一而再地不遵守学校的时间表。

(3)违反行为守则。

(4)作为代表未参加培训或教学。

(5)校长不选派教师参加培训或教学项目。

138.免职或解雇

(1)如果教师违反第16E条第(5)款第①②③④项的规定,则将应被免职。

(2)如果出现以下情况,教师将被解雇且以后不得从事教育工作：

①因道德犯罪被法院刑事指控并定罪;

②腐败。

139. 收回学校的损失

如果因教师故意或疏忽令学校蒙受损失,则可向当事人收取损失赔偿金。

140. 处罚流程

(1)在通过处罚命令之前,处罚机关应给予相关教师自陈清白的机会。当给予当事人辩护的机会时,应明确规定费用。在这种情况下,相关老师应在规定时间内提交自辩书。

(2)如果教师未能根据第 140 条第(1)款规定提交自辩书或者辩护难以令人满意,那么,处罚机关应再次对其进行处罚。

141. 暂停职务

(1)如果在对任何教师进行处罚前需要开展必要的调查,那么处罚机关可暂停其职务,但通常时限不得超过三个月。

(2)因涉嫌道德败坏刑事犯罪被逮捕和羁押的教师,在拘留期间应被视为暂停职务。在停职期间停发工资和其他津贴。

(3)如果教师复职或辞职,其停职自动终止。

(4)如果教师根据第 141 条第(1)款规定被停职,在停职期间当事人有权获得工资。倘若对教师的指控不成立或教师被无罪释放,那么,如果在停职期间当事人已经获发 50%的工资,则应补全余下 50%的工资;如果在停职期间未获发 50%的工资,则应补发全部工资。

142. 处罚

如果教师根据第 140 条规定提交的解释难以令人满意,处罚机关则可基于其理由对教师进行处罚。

143. 处罚机关

(1)处罚机关应包括:

①校长可向教师发出警告并扣发两年的薪酬(等级)增幅,管理委员会可扣发更多的薪酬(等级)增幅;

②区教育局局长可向校长发出警告或扣发薪酬(等级)增幅;

③区教育局局长可下令不得晋升职务职称等;

④相关主任负责免除或解雇事宜;

⑤不管第 143 条第(1)款第②③④项如何规定,管理委员会有权根据相关条例处罚公立学校的教师和校长。

(2)校长或管理委员会应将其根据第 143 条第(1)款第①项规定所做处罚告知区教育局局长。

(3)应向区教育局局长和教师档案室提供校长或管理委员会根据第 143 条第(1)款第①项规定实施处罚的相关信息。

144. 本章流程和规定不适用的情况

(1)本章流程或规定不适用于对以下教师进行处罚：

①对尼泊尔政府任命的公立学校临时教师采取行动时,不遵从本章规定的流程；

②本章规定不适用于私立学校或公立学校的校聘教师。

(2)如果要对第 144 条第(1)款第②项提及的教师进行处罚,相关管理委员会应规定必需的流程。

第二十四章　学校分类

145. 学校的分类

(1)应参照规定,将学校分为以下四类：

①"A"级学校；

②"B"级学校；

③"C"级学校；

④"D"级学校。

(2)第 145A 条提及的委员会应根据第 145 条第(1)款的规定对学校进行分类。

(3)如果根据相关条例规定归为低一级的任何学校想要通过达到必要的条件进入更高一级之中,则须向区教育局局长提交申请。

(4)如果根据第 145 条第(3)款规定提交申请后,第 145A 条提及的委员会应对学校进行实地检查,如果学校符合高一级学校的注册要求,那么,委员会则可将学校纳入其要求的级别之中。

(5)根据本条例规定已经归为高一级的任何学校如果并未达到规定条件,那么,第 145A 条提及的委员会可根据学校达到的条件将该学校降入相应的级别之中。但在被降级之前,应给予学校自陈清白的机会。

(6)如果任何学校对根据本条例做出的分类决定不满,可在决定发出的 35 日内向相关理事会申诉,理事会的决定将是最终的决定。

145A. 学校分类及费用监控委员会

(1)为了对学校进行分类,向教育部提出有关学校收费的建议及监控学校是否采用了确定的费用,各地区均应组建包含以下成员的学校分类与费用监控委员会。

（A）如果是公立学校的话：

①区教育局局长任召集人；

②区发展委员会成员或区发展委员会提名的一名当地知识分子任委员；

③教师协会提名的一名教师任委员；

④区教育局局长提名的一名公立学校主席任委员；

⑤区教育局局长指定的学校督导任委员兼秘书。

(B)如果是私立学校的话：

①区教育局局长任召集人；

②家长组织的主席或成员，或者没有这类组织，区教育局局长提名的两名家长任委员；

③区发展委员会的一名代表任委员；

④私立寄宿学校的一名代表任委员；

⑤全国私立寄宿学校组织的一名代表任委员；

⑥区发展委员会提名的一名教育家任委员；

⑦区教育局负责私立学校事务的人员任委员兼秘书。

(2)第145A条第(1)款中提及的委员会，可以要求女性、贫民和原住民等组织的代表参加确定收费的会议。

(3)第145A条第(1)款中提及的委员会，其会议流程应由委员会自行决定。

第二十五章　关于费用的规定

146.学校收取的费用和押金

(1)根据第147条规定，学校可向学生收取以下费用和押金：

①每月学费；

②体育、课外活动、实验室、修理和维护、图书馆、急救的年费，费用不得超过两个月学费的总额；

③初次注册入学时收取不超过每月学费金额的入学费用；

④杂费；

⑤考试费；

⑥电脑费；

⑦移民证明费；

⑧特殊培训(柔道、武术、游泳、唱歌、跳舞)的费用；

⑨住宿费；

⑩交通费；

⑪餐费。

(2)不管第146条第(1)款第①②③④项如何规定，不得向根据152条规定在小学、初中、中等公立学校就读的学生收取费用。

(3)私立学校可收取相当于学生一个月学费的金额作为押金，如果学生离开学校，则应立即退还。

(4)一个学年内学校不得收取超过12个月的费用。

(5)只有学生确实已经使用了相关设施的情况下，学校方可根据146条第(1)款规定收取费用。

147. 有关费用的规定

（1）公立学校、私立学校或教育信托学校应分别对学生收费。

（2）应在下个财政年度开始的两个月以前按照规定的要求将拟定的下一个财政年度学生的收费情况通过第145条提及的委员会呈送教育部。

（3）收到根据第147条第（2）款规定提交的拟定收费情况后，教育部将检查该收费结构是否切实符合要求，如果是的话，教育部可经过必要的修改后批准收费的上限。

（4）教育部根据第147条第（3）款规定批准收费后，学校应和教师—监护人执行委员会磋商，根据管理委员会的决定确定收费结构。

（5）根据本条例规定确定费用后，学校应将相关信息呈送区教育局。

148. 用于相关用途

学校向学生收取的费用应专款专用。

149. 按时缴纳费用

学生应在学校规定的时间内缴纳费用。

150. 在公告栏公布收费详情

学校应在学校公告栏中向家长和学生展示有关收费结构、缴费时间及流程等情况。

150A. 中央费用管理和监管委员会

（1）为了制定私立学校费用管理和奖学金政策、提高这类学校的学术标准、监管确定的收费标准、向教育部提出建议和意见等，应组建包含以下成员的中央费用管理和监管委员会：

①司长任召集人；

②私立学校处主任任委员；

③规划和监管处主任任委员；

④教育司在司长中提名的1名人员任委员；

⑤教育部学校教育司副司长任委员；

⑥教育部法律咨询司副司长任委员；

⑦尼泊尔家长协会代表的主席任委员；

⑧全国家长协会代表的主席任委员；

⑨私立寄宿学校组织一名代表任委员；

⑩全国私立寄宿学校组织一名代表任委员；

⑪教育司从为教育信托形式运营的学校中提名一名教师任委员；

⑫教育司从区教育局局长中提名一名人员任委员；

⑬教育司提名两名教育家任委员；

⑭由司长指定的代理司长任委员兼秘书。

(2)根据第 150 条第(1)款规定提名的成员,其任期为两年。

(3)第 150 条第(1)款提及的委员会,其会议流程由委员会自行决定。

第二十六章　关于奖学金和免费教育的规定

151. 有关奖学金的规定

(1)学校应分别免除每班第 1 名和第 2 名学生 100% 和 50% 的费用作为奖学金。

(2)私立学校应至少向占学生总数 5% 的贫困、残疾、女性、受压迫和少数民族学生提供奖学金。

(3)学校应在根据第 150 条第(1)款规定给予奖学金前发布通知,以便提交奖学金申请。

152. 提供免费教育

(1)公立学校应向生活在贫困线以下的学生、少数民族学生和来自社会最底层群体的学生和女性学生提供免费教育。

(2)为了根据第 152 条第(1)款规定提供免费教育,学校应在学校发布通知,以便提交免费教育申请。

说明:为实施相关条例规定,"生活在贫困线以下的学生"指社会最底层学生、少数民族学生、女性以及由村教育委员会、相关办公室或政府规定的以下学生:

①学生家庭成员没有工作、生意、职业或谋生手段,且由于缺乏最低的基本生活需要难以支付学费;

②根据《比克拉姆纪元 2021 年土地法》(1964 年)规定,一个家庭在平原和山谷、丘陵地区和喜马拉雅地区拥有的耕地分别低于 5%、10% 和 15%;

③收入低于国家规划委员会规定的贫困线。

第二十七章　关于学校标志、命名及其他规定

153. 学校校徽

学校校徽应是一个六角形。如果任何学校想要使用单独的校徽,可在六角形中间进行设计。

154. 学校命名

(1)学校可以以对社会和国家做出杰出贡献的名人、历史人物、众神、圣地或反映尼泊尔国家认同的自然遗产的名字命名。

(2)如果任何人想要以自己的名字命名新建立的学校,当事人可向学校捐赠达到以下标准的现金、建筑或土地:

①对于中等学校来说,100 万卢比或等值的建筑或土地;

②对于初中学校来说,70 万卢比或等值的建筑或土地;

③对于小学学校来说,50 万卢比或等值的建筑或土地。

(3)如何任何人想要冠名已经被命名的学校,进行联合命名,其应捐赠第 154 条第 (2)款规定额度的现金、建筑或土地。

(4)如果多个家庭成员或不同家庭根据第 154 条第(2)款规定同时向学校捐赠现金、建筑物或土地,那么,可以以这些人员的名字命名学校但名字不得超过两个,其他捐赠者的名字可在学校显眼位置展示出来。

(5)不管第 154 条第(2)或(3)款如何规定,如果学校已经根据任何人、古迹、历史地点或事件命名,那么,即使任何人根据本条例规定捐赠了现金、建筑或土地,也不得更改或重新命名。

但是,如果任何人捐赠了学校内的建筑、增设的教室、图书馆或宾馆,这些相关建筑可以以捐助者名字命名。

(6)教育部应基于学校管理委员会、村教育委员会或政府及区教育委员会的建议,根据本条例规定对学校命名。

155. 奏唱国歌

学校组织的任何活动开始时应奏唱国歌。

156. 升国旗

学校举行的庆祝活动开幕时应升国旗。

157. 校服

学校可规定布料较为便宜、简单、具有国家特色、适应气候的校服。学校不得强制学生从本校购买校服。

第二十八章　关于保护学校财产的规定

158. 学校财产的保护

(1)管理委员会和校长承担保护学校财产的主要职责。

(2)为了管理和保护公立学校的财产,应在相关区组建包含以下人员的学校财产保护委员会:

①区长任主席;

②地税局局长任委员;

③区教育局局长在学校捐赠者中提名的一名人员任委员;

④区发展委员会在其成员中提名的一名人员任委员;

⑤区教育局局长任委员兼秘书。

（3）根据第 158 条第（2）款规定提名的成员，其任期为两年。

（4）根据第 158 条第（2）款规定组建的委员会，其会议流程应由委员会自行决定。

159. 学校财产保护委员会的职能、责任与权力

学校财产保护委员会的职能、责任与权力包括：

（1）安排学校名下未登记的土地进行登记。

（2）向学校管理委员会下达利用学校财产实现学校利益最大化的指示。

（3）对学校名下土地获取的收入做出规定。

（4）向给学校造成财产损失的人员收回损失的规定。

（5）为学校发展服务以外，严禁出售学校明确的土地或其他财产。

（6）与区教育局局长和校长合作，共同保护学校土地。

160. 学校名下土地不得出售或抵押

（1）不得出售或抵押学校名下的土地。

（2）不管第 160 条第（1）款如何规定，如出现以下情况，可出售或抵押学校名下的土地：

①基于管理委员会和根据第 158 条规定建立的委员会的建议，经教育部批准后，公立学校可通过拍卖至多出售 25% 的学校土地用于发展学校的基础设施；

②基于学校管理委员会的建议，经公司董事或教育信托受托人的批准后，私立学校可在任何银行或财务公司抵押学校土地或通过拍卖出售 50% 的学校土地，用于偿还学校或财务公司的贷款或者发展学校的基础设施。

（3）如果为了发展学校基础设施需要出售比第 160 条第（2）款规定更多的土地，公司或教育信托可在获得教育部的批准后，基于管理委员会、公司董事会或相关教育信托受托人的建议进行。

161. 学校土地不得交换

（1）学校名下的土地不得交换。

（2）不管第 160 条第（1）款如何规定，如果任何公立学校需要将校园或操场与其他毗邻土地进行交换，管理委员会及区教育局应征求财产保护委员会的建议；如果是私立学校的话，需征求受托人或公司董事、管理委员会和区教育局的建议，且在教育部的批准下方可交换土地。

162. 以学校名义保存财产

（1）公立学校和教育信托学校均需登记学校名下的不动产。

（2）以公司形式运营的私立学校应以公司名义登记学校的不动产。

163. 退款

如果由于自然灾害、干旱或退化等不可控原因造成公立学校的财产损失，管理委员

根据校长的建议可给予最高 5 000 卢比的退款；区教育局局长根据管理委员会的建议可给予最高 10 000 卢比的退款；主任可给予最高 20 000 卢比的退款；教育部秘书可给予最高 25 000 卢比的退款。如果超过上述金额，需获得财政部的批准。

第二十九章　向学校发放拨款及其他规定

164. 向学校发放拨款

(1)教育部应以尼泊尔政府的名义将发放给公立学校的拨款总额划拨至区教育基金。

(2)区教育委员会在研究学校呈送的预算后，应基于以下指标向学校发放拨款：

①学校学生人数；

②学校教师人数；

③学校考试成绩；

④学校财政条件。

(3)根据第 164 条第(1)款规定发放的拨款，只能由区教育局负责分配。

165. 用于相关工作

学校接受的拨款只能专款专用。

166. 来自地方资源款项的管理

(1)学校应对从地方资源获取的用于学校建筑、家具和其他材料的经费做出规定。

(2)如果第 166 条第(1)款提及的经费难以满足学校基建的需要，尼泊尔政府可给予公立学校必要的拨款，以资鼓励。

167. 削减拨款

(1)如果包括本年度在内连续两年的考试情况如下，区教育局局长可按以下比例削减学校的拨款额度：

①如果各级教育的考试通过率低于 10%，那么，各级教育的年度拨款削减 30%；

②如果各级教育的考试通过率低于 20%，那么，各级教育的年度拨款削减 20%。

(2)不管第 167 条第(1)款如何规定，偏远地区的学校只削减上述比例的一半。

第三十章　学校预算、收支账目及其他规定

168. 准备预算

校长应准备财政预算，获得管理委员会批准后，在每年规定的时间呈送预算副本至区教育局。

169. 学校运营

(1)学校应按照管理委员会的决定使用学校经费。

(2)使用学校经费应由校长、管理委员会主席或委员会指定成员共同签名。

(3)不管第168条第(2)款如何规定,使用中等学校和初中学校的经费应由校长、会计师或任何承担会计工作的教师或雇员共同签名。

(4)学校经费账目应由校长和负责会计工作的人员保存。

(5)应在距离学校最近的银行开户并将学校经费存入,以方便学校使用。

(6)学校的所有开支均应由学校经费支付。

170. 学校的收支账目

(1)各类学校均应按照规定的格式保存学校的收支账目。

(2)应由授权使用学校经费的部门负责保存收支账目,包括发票、收据和其他必要文件。

(3)校长负责保存或责成保存根据第170条第(2)款经过确认的文件。

(4)在根据第170条第(1)款规定保存收支账目时,应清楚说明货物买卖、现金种类和负债等情况,以便明晰学校的实际运转状况。

(5)校长负责确保或责成确保学校资产诸如现金、货物及其他财产等的安全,避免乱用、丢失或浪费,并保存物品的账目或记录。

(6)校长应每月或每3个月向区教育局提交学校收支报告。

171. 责成审计

(1)校长应责成区教育局规定的审计人员每年审计学校的收支账目。

(2)校长应向审计人员提供学校收支账目的账簿,并且当审计人员询问有关审计事宜时,相关人员应给予明确的答复。

(3)由理事会或者区教育局授权的雇员,可随时检查学校收支账目的账簿。当进行检查时,校长有责任说明详细情况。

171A. 学校活动的社会审计

应组建包含以下成员的社会审计委员会,负责每年对公立学校是否遵从《教育法》和本条例规定开展活动进行评估:

(1)教师—监护人协会主席任主席。

(2)教师—监护人协会指定的两名在校学生的监护人,其中包括一名女性任委员。

(3)学校所在地医院的主席任委员。

(4)教师—监护人指定的一名知识分子任委员。

(5)校长指定的一名学校教师任委员兼秘书。

172. 提交报告

完成学校审计后,审计人员应准备包含以下事宜的报告,并将报告副本提交管理委员会、区教育委员会和理事会:

(1)对提出的问题或做出的评论是否迅速响应。

(2)提交的收支账目是否按条例规定保存。

(3)收支账目是否按法律规定保存。

(4)是否按照学校收支账目准确资产负债表。

(5)学校业务是否令人满意。

(6)审计员认为需要列入报告的其他事宜。

173. 移交接管

(1)如果负责保存学校现金或物品的教师由于调动等原因需要调离学校,那么当事人通常应在 15 日内将其负责的现金或物品进行移交。

(2)如果教师未能根据第 173 条第(1)款规定进行移交,那么学校有权扣发其工资用于偿还。

174. 免除注册费

如果学校拟按教育部规定以公司化形式运营,在注册时尼泊尔政府可豁免部分注册费。

175. 为学校免税和创造条件

当公立学校和作为教育信托的私立学校从国外进口教育材料时,尼泊尔政府可免除其部分或全部关税。

第三十一章　区教育基金的运营及其他规定

176. 需要的拨款

区教育局应在 2 月中旬左右将下一财政年度学校的拨款需求(按照教育部规定小学、初中和中等水平分别单独说明)呈送教育部和教育司。

177. 区教育基金的运营及其他规定

(1)区教育委员会应将从尼泊尔政府接受的拨款按季度发放给学校。

(2)区教育委员会只能将款项用于尼泊尔政府接收到的拨款需求范围内的工作上。

(3)除了尼泊尔政府拨款外,区教育委员会可自行决定区教育基金通过其他渠道获得的款项。

(4)区教育基金的使用应由区教育局局长、区教育局会计主管和会计师共同签名。

（5）区教育局局长和负责账目的职员应负责更新账目并责成审计区教育基金所收取的款项。

178. 区教育基金的收支账目

（1）应按照法律规定形式保存区教育基金的账目。

（2）区教育局应将每月使用经费报表提交负责基金和账目的部门与办公室。

179. 采取行政行动

如果任何官员任命超过教育部批准教师职位数量的教师，向这些教师发放工资且超过规定额度，那么应对当事人依法采取行动并向其索回已发放的款项。

第三十二章　关于村教育发展基金的规定

180. 缴付村教育发展基金的存款额

（1）私立学校应在每年结束后的一个月内，将上一学年总收入的 1.5% 存入村教育发展基金。

说明：为实施本条规定，"年总收入"系指学校在一年内收取的学费以及用于运输和食品的费用。

（2）为了根据第 180 条第（1）款规定缴付存款，应在区中心的任何银行开户。

（3）区教育局局长应将根据第 180 条第（2）款规定收取的资金划拨至村教育基金。

（4）已经根据第 180 条第（1）款规定缴付存款的学校，应立即将缴款证明送达相关区教育局。

181. 管理委员会的职能、责任与权力

管理委员会的职能、责任与权力与权责包括：

（1）向难以获取地方资源发展基础设施的学校提供财政援助。

（2）为提高学校教育质量开展必要的工作。

（3）以书面形式建议相关机构对滥用村教育发展基金款项的学校采取行动。

（4）监测和责成监测学校是否已经向村教育发展基金缴付存款，并以书面形式建议相关机构为未缴费学校采取行动。

（5）为发展乡村教育收集必要的资源。

（6）每年向尼泊尔政府提交委员会的工作报告。

182. 审计

审计司负责审计村教育发展基金。

183. 管理委员会会议流程

（1）每年至少举行 3 次管理委员会会议。

（2）管理委员会委员兼秘书应在委员会主席的批准下负责召集管理委员会会议。

（3）如果 50％以上的委员参加会议，则应视为已经达到会议的法定人数。

（4）管理委员会主席负责主持委员会会议，如果主席缺席，则应选举一名成员代为主持。

（5）管理委员会以多数意见为准，如果票数对等，主持会议的人员有权投出决定票。

（6）委员会委员兼秘书负责保存经管理委员会确认的决定。

（7）与管理委员会会议有关的其他流程，应由委员会自行决定。

（8）管理委员会成员可按教育部规定享有会议津贴。

184. 管理委员会秘书处

管理委员会的秘书处应设于学校。

第三十三章　其　他

185. 规定的主管人员

为实施《教育法》以下条款的规定，特对权力机关做如下规定：

（1）在《教育法》第 15 条和 16B 条中，权力机关为负责中等和初中学校的相关主任以及负责其他学校的区教育局局长。

（2）在第 17 条第（2）款第⑤项中，权力机关为负责中等和初中学校的相关主任；而在第 17 条第（2）款第②③项和第 16D 条第（6）（7）款中，权力机关为负责其他学校的区教育局局长。

（3）在第 17A 条中，权力机关为区教育局局长。

185A. 有关奖金的规定

如果任何公立学校 85％以上的学生参加考试且超过 50 名学生通过中等学校考试，那么可给予该学校和相关教师奖励。

186. 迁移学校的运营

如果管理委员会提出由于天气等原因在喜马拉雅地区的任何学校难以运营，那么根据相关区教育局的建议，在不增加财政压力的情况下尼泊尔政府可批准学校临时迁移到任何方便的地方。

187. 有关教师协会的规定

（1）教师在根据现行法律规定注册加入教师协会前，应获取教育部的建议。

（2）关于教师协会选拔的规定应在教师协会章程中做出规定。

188. 每年提交详细资料

学校应在各学年结束的一个月内向区教育局提交以下详细资料：

（1）学生的班级详细情况。

（2）班级学生及格的详细情况。

（3）班级获得奖学金的详细情况。

（4）学校总收支的详细情况。

189. 成立证书调查委员会

（1）如果教育部认为有必要调查教师的学历证书和其他证明文件，那么，可组建包含以下成员的区级证书调查委员会：

①区长任主席；

②区检察官任委员；

③区教育局局长任委员兼秘书。

（2）如果证书调查委员会发现学历证书（包括其他证书）有问题，则需将相关证书连同其意见一并送交相关机构以便根据现行法律采取行动，同时也应向教育部提供相关信息。

（3）在获得相关部门的批准后，证书调查委员会可抽调区内任何部门的员工参与其工作。

（4）区教育局应作为证书调查委员会秘书处。

（5）证书调查委员会的会议流程应由委员会自行决定。

（6）证书调查委员会成员参加会议有权享有会议补贴。

190. 不得使用公立学校的建筑

私立学校不得使用公立学校的建筑办学。

191. 下放权力

教育部可根据需要向任何人或机构下放部分本条例赋予的权力。

192. 可制定指南

教育部可根据《教育法》和本条例的规定针对以下事宜制定并实施指南：

（1）关于非正规教育的运营。

（2）关于远程教育的运营。

（3）关于特殊教育的运营。

（4）关于中等教育考试的运营。

（5）关涉中等教育的其他事宜。

（6）关于参考书和读物的出版。

（7）关于保护和利用学校财产。

193. 遵从《金融法》和相关条例的流程

不管本条例如何规定，如果学校从事任何涉及尼泊尔政府财政负债的事宜，则应遵从现行《金融法》和相关条例的流程。

194. 修改附件

如有必要,教育部可通过在尼泊尔公报上刊发通知,修订或变更附件。

195. 废除和保留条款

(1)《比克拉姆纪元 2049 年教育条例》废除。

(2)根据《比克拉姆纪元 2049 年教育条例》采取的行动应被视为已经遵从了本条例的规定。

斯里兰卡

斯里兰卡高等教育法

（1966 年第 20 号）

1. 简称

本法案可简称为《高等教育法》(1966 年第 20 号)。

2. 高等教育

本法案或据此制定的任何成文法、任何其他有关或适用于任何高等院校的法律中提及的"高等教育"，指的是根据本法案由高等院校提供的教育。

3. 部长的职责

部长应在其职权范围内负责高等教育的总体方向及本法案的执行。

4. 部长有权向全国高等教育委员会发布指示

如果部长认为对于有效履行高等教育职责和实施本法案有必要的话，他可以在其职权范围内随时向全国高等教育委员会发布书面指示。而相关机构的职责是：

(1)委员会应严格遵从相关指示。

(2)如有必要，高等院校管理机构应向委员会或其任何成员或官员提供设施和信息，确保委员会可以遵从相关指示。

5. 部长有权责成对高等院校开展调查和提交报告

为了促进部长有效地履行管理高等教育的职责，部长可在其职权范围内随时责成全国高等教育委员会调查任何高等院校并提交相关报告。

6. 根据第 5 条规定全国高等教育委员会和高等院校的职责

(1)全国高等教育委员会应遵从根据第 5 条规定发布给该委员会的任何指示。

(2)高等院校管理机构应向委员会或其任何成员或官员提供与该指示有关的必要设施及信息，确保委员会可以遵从相关指示。

7. 组建全国高等教育委员会

(1)应组建名为"高等教育的全国委员会"的委员会，(以下简称为"全国委员会")，该委员会应由根据本法案本部分规定担任委员会临时成员的人员构成。

（2）根据第 7 条第（1）款规定，全国委员会是具有指定名称的法人团体，它拥有永久继承权、公章且可以以委员会名义起诉或被起诉。

（3）全国委员会有权通过收购、持有、出租、租赁、租用、抵押、典当、出售等方式处置动产或不动产。

（4）全国委员会公章应由委员会主席保管。如果任何文书或文件需要加盖公章，则必须有两名委员会成员在场且在文件上签名方可。

8. 全国委员会的目标

（1）可在以下方面，向部长提出意见：

①高等教育经费的分配与调控；

②保持高等学校的学术标准；

③高等学校的管理；

④统筹高等教育与社会、文化和经济的发展需要；

⑤部长期望委员会提出建议的任何其他事宜。

（2）履行本法案明确规定的其他职能与职责。

9. 全国委员会的构成

全国委员会的构成情况如下：

（1）主席和其他 8 位成员均选自各界人员，包括科学或学术领域的卓越人员或在艺术、科学或科技领域取得杰出成就的人员，且由总督任命。

（2）以下其他成员：

①暂代大学校长职务的人员，但该人员不具有投票权；

②一名负责高等教育事务的教育部代表。

10. 取消全国委员会成员的资格

如果出现以下情况，相关人员不得被任命为全国委员会成员或继续担任全国委员会成员：

（1）破产或无力偿还债务。

（2）被定罪或罪行涉及道德败坏。

（3）根据法律被发现或宣布为精神异常。

（4）如果当事人是参议院或众议院的成员。

11. 全国委员会成员的任期

包括主席在内的所有全国委员会成员，除非提前辞职，否则自任命之日起任期为 5 年，且可以连任。但是，如果全国委员会的任何成员提前辞职，且其继任者也提前辞职，那么继任者可继任该任期未完成的部分。

12. 全国委员会成员的请辞

全国委员会成员可以提出请辞：

（1）如果当事人不是全国委员会主席,那么他需手写辞呈并呈送主席。

（2）如果当事人是全国委员会主席,那么他需手写辞呈并呈送总督。

13. 全国委员会的临时任命

如果全国委员会主席或任何其他成员,由于疾病、其他身体不适、暂时出国或其他原因等,暂时难以履行职责,那么总督可以用任何适当的人员暂代其职。

14. 全国委员会成员花费的报销

全国委员会中除主席外的其他成员没有任何薪酬,但部长与财政部长协商后可准许给予一定津贴。

15. 全国委员会的诉讼

（1）全国委员会会议的法定人数为 7 人,其中至少 5 人拥有投票权。

（2）全国委员会主席负责主持委员会的所有会议。如果主席缺席,委员会成员可在其中选出一名成员代为主持会议。

（3）根据本法案的规定,全国委员会的业务处理和会议流程均应遵从委员会根据本法案制定的条例。

（4）全国委员会会议上的所有行为均应有效,即使后来发现委员会任何成员的任命有问题或任何成员不符合资格,但此前当事人的行为应被视作等同正式任命的合格成员。

（5）全国委员会的任何诉讼或行动不能仅由于任何成员空缺而无效。

（6）全国委员会会议至少每月举行一次,而且任何时候都需要由部长向委员会主席提交召开会议的书面申请。

16. 全国委员会主席

（1）全国委员会主席应为委员会的首席执行官,且为委员会的全职人员。

（2）全国委员会主席负责管理委员会的日常事务。

（3）除本法案第 29 条、第 32 条、第 33 条规定的权力、职责或义务外,全国委员会可根据本法案或任何其他成文法规定通过决议赋予主席任何权力、职责或义务。

（4）根据本法案或任何其他成文法的规定,在行使、履行或执行被赋予、施加或委派给全国委员会主席的权力、职责或义务时,主席应遵从委员会的一般或特别指示。

（5）虽然全国委员会主席是委员会的首席执行官和全职人员,但他并非委员会职员。

（6）全国委员会主席的薪酬,应由部长与财政部长协商确定。

17. 全国委员会工作人员

（1）在获得部长的许可后,全国委员会工作人员可包括以下人员:

①一名秘书;

②委员会认为恰当且有效开展委员会事务必需的其他官员和公务员。

（2）根据本法案本部分的其他规定，全国委员会：

①可以任命、解雇及处分委员会工作人员；

②可以确定委员会工作人员的工资、奖金或其他酬劳；

③可以确定委员会工作人员的任期和条件；

④可以建立和管理员工的公积金和福利计划，并向任何此类基金或计划供款；

⑤在部长许可下，委员会可以对本条款涉及的所有事宜制定条例。

18. 任命全国委员会工作人员一定的行政和公务员级别

（1）根据全国委员会的要求，在征得当事人和财政部长同意后，公共服务部门的任何公务员可被任命为委员会的临时工作人员，任期由委员会确定但同样需征得当事人和财政部长的同意。

（2）如果公共服务部门的任何公务员被任命为全国委员会的临时成员，那么：

①当事人与其他成员一样接受相同的纪律管制；

②如果在担任委员会临时工作人员期间，当事人在公共服务部门的固定工作已经达到退休时间，那么他可以在领取退休金时：

a.根据公共政策和第 10 条第（1）款的相关规定，当事人在受雇于委员会期间将被视为无薪休假，不算正常履职；

b.委员会应向财政部副部长缴付当事人的养老金，该款项将按每个整月存入斯里兰卡统一基金，金额由财政部长确定，但不应超过当事人在公共服务部门固定工作薪资的 25%；

c.在担任委员会临时工作人员期间，如果当事人根据《公共服务公积金条例》需要缴纳公积金，那么根据公积金条例当事人在委员会服务期间应视为在政府部门任职，相应的，当事人在任职于委员会期间也应按照条例规定的比例缴纳公积金，而委员会在每个财政年度结束时也应向财政部副部长缴纳当事人的公积金并将之存入其公积金账户，缴纳金额与当事人在公共服务部门任职时政府缴纳的额度相同。

（3）如果全国委员会雇用的任何人员已经与政府签订任何合同，且合同规定了当事人为政府服务的期限，那么当事人在委员会的任期也应被视为服务于政府，履行合约赋予的职责。

（4）在全国委员会的要求下，在征得当事人和大学校长的同意后，大学的任何行政人员或公务员可任命为委员会的临时工作人员，任期由委员会征得当事人和大学校长同意后确定，或者也可以长期任命为委员会工作人员，任期和条件包括退休金和公积金等则由委员会和校长协商确定。

19. 全国委员会成员和工作人员应被视为公务员

根据《刑法》的规定，全国委员会所有成员和工作人员均应被视为公务员。

20. 全国委员会应被视为《反贿赂法》规约的机构

全国委员会应被视为《反贿赂法》规约的机构，需遵从该法案的相关规定。

21. 全国委员会基金

(1)全国委员会应建立自己的基金。

(2)以下款项应存入全国委员会的基金:

①议会投票通过的用于委员会的所有款项;

②委员会通过以下渠道获得的所有款项:

a.通过任何渠道获得的捐赠、礼物或补助金;

b.委员会提供服务收取的费用;

c.根据本法案应支付给基金的所有款项。

(3)全国委员会基金应支付委员会开展业务或根据本法案或任何成文法行使、履行或执行其权力、职责与义务时产生的所有费用。

22. 全国委员会的账目和财政年度

(1)全国委员会应在咨询审计长后由财政部确定账目保管的形式与方式。

(2)全国委员会的账册应存放在委员会办公室内。

(3)全国委员会的年度财政应由委员会确定。

23. 全国委员会账目的审计

(1)全国委员会的账目均应每年接受审计长的审计。为协助账目审计,审计长可以聘用任何合格的审计员或其职权管理下负责审计工作的人员。

(2)为了支付审计长在审计全国委员会账目过程中产生的费用,经财政部部长同意,部长可以确定从委员会基金支付给审计长一定的薪酬。审计长从委员会收取的任何薪酬,扣除支付给其所雇用的审计人员后的结余部分,应缴入斯里兰卡综合基金。

(3)为实施本条规定,"合格的审核人员"指:

①担任斯里兰卡注册会计师协会会员,且拥有由协会颁发的会计师证书的人员;

②注册会计师公司所有成员均应是斯里兰卡注册会计师协会会员,且拥有由协会颁发的会计师证书。

24. 审计长的报告

(1)审计长将审查全国委员会的账目,并负责提交报告:

①阐明他是否已经获取了必需的所有信息和说明;

②阐明报告涉及的账目是否合理,能否真实反映委员会的所有事务;

③关注在他看来参议院和众议院在审查委员会的活动和账目时可能感兴趣的内容。

(2)审计长应将报告提交至全国委员会。

25. 年度报表连同审计报告应提交给部长

全国委员会在收到审计长的年度报告后,在本账目和报告涉及的财政年度结束、新的财政年度开始之前,应将该报告连同账目损益表、报告涉及的资产负债表一并交给部长,部长在呈送参议院和众议院之前可责成保留副本。

26. 保护根据本法案或全国委员会指示采取的行动

(1)以下情况,不应提起诉讼或控告:

①虽然违法,但全国委员会依据本法案或相关条例已做或将做的事情出发点是好的;

②全国委员会的任何成员,虽然违法,但当事人根据本法案或相关条例或委员会指示已做或将做的事情出发点是好的。

(2)委员会提起或针对委员会的任何诉讼或控告在庭审中产生的任何费用将由委员会基金予以支付,委员会在本次诉讼或控告中收取或追缴的任何费用将存入委员会基金。

(3)针对本条第(1)②条中提及的任何人员根据本法案或相关条例或委员会指示已做或将做事情提起的诉讼或控告,如果法院证明该行为是出于善意的,那么法院庭审过程中所产生的任何费用由委员会基金支付,除非在诉讼或控告过程中当事人已经追缴了相关费用。

27. 不得向全国委员会成员发出涉及人身或财产的法院命令

任何针对全国委员会的行动,均不得向委员会成员发出涉及人身或财产的法院命令。

28. 本法案本部分的后续规定不损害其他规定

本法案本部分的后续规定应不损害本法案任何其他部分有关全国委员会权力、职能与责任方面的相关规定。

29. 全国委员会的一般权力

(1)全国委员会有权采取任何它认为必要或利于实现目标的行动和措施。

(2)在不损害根据第 29 条第(1)款赋予全国委员会的一般权力的情况下,委员会享有以下权力:

①随时调查高校的财政需求;

②随时与每所大学董事会磋商,向大学提供四年一度的预算,用于大学的维护与发展或其他一般或特殊目的;

③随时向部长提出关于通过公共基金向大学给予适当或必要拨款的性质与额度的建议;

④随时确定每所高校每年的招生人数,以及高校内不同专业的分配名额;

⑤对各高校以下方面进行管理:

a.各系应提供和开展的研究;

b.学生和员工的住宿和住房条件;

c.支付考试时聘用主考官、监考员和其他人员的费用；

d.课程、住宿、入学考试、学位与文凭、入学与毕业注册收取的费用；

e.确定学生奖学金、助学金等的人数及条件；

f.组织考试。

⑥如果委员会认为必要，可要求高校的任何建筑或宿舍按照具体要求改作他用；

⑦可以做任何有效履行权力必需的其他行为或事宜，但应具体说明。

(3)全国委员会根据本条第(2)款第②项规定行使权力时，如果涉及任何大学，委员会应考虑大学的发展、财政需要以及其服务或可能服务的国家目的。

(4)全国委员会根据本条第(2)款第②项规定行使权力时，如果涉及任何高校，委员会应考虑该学校员工、住房或学生住宿、其他设施等是否充足或者其他方面，以及国家的人力资源需要。如果高校根据第48条第(6)款第②项规定组建了相关机构，委员会可与招生委员会磋商实施本条款的相关规定。

30.组建和保持用于管理高校招生的中央机构

(1)全国委员会应在斯里兰卡最为便利的地方组建和保持用于管理招生的中央机构；

(2)中央机构的主要职能是根据全国委员会指示管理和协调高校招生。

31.全国委员会年度报告

在每个财政年度结束前的6个月内，全国委员会应向部长提供关于本年度活动全部账目的报告，部长则应将报告副本提交给参议院和众议院。部长也将责成专人出版报告副本并向公众发行，出版价格由委员会确定。

32.全国委员会要求信息或反馈的权力

全国委员会可发布通知要求任何高校管理机构，在通知规定时间内向委员会提供委员会认为对于根据本法案有效行使、履行或执行权力、职能和职责所需的相关所有事宜的反馈或信息；相关管理机构有责任遵从通知的要求。

33.全国委员会制定条例的权力

(1)全国委员会可针对其根据本法案有效行使、履行和执行权力、职能和职责必需的所有事宜制定条例。

(2)在不损害第33条第(1)款规定赋予的一般权力的情况下，全国委员会可以针对以下事宜制定条例：

①根据本法案其他规定，委员会有权制定针对任何事宜的条例；

②大学员工的服务任期和条件；

③大学员工的招聘计划和任命程序；

④确立和保持大学授予学位或文凭的最低教学标准；

⑤统筹协调大学内外设施；

⑥大学提供和组织的推广服务的性质与范围；

⑦与董事会磋商后，承认国外学位、文凭和其他学术资格等；

⑧与上述相关或连带的任何其他事宜。

（3）全国委员会根据本法案制定的任何条例均应提交部长审批，获得批准后应在政府公报上发布。

（4）全国委员会根据本法案制定的任何条例，已经获得部长批准且在政府公报上刊登，那么从刊登之日起生效，如果生效期延后，则应做出特别声明。

34.组建大学的成立命令

（1）根据全国委员会的建议，部长可以发布命令：

①宣布建立大学一级的高等教育机构，该机构将成为提供、促进和发展法令中规定的各门学科的法人实体；

②确定大学的名称和模式；

③指定大学所在的地点或场所。

（2）应在政府公报上发布成立命令。

（3）成立命令只有获得参议院和众议院的批准后方可生效。

35.成立命令的效力以及大学的一般权力

（1）成立命令生效后，根据命令拥有了指定的名称和模式，大学可被视作已经成立，在这一校名下大学名誉校长、校长以及时任董事会和评议会的成员将组成学校永久性的法人实体，且享有以下权力：

①在所有法庭起诉或被起诉；

②拥有和使用公章，并根据需要进行更改；

③购买任何动产或不动产，并获取、接受和持有通过购买、捐赠或赠与、租赁、遗赠等方式归于大学名下的任何财产；

④出售、抵押、租赁、交换等方式处置大学的财产；

⑤行使、履行或执行根据本法案或相关文书赋予大学的所有权力、职责与职能；

（2）除非特别规定，否则本条款上述规定赋予大学的权力均由董事会行使。

36.大学的目标

（1）大学的目标是提供、促进和发展成立命令中规定的各学科的教学与科研工作。

（2）根据全国委员会的建议，部长可发布命令更改：

①大学的目标；

②大学的名称和模式；

③大学的选址。

（3）任何修改成立的命令应在政府公报上发布。

（4）任何修改成立的命令只有获得参议院和众议院的批准后方可生效。

37. 大学的权力

大学将享有以下权力：

（1）提供获准所有学科的教学。

（2）举行考试，用于确定学生对于各学科是否达到精通程度。

（3）通过交换教师、学生和学者等，与世界其他具有相似目标和性质的大学或机构合作。

（4）提供研究生课程，为此，大学可与世界其他大学以其确定的形式和目的开展合作。

（5）向已经完成大学规定的课程并通过考试的学生，授予和颁发学位、文凭和其他学术资格。

（6）招收并注册其他大学的毕业生和学生为本校学生，如果他们在大学已经按照条例规定获得或完成了同等或类似的学位和课程。

（7）提供所有必要的安排，帮助难以在学校上课的学生获得大学学位和文凭。

（8）向被大学聘为教授、讲师、助教等人员或在学校开展独立研究的人员颁发大学证书。

（9）向获得批准的人员授予荣誉学位或其他资格。

（10）承认试图进入大学的人员或学生在其他同等资格大学通过的考试和学时，但相关考试和学时应由条例明确规定，而且大学随时可撤销这一认可。

（11）建造、配备和维护大学的图书馆、实验室、其他教学和住宿用途的建筑。

（12）设立大学必需的教授、讲师、助教和其他职位。

（13）设立并授予奖学金、助学金、奖章和其他奖励等。

（14）管理学校公寓并颁发许可证，用于向大学学生提供住宿。

（15）提供并确保大学官员、教师和学生的住宿、纪律、道德和身心健康。

（16）随时要求并接受规章规定的费用。

（17）无论上述权力附带与否，可以为了实现大学目标做其他一切必需的行为或事情。

38. 关于第 38 条适用性的限定

根据第 37 条第（3）款和第 39 条的规定，大学应无论种族、信仰或阶级向所有合法居住在斯里兰卡的公民开放，但根据《移民法》发放护照或签证的人员除外，不应实施关于宗教信仰或专业方面的测验，以确保上述人员可以进入大学成为教师和学生，获得任命或毕业，保有、享受和行使任何优势或特权。

39. 关于第 38 条适用性的限定

（1）第 38 条的所有规定，均不得被视作或解读为不允许大学依照法律规定的任何形式在董事会许可的情况下向任何愿意接受宗教教育的人员提供宗教教育。

（2）第 38 条的所有规定，均不应被视作或解读为不允许任何持有护照或签证合法居住在斯里兰卡的人员：

①受聘为大学职员，只要这一聘任是合法的；

②成为大学的学生，只要这一学习形式是合法的。

40. 部长有权推迟大学开始运营的日期

（1）如果部长认为根据本法案建立的大学难以如期开始运营，大学尚需必要的筹备、管理或仪器设备等，那么，部长可以在政府公报上发布命令，授权大学将开始运营的时间推迟到命令上确定的日期，在推迟期间内这一命令对于大学具有充分的效力。

（2）根据第 40 条第（1）款规定发布任何命令确定的日期，在大学成立之日起，在上述日期到期之前，部长可通过在政府公报上发布命令进行更改。

41. 大学名誉校长或代理校长

（1）总督将担任大学名誉校长一职。他将成为大学的领袖，负责出席并主持大学的任何集会。

（2）部长将担任大学代理校长一职。如果名誉校长缺席，他将负责出席并主持大学的任何集会。

42. 大学校长

（1）大学校长应是杰出人士，由部长在全国委员会提名的至少三人中选定任命。

（2）大学校长是大学的全职官员，负责大学的行政与学术事务。他是大学董事会和评议会的主席，并且如果名誉校长和代理校长缺席的话，退休的校长可以代为主持大学的任何集会。他有权召集、出席大学其他部门或组织的任何会议并发言，但只有他是该部门或组织的成员时才具有投票权。

（3）大学校长有责任根据董事会发布的指示确保本法案规定和任何相关文书得到有效宣传，而且具有并可行使为达成这一目的必需的所有权力。

（4）大学校长的职责是落实董事会和评议会的决议。

（5）大学校长应负责大学的纪律。

（6）除非提前退休，否则大学校长的任期为 5 年，或本人年龄达到 65 岁，如果在未达到时限前离职，将被视为自愿退休。

（7）如果大学校长因请假、疾病、出国或其他原因暂时难以履行职责，那么，部长可以在 14 日内做出他认为适宜的安排。一旦做出安排，秘书将负责办公室的日常工作。

43. 大学的秘书与图书管理员

（1）基于部长的要求且征得公职人员本人和财政部秘书长的同意后，任何公职人员可被任命为大学秘书，任期在征得同意后由部长确定。

（2）第 18 条第（2）款的规定适用于被临时任命为大学秘书的任何公职人员。

（3）大学秘书负责保管大学的记录、财产和资金,他也是大学董事会和评议会的秘书。

（4）在校长的指示和管理下,大学秘书负责大学的行政事务以及非学术人员的纪律管控。

（5）秘书是大学的首席财务官。

（6）大学应有董事会任命的图书管理员。图书管理员是大学的全职人员,行使、履行和执行本法案或相关文书赋予或规定的权力、职能与职责。

44.大学的权力部门

大学权力部门的构成情况如下:

（1）董事会。

（2）评议会。

（3）学院。

（4）法律规定的其他组织。

45.大学董事会

（1）大学董事会包括以下人员:

①校长,同时也是董事会主席。

②11名由全国委员会任命的其他成员,他们均应在教育、商业、工业、科学或行政领域展现出卓越的能力,如果其中6名以上成员临时难以履行职责,全国委员会应任命合适人员代为履职。该人员应在获得认可的大学或具有同等资格的任何其他教育机构毕业至少三年以上。

③大学学院院长没有投票权。

（2）如果出现以下情况,大学董事会成员将被取消任命或不再续任:

①破产或无力偿还债务;

②被定罪或罪行涉及道德败坏;

③根据法律被发现或宣布为精神异常;

④除聘用合同外,直接或间接地由本人或任何代表他的人员或为了他的利益,从代表学校签署的任何合同中获取和享受任何权利或利益。

（3）根据第45条第（4）款规定,任何被任命为大学董事会成员的人员,除非提前离职,否则自任命之日起任期为三年,并可以连任。

（4）大学董事会成员可提供手写辞呈并呈送主席,提出辞职。

（5）大学董事会成员,由于疾病、其他身体不适、出国等原因可提出辞职。

（6）除主席外,大学董事会成员无权获得薪酬,但部长可在与财政部长协商后批准给予津贴。

（7）大学董事会会议法定人数为7人,其中至少5人应具有投票权。

（8）大学董事会主席应负责主持董事会所有会议。如果主席缺席董事会任何会议，成员可选举其中一人代为主持会议。

（9）根据本法案的规定，大学董事会业务处理程序应遵从董事会根据本法案所制定的规则予以确定。

（10）如有需要，大学董事会可随时召开会议，但每学年会议次数不得少于 6 次。

（11）如果主席认为合适，他可以召集董事会召开特别会议。

46. 大学董事会的权力与职责

（1）根据本法案和相关文书的规定，大学董事会行使、履行和执行大学赋予或规定的权力、职能与职责。

（2）根据本法案和相关文书的规定，大学董事会拥有并可行使和履行以下权力和职责：

①持有、管控大学的财产和资金；

②选定大学的校徽，确定大学公章的形状并负责保管和使用；

③根据本法案和相关文书的规定，负责管理和决定涉及大学的所有事宜；

④管理大学用于特殊用途的任何款项；

⑤接收遗赠、捐助和补助等，并向全国委员会报告；

⑥负责大学的年度报告、年度账目和财务预算，并向全国委员会提交这些报告、账目和预算；

⑦针对本法案规定需要通过法令或条例规范的任何事宜或者是必须或授权制定的任何法令或条例，应制定章程或条例；

⑧制定任何其他部门无权授权制定的规则；

⑨提供大学运营必需的建筑、场所、家具、仪器以及其他必需的物资；

⑩参考评议会的建议后，从大学内部或外部任命主考官；

⑪就学生纪律、健康与福利等事宜向大学校长提出建议；

⑫建立、维护、监督和管理学生宿舍，任命宿舍管理员；

⑬代表大学签订、实施或取消合同，根据《信托条例》第 20 条或任何成文的规定对大学的经费包括未确定用途的收入进行投资，信托投资是合法行为；在全国委员会的批准下，可使用上述经费在斯里兰卡购买不动产或变更投资，也可将一定比例不需急用的经费存入委员会认可的银行；

⑭根据条例规定，在与评议会协商后确定学年的起止日期；

⑮在与评议会协商后，大学名誉校长、代理校长、毕业生和学生确定学位服或徽章；

⑯在考虑评议会的建议后，在以下方面向全国委员会提出建议：

a. 无论教学与否，教授、讲师和任何其他职位的确立、废除或暂停；

b. 教师、其他职员或雇员的资格条件和薪酬；

⑰行使本法案或任何相关文书未做规定的任何其他权力。

（3）大学董事会可以要求任何教授或其他教师、任何职员或雇员，向董事会提供有关其岗位职责与职能的信息；相关教授、其他教师、职员或雇员需遵从要求并提供相关信息。

（4）如果大学的任何教授、教师、职员或雇员对于董事会做出的关于其任职条件的决议存有异议，当事人可在收到决议的一个月内通过董事会向全国委员会提出申诉。委员会关于这一申诉的决议将是最终且决定性的。

47.大学评议会

（1）大学评议会主要由以下人员组成：

①当然成员：

a.校长，也是评议会主席；

b.校园委员会主席，如果有的话；

c.学院院长；

d.独立负责研究部门的教授和讲师；

e.图书管理员；

②其他成员，即教授和讲师，但除第 47 条第（1）款第①项 a 点提及的教授和讲师外，他们主要由学院的常任教师选举产生，常任教师有权选举两名教授或讲师；

（2）大学评议会成员的选举形式和任期应依法确定。

（3）评议会会议的法定人数是 12 人。

（4）大学评议会主席负责主持评议会的所有会议。如果主席缺席，则由成员选举一人代为主持。

（5）根据本法案或任何相关文书规定，大学评议会业务处理程序应遵从评议会根据本法案所制定规则予以确定。

48.大学评议会的权力与职责

（1）评议会是大学的学术部门，负责根据本法案和相关文书的规定管理和掌控大学教育与考试的标准。

（2）根据本法案或相关文书的规定，大学评议会可以行使和履行以下权力和职责：

①在综合考量学院报告后，起草有关课程条例，并将草案提交董事会以供试行；

②在综合考量学院的相关报告后，向董事会提出适合任命为主考官的人员名单；

③向董事会提出确立、废除或暂停教授、讲师、助教和其他教学职位的建议；

④向董事会报告所有关涉大学课程条例。

49.学院和学院院长

（1）经全国委员会同意以及部长批准后，大学可随时组建其认为实现目标必需的学院。大学应确定学院的名称。任何学院都可以如此建立，无论是新增学院，还是对现有学院进行分化或整合等。

（2）部长可根据全国委员会的意见对任何大学的以下方面采取行动：

①组建学院，并为学院指定一个合适的名称；

②将学院或学院内的系部或任何学科从一所大学转入另一所大学；

（3）大学的每个学院应包含以下当然成员，即学院各系已经认定的所有教授、讲师、助教等。

（4）学院可根据条例规定组建系部。

（5）每个学院应配有一名院长，院长是学院的学术和行政负责人。应从被认定为教授的人员中选拔院长，如果可能的话，他应在学院担任系部负责人不少于两年时间。根据相关文书的规定，院长任期为三年，且院长可以连任。

（6）如果院长请假，校长可以任命代理院长在院长请假期间代为行使职权，但时间不得超过三个月。但如果院长辞职、退休、请假超过 3 个月，丧失行为能力或死亡，那么，相关学院应在一个月内选出新的院长填补空缺职位，新院长的任期为前任院长任期的余下部分。

（7）学院系部负责人应为教授，如果没有教授，则可根据大学董事会的建议，由董事会任命的讲师或高级讲师担任。

50. 大学学院的权力与义务

根据本法案及相关文书的规定，大学学院须拥有、执行和履行以下权利和义务：

（1）考量并报告涉及学院的任何事宜，以供评议会考量和报告。

（2）在评议会的监督下，管理学院各系部的教学与研究工作。

（3）对学院内与课程和课题相关的所有事宜提出建议并上报评议会。

（4）任命涵盖其他学院成员的部门委员会，用于考量和报告任何专题或综合课程。

（5）向评议会推荐可以担任主考官的合适人选。

51. 大学的其他部门

被评议会确定为大学部门的其他机构，其章程、权力、职责以及成员的任期均应遵从评议会的规定。

52. 主持大学集会

以授予学位为目的的大学集会应在校长批准的时间每年举行一次；校长可决定在其他时间召开专门的集会，并且授予第一学位，可不举行典礼。

53. 大学毕业典礼的流程

大学集会的流程应遵从相关条例的规定。

54. 建立大学分校

（1）在全国委员会的建议下，部长可随时在政府公报上发布涉及"分校命令"的命令：

①建立大学分校；

②赋予大学分校合适的名称；

③规定大学分校的地点或场所,该地点或场所应在大学主校区以外；

④规定大学分校的学院；

⑤规定大学分校学院的系部。

(2)在全国委员会的建议下,部长可随时在政府公报上发布修订、变更或撤销分校的后续命令。

55.分校委员会

(1)大学分校的分校委员会应包括以下成员：

①分校各学院院长；

②由分校学院教授在其中选举的两名代表；

③由分校学院讲师在其中选举的两名代表；

④由分校学院其他教师在其中选举的两名代表；

⑤由分校宿管员在其中选举的两名代表。

(2)分校委员会负责学校内部行政事宜,并在获得评议会批准后可制定涉及内部行政所有事宜的规章制度。

(3)根据第 42 条第(5)款和第 462 条第(2)款第⑪项的规定,分校委员会：

①负责维持分校的纪律；

②负责分校人员的健康和福利待遇,并提供相关设施。

(4)大学分校的分校委员会主席应是学校的行政负责人。主席应接受校长的指示和管理。

(5)大学分校的分校委员会主席应由委员会在其担任学院院长的成员中选举产生。主席的任期为一年,任期时间应自选举之日算起。主席在其前次任期结束后的两年以后方可再次参选。

(6)分校委员会召开会议的法定人数以及业务处理流程,均应遵从委员会制定的规章制度。

56.法令

(1)根据本法案规定,可对以下所有或任何事宜制定法令：

①填补空缺和召集大学的任何部门或其他团体,另有规定的除外；

②留存大学毕业生名册；

③关于大学授予学位、文凭和其他学术资格的决定；

④大学授予荣誉学位；

⑤大学学生的住宿条件和纪律问题,以及任命宿管员等；

⑥大学奖学金、助学金、奖章和其他奖励等的规定和授予,以及制定相关条例的时限等；

⑦对于法令、条例和规则的解释；

⑧根据本法案规定需要或必须制定法令的所有事宜；

⑨根据本法案规定将由或可由法令规定的所有事宜。

(2)大学董事会制定的所有法令均需经由全国委员会呈交部长。部长可经由委员会返回董事会予以批准。

(3)部长批准的所有法令，均应在政府公报上发布，并从发布之日起开始生效。

57. 条例

(1)根据本法案和法令的规定，可对下列全部或任何事宜制定条例：

①大学所有学位或文凭规定的课程；

②学生修读大学学位或文凭课程、参加考试以及获得学位和文凭的条件；

③大学生的住宿条件；

④经全国委员会同意以及部长许可后，在大学学院内组建系部；

⑤大学任何董事会、委员会或其他团体的章程、权力与责任，已另做规定的事宜除外；

⑥主考官的任命条件与模式、责任和薪酬，考试的实施及标准；

⑦本法案或法令规定的需要或必须制定条例的所有事宜；

⑧根据本法案规定将由或可由条例规定的所有事宜。

(2)大学董事会不得制定关涉大学教学或考试事宜的任何条例，所有草拟的条例均应呈送大学评议会。

(3)大学董事会制定的所有条例应在规定之日起开始生效。

58. 大学部门和其他团体制定的规则

(1)根据本法案及任何相关文书的规定，大学部门和其他团体可制定规则：

①根据本法案及任何相关文书的规定，将因或可由大学部门或其他团体制定规则的所有事宜；

②根据本法案及任何相关文书的规定，必须由大学部门或其他团体制定规则的所有事宜；

③仅与大学机构或其他团体有关但本法案及任何相关文书未做规定的其他事宜。

(2)大学部门或其他团体制定的所有规则，可随时通过制定类似规则进行修订、变更或撤销。

59. 大学或学院的学生会

(1)大学或学院的各学院均应组建学生会，且由学校的在学学生组成。

(2)学生会包括主席、副主席、秘书及担任学生会执行干事的财务主管。

60. 大学或学院的学生委员会

(1)各大学或学院应组建"学生委员会"，该委员会包括以下成员，即各学院学生会的主席、副主席、秘书和财务主管。

（2）大学或学院学生委员会的职能是：

①培养大学生尤其是本校学生的创业精神；

②根据大学校长的指示和管理,组织和监督大学或分校学生的福利设施,包括娱乐设施、精神宗教活动,正餐和零食的供应等；

③与大学校长交涉有关大学或分校学生生活和学习的所有事宜；

④根据评议会的规章制度,被任命为代表参加相关团体开展关涉学生福利的活动；

⑤协助大学相关部门维持学生的纪律；

⑥代表在纪律调查中被指控的学生；

⑦随时开展董事会决定规定的其他活动。

61.有关学生委员会的禁令

所有大学或分校的学生委员会或学院学生会不得与政党有任何关联。

62.大学董事会享有的在特殊情况下关涉学生组织的权力

如果大学或分校学院学生会或学生委员会的任何行为有损于大学的福祉,或者违反了本法案的相关规章制度,董事会可以暂停或解散该学生会或学生委员会。

63.大学员工的招募方案

（1）根据本法案的规定,大学员工的招募方案应遵从全国委员会制定的条例。

（2）大学雇用的所有人员均需与政府签订合同,由此同意在具体时限内为政府服务,当事人服务于大学的时限应视同为政府服务,履行合同规定的职责。

64.大学人员的任命等

（1）所有大学教授或高级讲师均应由大学董事会根据遴选委员会的建议进行任命。至少一半以上的遴选委员会成员应是评议会的成员,他们均为学院院长、教授和系部的负责人。遴选委员会也可遵从评议会的规定组建。

（2）除教授或高级讲师以外,大学内的所有任命均应由董事会根据全国委员会相关条例规定的流程开展。

（3）大学教授或高级讲师职位的初次任命时限为一年,而后需经由董事会确认。

（4）除教授或高级讲师外,所有大学教师的任命：

①根据全国委员会相关条例中有关招募方案的规定,应确定初次任命的试用期不得少于一年；

②须遵从招募方案中规定的要求或条件；

（5）大学教授、高级讲师或任何其他教师职位,可任职至其年满62岁,或者如果他在学年中已达62岁,当事人可任职至该学年结束,自此后被视为自动退休。

（6）除了教授、高级讲师或任何其他教师职位：

①大学其他任命的初次试用期均为三年,而后需由董事会根据大学相关部门的建议进行确认；

②大学任何其他职位的持有人可任职至年满 55 岁,此后当事人将被视为自动退休;

(7)被解雇或强迫退休的大学职员,可向全国委员会提出上诉,委员会的决定将是最终且决定性的。

(8)为实施本条款,以下术语意思是:

①"教授"应包括图书管理员;

②"教师"应包括助理馆员。

65.对本法案本部分规定的解释

在本法案本部分中:

(1)"自动退休年龄"是指:

①大学教授、高级讲师或任何其他教师,年满 62 岁;

②除上述之外的其他职员,年满 55 岁;

(2)"捐助者",指任何向公积金予以捐助的大学职员。

(3)"公积金",涉及大学,主要指根据本法案本部分规定建立的公积金。

(4)"薪酬",指给予任何实质性职位或其他岗位的薪水,包括相关法规规定的隶属薪酬范畴的津贴。

66.建立公积金

所有大学均应建立名为"大学公积金"的基金。

67.管理公积金条例的法规

可制定法规,用于规范、执行和管理公积金,并规定本法案未做明确规定但与公积金相关的所有事宜。

68.公积金的缴纳

(1)除法令特别规定的情况,否则所有大学职员将从受聘之日起每月扣除一定比例的薪资用于缴纳公积金,扣除比例为薪资的 1/20;同时,大学亦应通过大学基金为每位职员缴纳相当于其薪资 1/10 的公积金。

(2)大学秘书应开设和保存公积金总账目和每个职员缴纳公积金的专门账目。专门账目应记录每个职员缴纳公积金以及大学为之缴纳公积金的记录。

(3)根据任何相关法律的规定,大学职员账户内的钱款将根据每年 4% 的利息增长直到当事人达到退休年龄;当事人账户将在退休之日关闭。

69.公积金的支出

(1)根据第 68 条规定任何人员的账户关闭时,大学秘书应根据第 70 条规定将其公积金账户内所有的钱款支付给当事人。

(2)如果相关人员在未达到退休年龄前由于疾病、难以履职或职位被取消等原因被大学辞退或自动离职,那么,大学秘书应根据第 70 条规定在被辞退或离职之日将其公积金账户中的所有钱款支付给当事人。

(3)如果相关人员在未达到退休年龄前被大学解雇或强制退休,那么大学秘书应根据第 70 条规定将其直到解雇或强制退休之日公积金账户中的钱款和利息全部支付给当事人。

(4)如果相关人员在大学服务期间死亡,那么,大学秘书应根据第 70 条规定将当事人公积金账户内所有的钱款支付给已故人员遗产或具有合法继承权的人员。

70. 支付公积金前的扣除

不管本法案本部分的前述规定如何,在不损害任何其他权益或补偿的情况下,相关人员在大学供职期间出现由于不诚实或疏忽而导致大学遭受任何损失或损害的情况,将从当事人公积金账户中收取相应的钱款;相应钱款应在根据第 69 条规定支付给当事人公积金时一并扣除。

71. 财政年度

大学的财政年度应与政府财政年度保持一致。

72. 大学基金

大学应设立大学基金,该基金主要包括:

(1)按照相关规定支付给大学的费用。

(2)来自捐助的收益。

(3)由议会提供的用于资助大学的拨款。

(4)大学从任何其他渠道获取的所有其他款项。

73. 大学拨款

(1)财政部副部长应在每个财政年度开始后,根据《年度拨款法案》尽快向大学下拨议会提供的用于资助大学的拨款。

(2)财政部副部长可通过补充投票等方式,随时向大学下拨由议会提供的用于资助大学的拨款。

(3)大学可根据本法案或任何相关文书的规定使用上述条款下拨的所有经费。

74. 秘书负责记账

大学秘书应负责:

(1)按照董事会规定的形式记账。

(2)接收存入大学基金的所有经费,并将这些经费存入相应的账户。

(3)支付所有经授权的款项。

(4)准备全国委员会必需的 4 年预算,下个财政年度的财政拨款以及根据第 80 条款规定的任何补充预算,以供评议会审议。

但是,假如拨款收益有明确的用途或捐赠有明确的目的,应单独记账,且不应由这些款项支付大学的一般性开支或任何其他用途。

75. 审计

审计长负责对大学账目进行年度审计。

76. 在政府公报上刊登账目

在审计过程中,应在政府公报上刊登大学的年度账目。

77. 大学董事会负责审议预算和拨款

董事会应在全国委员会条例规定的日期之前,负责审议根据第 74 条第(4)款规定制定的大学 4 年的财政预算和年度拨款。如果董事会认为合适,它可以更改财政预算,并将更改后的财政预算以及大学上一个完整财政年度的账目一并上交全国委员会。

78. 全国委员会负责审议预算、拨款及年度账目

大学 4 年一度的财政预算、年度拨款及年度账目均应由全国委员会审议,且全国委员会可依法通过决议采纳或调整上述预算、拨款和账目。

79. 全国委员会返还预算和拨款以及根据第 78 条规定所做决议

全国委员会应将大学 4 年的财政预算和年度拨款连同根据第 78 条规定所做决议返还大学董事会;大学董事会应接受委员会的决议,但如果:

(1)根据第 73 条第(3)款规定,除非委员会另有指示,董事会可以将一个项目的开支分配到任何其他项目上。

(2)做出调整后,应尽快将所做变更报告全国委员会。

80. 补充预算

如果有必要且为了应对不可预见的开支,大学秘书可以随时准备补充预算,补充预算应连同下一年度的年度拨款一起上交全国委员会。

81. 赠与、奖金等

(1)大学不得向其任何成员提供任何奖金、赠与礼物或分割资金,根据第 56 条第(1)款制定法令所规定的情况除外。

(2)如果为了实施本法案规定,大学校长需在任期达到之前提前离职,那么,部长与财政部长协商并予以许可后,大学可以给予当事人适当的补偿。

(3)在本法案生效前任职的大学校长,如果为了本法案的实施需要卸任,那么,总督可以任命当事人担任大学名誉校长。当大学校长不在时,可代为主持大学的任何集会。

82. 因不端行为而剥夺学位等

如果任何大学毕业生,获得大学文凭或其他学术资格的任何人员或被大学授予荣誉学位的任何人员,被定罪或犯有涉嫌道德败坏方面的罪行,或者评议会认为当事人犯

有可耻的不端行为,那么,根据 2/3 以上评议会成员的建议,校长可依法采取以下任何行动:

(1)将当事人从毕业生登记册中除名。

(2)剥夺当事人享有的所有大学特权。

83.关于选举、任命等方面有效性的问题

如果在任何人是否正当选举、任命、提名或增选为大学任何部门或机构的成员,或者是任何人是否有资格担任大学任何部门或机构的成员这些方面出现任何问题时,相关问题应呈送全国委员会,全国委员会的决议将是最终且决定性的。

84.空缺或缺陷不能令决议或诉讼无效

任何法案、决议或诉讼(全国委员会、大学的任何部门或机构),不能只是由于成员出现空缺或成员任命存在缺陷而丧失效力。

85.在执行过程中大学职员的某些财产可免于没收

不管现行成文法如何规定,在执行法院判决的过程中不得扣押或没收大学职员公积金账户内的钱款。

86.部长在紧急情况下的特别权力

(1)如果部长认为,由于罢工或停业等原因,任何大学或学院的运作或行政陷入混乱且大学职权部门难以恢复正常秩序,那么,部长可以采取任何必要的措施恢复大学或学院的正常秩序。在此期间,部长可以通过在政府公报上发布命令,对以下所有或任何涉及大学或学院的事宜做出必要的规定:

①关闭该所大学或校园;

②暂停本法案或任何相关文书规定的效力;

③按名称或职位任命人员担任管理部门人员,代替大学或学院管理部门或其他机构官员行使、履行和执行本法案或相关文书赋予的权力与职责;

④与上述事宜相关或有关的任何其他事宜。

(2)部长根据第 86 条第(1)款发布的任何命令应于政府公报上刊登的日期或是公报中规定的具体日期开始生效。所有命令应尽快制成表格呈送参议院,其法律时效为3 个月,除非提前被废止。

(3)部长根据第 86 条第(1)款发布的任何命令,只要在生效期内,对任何相关事宜均有效力,即使这些事宜可能违反本法案或相关文书的规定。

87.大学校园的范围

可制定法令规定大学所在地或校园的地点或场所的范围,在本法案中被称为"范围"。

88.有关使用"大学"一词的限制

(1)自部长在政府公报上发布命令规定的日期起,只有本法案指的高等教育机构方

可根据第88条第(3)款规定建立、运营大学或使用含有"大学"字眼的名称。

(2)如果任何教育机构违反了第88条第(1)款的规定,将"大学"作为其机构名称或名称的一部分,那么,该机构的管理部门即属犯罪,经法官简单审讯后便可予以定罪,并将被处以每天100卢比的罚款。

(3)第88条第(1)款的规定不适用于由全国委员会根据相关条例批准建立或运营的任何教育机构。

89. 建立初级学院级别的高等教育机构

(1)根据全国委员会的建议,部长可以下达命令:

①根据本法案和全国委员会制定的相关条例的规定,宣布建立初级学院级别的高等教育机构以作为分校提供高等教育;

②为该机构取名。

(2)根据第89条第(1)款规定在政府公报上发布的任何命令,将在公报发布之日或公报规定的日期起开始生效。

90. 第89条制定的法令的效力

一旦根据第89条规定制定的法令生效,拥有指定名称的初级学院级别的高等教育机构即可被视为已经建立。

91. 初级学院的目标

根据本法案或全国委员会制定的任何相关条例的规定,初级学院的目标包括:

(1)课程周期为两年,课程讲求实用,着力满足斯里兰卡的人力需求。

(2)初级学院学习期间的过渡性课程或转移课程,应帮助学生为升入大学做好准备。

92. 初级学院的管理

教育总署署长负责管理初级学院。教育总署署长应根据本法案和相关条例的规定进行管理。

93. 初级学院章程

(1)全国委员会可对它认为必要的所有事宜制定条例,以便确保初级学院实现目标。

(2)在不损害第93条第(1)款赋予的一般权力的情况下,全国委员会可对关涉初级学院的所有和任何事宜制定条例:

①提供和学习的课程;

②学生的入学条件;

③职员的资格;

④如果有的话,课程、住宿、入学考试应征收的费用;

⑤每年的招生人数,以及分配给各专业的学生人数;

⑥学生获得学术证书和文凭的资格;

⑦考试安排;

⑧与前述事宜相关的所有其他事宜。

94. 初级学院的财务规定

在教育部的年度预算中,应制定建立或运营初级学院必需的财务规定。

95. 第 268 章规定适用于大学校园或周边区域

(1)不管《房屋和城镇改善条例》如何规定,经与地方政府负责人磋商后,部长可依法在政府公报上发布通知宣布该条例第二部分第一章的规定(根据本条第(2)款规定做出适当修改后)适用于大学校园或周边区域,恰如该地区隶属于地方政府的管辖。

(2)依据本条第(1)款规定在政府公报上发布任何通知对上述章节进行修改时,应遵从以下规定做出相应的修改:

①“校长”一词应替换“主席”一词;

②以下条款应替换第 7 条规定,大学校长不得拒绝;

③在第 8 条第(1)款中,“根据当地法律或缺少相关法律”的词语应删除;

④在第 8 条第(2)款中,“为了符合规定形式或涵盖任何相关详情”应替换为“为了符合法律规定”;

⑤在第 8 条第(5)款中,“本章”一词应替换为“条例”一词;

⑥在第 13 条第(1)款第③项中,用“本章”应替换为“本条例或任何地方法律”;

⑦在第 13 条第(2)款中,“不得损害大学校园设施”一词应替换为“以此使之符合法律规定”,“相关费用应由地方官员下令以罚金形式向当事人征收并且费用应交付校长”的规定应替换为“以同样的方式和流程按费率收取费用”;

⑧在第 15 条第(1)款中,“不得损坏大学校园设施”一词应替换为“依照法律规定”;

⑨在第 16 条中提及的上诉法庭,应被视为由当地具有司法管辖权的地方法院负责。

(3)行使本条款规定赋予大学校长的任何权力时应征得董事会的批准,如果校长拒绝批准任何建筑计划、草案或说明,或基于相关建筑可能损害大学校园设施这一理由批准对上述区域的任何建筑进行更改,大学应对任何人员的任何损失或损害做出补偿;如果由于大学未能给予补偿或补偿金额不足而令任何人员权益受到侵害,那么,当事人可以向当地具有司法审判权的地方法院提起上诉,地方法院所做判决将是最终且决定性的。

96. 大学法令的废除

自 1966 年 9 月 30 日起生效的《斯里兰卡大学条例》《维陀答亚大学法》和《智严学院大学法》(1958 年第 45 号法案)被宣告废除。

97.适用于废除大学法令的一些规定

在废除大学法令方面,如果大学已经根据该法令建立并运营至废除之日,那么,该大学应视为依据本法案建立并可继续运营。

98.适用于第97条充分发挥效力与作用的规定

为了确保第97条规定充分发挥效力与作用,本法案适用于和涉及相关转型大学的规定可做下述修改,同时在大学申请的过程中应根据修改对本法案进行解释和说明:

(1)在第35条中:

①虽然已有说明,但可做以下调整:

②在第35条第(1)款中,将所有"已建立"替换为"将"。

(2)在第36条中:

①第36条第(1)款规定应调整为:"大学的宗旨如同其为旧大学时一样,着力于提供、促进和发展高等教育";

②在第36条第(2)款中,将"合并法令"替换为"本法案";

③在第36条第(3)款中,将"修改合并法令的命令"替换为"根据第36条第(2)款做出的修改本法案规定的命令";

④在第36条第(4)款中,将"修改合并法令的命令"替换为"根据第36条第(2)款做出的修改本法案规定的命令"。

99.一所旧大学变成转型大学的影响

根据本法案及相关文书的规定,以下规定适用于一所旧大学变为转型大学,自转型之日起开始生效:

(1)在旧大学任职的所有教师、官员和公职人员在转型日期之前年龄未满65岁,可继续在转型后的大学内担任教师、官员和公职人员,职位和相关规定应与先前接近,这包括在旧大学享有的薪资、解聘、津贴或其他福利等。

(2)在转型日期之前,由旧大学承担的所有债务和权责,执行、签署的所有合同、契约、协议和其他文书,从事、参与或为大学所开展的所有事宜,均应由转型后大学继续负责。

(3)在转型日期之前,旧大学作为原告或被告提起或被提起的所有诉讼、起诉、上诉或其他法律程序,包括民事或刑事,根据本法案或任何其他成文法规定将由转型后大学继续负责。

(4)在转型日期之前,由主管法院做出的支持或反对旧大学的所有法令或命令,将由转型后大学继续负责。

(5)根据大学法由旧大学建立的大学公积金,将被视为根据本法案转型后大学建立的公积金。

(6)旧大学的所有财产,包括通过授予、依法购买、获取、租用、出售或其他方式获得的所有动产和不动产以及旧大学持有的信托基金,根据相关信托基金、收费、负债、预订、地役权或其他财产留置权以及自转型日期起相关、附加或适用的条款和条件等,在转型之日后均将由转型后大学持有和管理。

100. 有关旧大学注册主任的特别规定

如果根据第 99 条第(1)款附带条款的规定,旧大学注册主任未能在转型后大学内任职,那么,以下规定适用于当事人:

(1)如果可行,转型后大学可向注册主任提供与其原有职位相近的职位或职务,这包括在旧大学享有的薪资、解聘、津贴或其他福利等。

(2)转型后大学应:

①如果根据本条第(1)款规定向注册主任提供的任何职位或职务,遭到当事人的拒绝或驳回;

②如果向注册主任提供的任何职位或职务是不切实际的。

(3)如果注册主任对大学根据本条第(2)款规定提供的补偿不满意,那么,他可以向部长提起上诉,部长的决定将是最终且决定性的。

101. 关于大学职员调动的特别规定

根据本法案及任何相关成文法的规定,以下规定适用于大学的职员调动:

(1)如果该成员的职位被取消,那么,大学应支付当事人失业补偿,金额等同于在其职位取消前全职工作所获得的公积金总额。

(2)如果该成员自调动之日起的 12 个月内将退休,当事人应至少提前两个月以书面形式向大学提交退休申请。

(3)根据本条第(2)款规定退休的人员,大学可通过退休金或津贴等方式给予当事人补偿,如果当事人作为旧大学的官员或公职人员在转型之前由于其职位或职务被取消而退休,那么,自其退休之日起可给予相应的补偿;为了发放退休金或津贴,这类成员应被视为在转型后大学内任职。

(4)如果相关人员对于大学根据本条第(1)条款规定所提供的补偿不满意,那么,当事人可向全国委员会提起上诉,委员会的决定将是最终且决定性的。

102. 根据本法案建立大学期间的特别规定

(1)尽管本法案另有规定,以下规定适用于根据本法案建立大学的过渡期,以便做出所有必要的安排、采取所有必要的措施确保大学建立后尽早开始运营和实现目标:

①总督和部长可在过渡期内担任大学的名誉校长和校长,且当事人可行使、履行或执行本法案或任何相关文书规定赋予的所有权力、职责与义务;

②在过渡期内可随时任命第一任校长,如果进行任命:

a.当事人可行使、履行或执行根据本法案或任何相关文书赋予或附加的所有权力、职责与义务;

b.除非当事人提前辞职,否则其任期为第 42 条第(6)款规定的 5 年时间(过渡期内按任职天数计算)或其年满 65 岁,无论哪种情况提前发生,均将被视为当事人自动退休;

(2)部长或任何团体可在过渡期内任命第一批董事会成员,董事会可在过渡期内部长确定的时间开始行使、履行和执行本法案或任何成文法赋予的所有权力、职责与义务;在过渡期内被任命为董事会的成员,除非提前请辞,否则其任期应根据第 45 条第(3)款规定为期 3 年,过渡期内按任职天数计算。

(3)可在过渡期内随时任命秘书和图书馆员,如果任命,当事人可行使、履行和执行本法案或任何相关文书赋予或附加的所有权力、职责与义务。

103. 未规定问题的调整

涉及根据本法案建立大学或转型旧大学方面必要的初步安排方面,无论是一般还是特殊事宜,部长可通过在政府公报上发布命令做出他认为必要的指示,用于规范任何特殊或不可预见的情况,确定或调整任何问题或事宜,确定或调整本法案未做规定的事宜。

104. 说明

在本法案中,除非另有规定,否则:

"任命的成员",在本法案中主要包括:(1)全国委员会,指由总督任命的委员会的任何成员;(2)董事会,指由全国委员会任命的董事会的任何成员。

"相关文书":在关涉全国委员会、大学和任何权力部门,大学官员或任何其他团体的任何情况下,指适用的任何条例、规章或法令;

"权力部门":在关涉大学的任何情况下,指第 44 条提及的大学权力部门;

"董事会":在关涉大学的任何情况下,指大学的董事会;

"分校":在关涉大学的任何情况下,指根据本法案建立的大学分校;

"分校委员会":在关涉分校的任何情况下,指分校委员会;

"名誉校长":在关涉大学的任何情况下,指大学的名誉校长;

"学院":在关涉大学的任何情况下,指根据本法案建立的大学学院,且包括分校内的学院;

"管理机构",在关涉高等院校的任何情况下,指:(1)如果该院校是大学的话,管理机构则为董事会;(2)如果该院校为初级学院,那么管理机构为全国委员会制定条例规定的人员或团体;

"高等院校":指根据本法案或被视为根据本法案建立的高等院校;

"成立命令":在关涉大学的任何情况下,指根据第 34 条第(1)款规定发出的命令;

"初级学院":指根据本法案建立初级学院级别的高等院校;

"高等教育全国委员会":指根据本法案建立的高等教育全国委员会;

"旧大学":指根据任何大学法令建立的任何大学;

"条例"：指根据本法案规定由董事会制定的条例；

"代理校长"：在关涉大学的任何情况下，指大学的代理校长；

"规章"：指根据本法案由全国委员会制定的规章；

"评议会"：在关涉大学的任何情况下，指大学的评议会；

"法令"：指根据本法案规定由董事会制定的法令；

"转型大学"：指将旧大学转型为本法案定义下的大学；

"转型期"：指根据本法案建立大学的成立命令发布之日起，到该命令正式生效之日结束这一段时间；

"大学"：指根据本法案建立或被视为建立大学级别的高等院校；

"大学法令"：指《斯里兰卡大学条例》《维陀答亚大学法》和《智严学院大学法》（1958年第 45 号法案）；

"大学校长"：在关涉大学的任何情况下，指大学校长。

斯里兰卡全国高等教育与职业技术教育政策框架

斯里兰卡全国教育委员会
2009 年 6 月

第一部分　高等教育

第 1 章　绪论

1.1　斯里兰卡现行大学教育制度

斯里兰卡大学教育可追溯到 1942 年在科伦坡成立的斯里兰卡大学。根据 1942 年第 20 号《斯里兰卡大学条例》的规定，斯里兰卡大学由斯里兰卡医学院（成立于 1870 年）和斯里兰卡大学学院（成立于 1921 年）两所著名教育机构合并而成。

坐落于科伦坡的斯里兰卡大学，在 1952 年搬迁到了佩勒代尼耶。1957 年，另一所斯里兰卡大学在科伦坡建立。到 1959 年，这两所优质大学已发展得较为健全。而后其他大学陆续成立。到目前，斯里兰卡共拥有包括开放大学在内的 15 所大学。此外，这些大学还附设有 11 个研究生院。

所有大学和学院均遵从大学拨款委员会的条例规定。本科学生须参加由考试部门主持的统一大学入学考试，大学拨款委员会则负责甄选流程。

除上述大学外，还有 3 所大学不受大学拨款委员会的管理，即佛教和巴利语研究大学、科特拉瓦拉国防大学和职业技术大学。

1.2　关于大学入学的规定

斯拉兰卡大学入学竞争十分激烈，而且制度本身的壁垒也限制了高等教育入学。约 200 000 名学生参加统一入学考试，其中 40%～60% 的学生可以达到入学资格。但由于学额有限，只有不到 20 000 名学生可通过甄选入学。高等教育机构的入学标准尤其是统一入学考试存在诸多争议。因此，甄选模式需要慎重对待。

1.2.1　政策上的障碍

斯里兰卡大学的招生标准，主要在高等教育部的批准下由大学拨款委员会随时制定。以下是现行大学入学标准的显著特征：

（1）以学生统一入学考试的平均 Z 成绩进行排名,选拔学生;

（2）申请进入大学的最低资格要求为:

①3 门批准科目的成绩登记不低于"S",总分数不少于 150 分;

②普通论文最低分数需达到总分的 30%。

（3）文科课程(即艺术、人文学科、传播学、和平与冲突解决、阿拉伯语等)的招生主要以全国学生成绩为基础,条件是各学区招收学生的总人数不得低于该学区在 1993—1994 学年招收的学生人数。印度传统医学、尤纳尼医学和悉达医学课程的招生也以全国学生成绩为基础。

除上述课程外,其他所有课程的招生均采用双重标准,即全国成绩标准和学区成绩标准。

（1）根据全国成绩标准的招生:

40%的地区采用这一标准,该成绩标准主要以 Z 成绩进行排名;

（2）根据学区成绩标准的招生:

①每门课程中,55%的地区将按总人口比例分配为 25 个行政区,实行学区配额,即学区人口和全国总人口的比率;

②每门课程还为 16 个教育弱势学区按人口比例专门划拨 5%的地区专项配额,即每个学区与 16 个学区总人口的比率。这 16 个学校为:

a. 努瓦勒埃利耶
b. 汉班托特
c. 贾夫纳
d. 基利诺奇
e. 马纳尔
f. 穆莱蒂武
g. 瓦武尼亚
h. 亭可马里
i. 拜蒂克洛
j. 安帕赖县
k. 普塔勒姆
l. 阿努拉达普拉
m. 波隆纳鲁沃
n. 巴杜勒
o. 莫讷勒格勒区
p. 拉特纳普勒

应招满上述第(1)(2)中基于学区配额分配给各地区的名额,确保以学区为基础进行 Z 成绩排名。在课程招生过程中,应确保根据上述第(1)(2)中规定各学区获得的配额不低于 1993 1994 学年的配额。

由于存在发达地区学校学生被剥夺进入大学入学资格的情况,相关部门应着手考虑这些招生标准的问题。来自欠发达地区学校的学生,虽然在统一入学考试中成绩不高,但由于实行配额制,他们将比发达地区学校的学生更具优势。

1.2.2 学校间差距引发的问题

学校在行政与管理方面存在诸多差距。这使得不同类型学校在基础设施和人力资源分配上难以均衡。因而,相较于其他学校,一些学校在帮助学生准备竞争性考试方面存在较大困难。

在这一背景下,有必要开发用于消除已有学校间差距的项目。这方面可参考高等教育政策。

1.2.3　社会壁垒

教育需求显而易见的是,特定经济群体在提供子女继续高等教育方面处于劣势。各省 GCE 普通水平考试以及 GCE 高级水平考试通过率存在巨大差距。尽管小学招生人数几近普及,但中等和高等教育方面的贫富差距以及私立教育高昂的学费表明,低收入家庭学生在帮助子女接受高等教育方面处于劣势。

1.2.4　经济限制

人们普遍认为许多接受高等教育的学生存在经济困难。仅玛哈波勒奖学金和其他财政援助似乎远远不够。

1.3　优化面向所有人的高等教育入学机会

人们普遍认为所有期望接受高等教育的人均可接受高等教育。这可通过扩大教育机会,让更多的学生进入高等学校。在这方面,高等教育政策着力采取以下措施:

(1)通过提供人力和物力,扩大现行高等院校的场地。

(2)制定高等教育机构的横向入学规定。

(3)由于经济限制,为在继续接受教育方面存在困难的学生提供更多的财政支持。

(4)引入远程学习等新的方法。

1.4　建立新的高等教育机构

近年来,建立高等教育机构已经成为一种趋势。建立新的高等教育机构旨在扩大高等教育的入学机会并促进高等教育的多样化。过去几年大学的招生人数保持在约 12 000 人,而由于新建大学和学院的建立,目前招生人数已经增加至约 20 000 人。只要符合规范要求,建立新的大学和学院是非常受欢迎的。但是,基础设施和人力资源短缺严重。而且,绝大多数新近建立的大学拥有几个分布于不同地区的校区,这造成了行政和交通问题。这些问题导致了大学内学生环境的混乱与动荡。因此,高等教育政策应关照这些问题,并制定建立新学院和机构的最低条件要求和标准,以确保高等教育体系的良性运转和效率。

这些问题引发了高校的学潮,且导致学校环境的不安宁。因此,高等教育政策应着眼于这些问题,制定新的院系制度的最低规范和标准,以维持高等教育体系的良好运行和高效运转。

1.5　学术课程的多样化

绝大多数大学的课程和项目已经很久未予更新。因此,学者、公众、雇主(公私立部门)对于大学提供课程的性质、质量和内容表现出了不同程度的不满。大学课程必须进行彻底改革。为此,需要首先解决以下事宜:

(1)提高高等院校课程的相关性,以便课程能够满足国家需要。

(2)避免不同学院和大学间课程的重复。

(3)改善授课体系,给予学生必需的能力。

(4)给予教师使用现代教学技术取代传统教学的机会。

(5)提高评估和评价学生学习成绩的方法和技术的效率。

(6)提高学术课程的灵活性,并充分考虑学生在大学间流动的需求。

这些政策也应对高等教育质量保障体系做出明确的指示。

1.6　高校与产业间联系不足

高等教育体系的另一个顽疾是高等教育与产业部门联系不足。私营部门雇主普遍认为,地方高校提供的课程和培养的毕业生学术能力较差,缺乏他们期望的能力。这个问题可从两个方面解读:

(1)学校提供的课程与产业部门所需能力错位。

(2)由于与产业部门缺乏联系,开发课程时未能合作开发课程。

1.7　研究、革新与创造力

研究、革新与创造力是高等教育的标志。教学人员和学生均应意识到这一重要性,并重视研究与生产新知识,亦应重视教学人员修读更高的学术资格。

应采取适当措施带动高校内的研究与创新活动。应对学术课程进行必要改革,以确保所有学生均可参与一定的研究工作,这将有助于提升学生的科学与批判思维力,开阔眼界。

必须注重发展教师和学生的革新性与创造力,并应修订学生课程及其他相关活动,以给予学生发展自身革新精神与创造力的机会。应组织足够的课外活动以发展上述特质,也可举办一系列比赛,让学生参加相关活动。

1.8　学术人员的资格

目前,学术人员在国内外大学获得高等教育资格的机会严重不足,尤其是语言、社会科学和人文学科领域。受到国外教育体系及其文化的影响,对于改变高等教育和新入职员工的态度至关重要。

在这一背景下,新的高等教育政策框架也应注意以下方面:

(1)调整当前的晋升方案并纳入内在动机因素,以鼓励学术和行政人员参与研究并获得高等教育学术资格。

(2)与外国大学建立联系以增加学术和行政人员接受国外教育与培训的机会。

1.9　高校内的违纪和暴力行为

高等教育领域普遍存在的违纪行为是一个亟待解决的问题。这主要是由于:

(1)一些分属于不同政党的学生团体,为了在高校内提高知名度、扩大权力所致。

(2)学生群体内的欺侮事件有时会引发暴力和违法行为。

(3)分属于不同政党的学生团体开展的引发违纪和暴力行为的政治抗议与示威。

学生的违纪和暴力行为是危及高等教育体系良性运转的不利因素。应在高等教育政策中提出适当的措施,以促进高等教育体系有序且持续地运转。

1.10 私立机构颁发学位和文凭

由大学拨款委员会以外机构颁发学位和文凭是斯里兰卡高等教育领域近来才有的事情。其中一些机构隶属外国大学,而其他机构则隶属本国且独立运营。除上述高等教育机构外,一些获得大学拨款委员会批准的本国机构可开设一定课程并颁发学位。

1.11 学生攻读外国学位的相关问题

目前,申请到国外大学留学的学生人数日渐增加。父母将子女送到国外大学留学的原因很多,主要包括:本国大学招生名额不足;国外大学毕业生更具就业优势;较好的英语知识;在本国大学有违纪行为;在本国大学规定时间内难以确定可以获得学位等。

1.12 财政不足

社会各界对于是否只应由国家承担高等教育财政这一问题始终存有质疑。在许多国家,资金问题或寻找必要的资金是满足高等教育体系不断扩大的关键。扩大高等教育入学机会,需要聘任更多人员、向学生提供设施、发放贷款和助学金、提供良好教育所需的其他条件等方面的开支。发达国家和发展中国家均在寻找必要资金方面存在困难,必须采取新的方法扩大资金来源,以推动高等教育产生富于吸引力的变革。

1.13 公立大学

政策1:发展现有公立大学,既实现社会利益最大化,又保持较高标准;
政策2:给予现有公立大学更多的学术、行政及财政自主权;
政策3:推动现行公立大学紧跟高等教育现代战略与发展潮流。

第 2 章　高等教育扩招

2.1 引言

向所有符合资格的人员提供接受高等教育的机会十分重要,而这可以通过多部门合作的方法设计或创造更多的机会。随着全球教育技术的飞速发展以及社会政治需要的不断变化,选择既符合世界趋势又在本国可行的高等教育模式势在必行。虽然开发或创建扩招框架应遵从全球的类似做法、趋势与需求,但本国社会政治环境亦需认真对待。本章将着力探讨下述关涉高等教育扩招的主题:

(1)公立大学的入学与选拔程序。

(2)远程高等教育模式。

(3)大学附属学院。

(4)在大学拨款委员会权限范围之外建立学位授予机构。

(5)跨境高等教育。

(6)大学教育横向入学。

(7)提供高等教育的机构。

2.2 公立大学的入学与选拔程序

引入与政策问题

每年通过大学统一入学考试获得资格的学生,具有强烈的接受高等教育的需求。2006年,约85%获得资格且申请注册进入公立大学攻读学位的学生并未获得机会。通过统一入学考试只是达到了入学的最低要求,其他入学条件则由各学校自行确定。

目前国家高等教育的招生能力有限,远远不能满足需求。公立大学的学生选拔主要由大学拨款委员会负责。在采用配额制方案的学区,除医学、牙科、兽医、农业、食品科学技术、保健学、工程、建筑、信息通信技术和工商管理等高度专业化的课程外,其他全部以成绩为基础。

对于上述专业类课程,选拔主要依据40%的成绩、55%的学区配额、5%的欠发达学区的专项配额。然而,北部和东部三所大学实际招生人数受到当前形式下学生面临的现实问题的影响。此外,其他公立机构也在一些领域向学生提供学位、文凭和证书课程。

斯里兰卡开放大学独立运营,主要招收期望通过开放和远程学习攻读课程的学生。相当比例具有经济能力的学生会选择到国外留学,这部分是由于本国教育机会有限。也有一些学生选择到跨境大学内攻读课程,这类学校主要通过与斯里兰卡非公立教育机构联合提供高等教育。

政策4:调整目前的招生和学区配额,以最大限度地缩小学区内外的差距。

政策5:为所有期望接受高等教育的学生提供教育机会做准备。

政策的实施策略:

实施奖学金/助学金、助学贷款方案,确保所有合格但存在经济困难的学生可以入学。

(1)制定促进高等教育公私立机构合作的国家举措,以满足日益增长的需求。

(2)明确当前涉及机构数量、所需资金、需要落实的相关重大政策改革等方面的问题。

(3)增加国家对高等教育的拨款。

(4)营造非公立部门参与高等教育的环境。

2.3 远程高等教育模式

引入与政策问题

远程高等教育模式在全球得到了广泛推广与应用。斯里兰卡开放大学已经在几个重点学科引入了远程学习课程。目前,这一举措已经在本国和南亚地区获得充分认可。然而,虽然斯里兰卡开放大学已经建立了20多年,但远程教育模式并未得到很好的利用。即使其他高等教育机构也参与实施远程教育,但仍不够。

政策6：实施多种高等教育授课模式。

政策的实施策略：

（1）在大学和其他高等教育机构内实施双模式课程，以扩大招生并鼓励实施富于灵活性的课程。

（2）促进开发实施远程教育学习资源必需的人力资源。

（3）推动高等教育机构建立远程教育部门，并确保其可持续发展。

2.4 大学附属机构

引入与政策问题

为了扩大各地区的高等教育机会，有必要根据质量和认证标准建立附属于现行大学的高等教育机构。

政策7：允许机构在母体大学注册，并向学生提供学位课程。

政策的实施策略：

（1）确保这些机构拥有充足的物力和人力资源，以便实现其所有的质量与认证要求。

（2）确保由母体大学举行考试并授予学位。

2.5 在大学拨款委员会权限范围之外建立学位授予机构

引入与政策问题

经由大学拨款委员会批准建立的学位授予机构，及其他代表外国和本国大学实施课程的高等教育机构。在当前情况下，人们日益重视非公立学位授予机构的作用。明确这些机构的管理、招聘标准、收费结构、学术课程、教职人员、质量保证和认证等的标准非常必要。

政策8：根据质量和认证要求，促进机构的建立。

政策的实施策略：

（1）根据质量和认证要求，创建非公立学位授予机构的机制。

（2）采用透明且经由认可的专门法律机构审查的程序。

（3）所有非公立学位授予机构应向品学兼优的学生提供奖学金，名额比例应不低于10%。

2.6 跨境高等教育

引入与政策问题

一些机构已经在斯里兰卡国内外向斯里兰卡学生提供高等教育。其中，许多机构代表经过认可或未经认可的外国学位授予机构特许运营，但并无法人实体或管理机构负责监督这些机构的运营。仅由外国大学特许而无相关机构认可的本国机构也存在诸多问题。

> 政策9:规范跨境附属高等教育机构的建立,确保母体机构相关课程在母体国家和本国获得认证。

政策的实施策略:

(1)建立相关部门,负责已在本国运营而隶属于外国大学的机构的活动。

(2)建立一系列认可国外机构的指南。

(3)如果母体机构和相关课程未能在本国进行认证,应确保它在母体国家已经获得认证。

2.7　大学教育横向入学

引入与政策问题

通过统一入学考试的已就业人员,接受高等教育的愿望日益强烈,应给予难以进入常规大学或任何其他高等教育机构的学生可行的获得高等教育资格的路径。被认可机构提供的所有课程均应向学生提供横向选择。目前对于横向入学的认识明显不足,而这主要是缺少一套设计适当的可以促进高等教育机构横向入学的正规化流程。

> 政策10:实施大学教育横向入学方案。

政策的实施策略:

(1)明确每门课程横向入学的要求。

(2)准备一套经认证的供横向入学者使用的课程。

2.8　提供高等教育的机构

引入与政策问题

诸如化学、工程学、会计学、市场营销等专门学院主要负责提供专业课程。其中一些课程标准较高,并已经获得国内外的认可。目前,这些课程的注册人数为2 000～3 000人,但偏远地区学生难以获得这些机会。国家亦未能以更为正式且规范的方式鼓励此类专业课程的实施,也缺乏认可这些课程必需的国家规章。

> 政策11:根据质量和认证要求,由专业团体授予学位、文凭和证书的资格。

政策的实施策略:

准备一套专业团体进行资格认证的指南。

第3章　学术课程

3.1　引言

高等教育的目标是提供以知识、能力、技能和态度为核心的普通教育,从而赋予个体推动国家发展必需的能力。大学和其他高等教育机构还具有鼓励自主学习、批判性思维、生成新知识和革新的创造力以及开展研究等职能。因此,高等教育应提供有利于传播伦理规范和文化价值观的氛围,帮助富有知识和能力的人才在社会中履行预期职能时具备适当的态度。

鉴于斯里兰卡和全球高等教育普及的情况,本章将从以下几个方面重新考量高等教育机构内的学术课程:

(1)相关性。

(2)多样性和重复性。

(3)统一标准、学术自由、灵活性、校际流动与校历同步。

3.2　相关性

引入与政策问题

教育的相关性,主要涉及国家和社会需求的实现以及当前学术课程是否能够满足这一需要等问题。如果未能实现的话,那么,有必要引入新的课程并采取其他措施满足这些需要。学术课程的内容应给予毕业生一般理论知识和在特定职业中实践和工作必需的技能。这凸显了学术课程后期实施见习和实习的重要性。

在当前情况下,相关性也强调毕业生必备的一些基本能力,例如英语能力、写作能力和计算机素养等。所有的学术课程均应着力于激发学生独立思考、革新与创造能力。鉴于不断发展的信息通信技术正融入国家和经济发展的各种活动之中,高等教育应致力于开设新的学术课程以紧跟现代技术的步伐。相关性还包括关注学生的需求和意愿、入学标准、市场的力量等。在不损害获取知识的情况下,有必要更新学术课程,以更好地服务于经济和国家发展。

在获取学位方面,应实现从传统教育体系和传统课程向现代课程、教学与评价方法转型。此类课程鼓励自主学习、独立思考和创造力、批判分析、通过良好沟通和团队合作应用知识和技能解决问题的能力。作为新知识和创新的生成基地,高等教育机构内培育研究文化也非常重要。

> 政策 12:设计学术课程的内容,以便为实践相关产业或职业必需的技能提供充足机会。
> 政策 13:鼓励自主学习,培养思维与创造能力、批判分析能力以及应用知识技能解决问题的能力。

政策实施的策略:

(1)评估学生课程与学术诚信以及经济和国家发展的相关状况。

(2)根据国家的人力资源需求,开发新的学术课程。

(3)调整、检查和更新所有学科的学术课程。

(4)纳入相关学科和知识型社会必需的先进的信息通信技术和语言技能。

（5）检查现有课程，评估其产出、就业能力及对人力资源发展的贡献等。

（6）通过加强与产业的联系，扩大职业前景和就业机会。

3.3 多样性和重复性

引入与政策问题

增加多样性，涉及组建新的院系以引入新的学科、项目和课程等，以满足国家和社会的未来需求。可通过实施新的适应可灵活出入的新型学位课程需求的招生政策，实现高等教育的多样化。例如，面向具有专业资格和经验人员的横向入学，可以认定先前的学习。多样性还包括改变授课方式等，例如远程模式，这可以惠及更多的相关利益者。开放和远程学习可以实现工作的成年人的终身学习，满足其教育期望。通过开放和远程学习，那些已经具备必要资格的人员可以了解学科发展前沿并积极参与专业发展。

应检查现有课程是否在高校内和高校间存在不必要的重复、是否符合成本效益、在就业市场是否已经饱和等。应检查这些课程，并将资金和资源着重用于有益于社会和更有利于国家发展的新课程上。

> **政策14：鼓励开发多样的课程以满足社会需要，并通过远程和在线学习等多种授课形式提供课程。**

政策实施的策略：

（1）通过新的学院或跨学院课程，促进学术课程的多样化。

（2）将常规体系和传统课程转变为模块化课程体系，以开展教学、学习和评估。

（3）鼓励开发课程和增加授课形式的灵活性。

（4）与其他学院、高等教育机构、政府和非政府组织及相关产业等开展合作。

（5）通过承认诸如专业资格和经验等先前的学习允许横向入学，推动传统课程更具灵活性。

（6）优化大学院系间的同类课程，避免重复。

3.4 统一标准、学术自由、灵活性、校际流动与校历同步

引入与政策问题

斯里兰卡各高等教育机构在学位课程的结构、标准和质量方面差异显著。需要建立统一的学分与资格框架，确保资格的统一与一致。统一的学分与资格框架将有助于高等教育机构之间的学分转换和学生流动。确保质量标准，将有助于保持国内和国际标准，进而促进学生和毕业生的流动。发展学科基准将进一步促进学位互认。更具灵活性的学习项目将促进学术自由，这将进一步促进国内外高等教育机构之间的学分转化和学生流动。通过专业资格和经验，具备前期知识的学生可以灵活入学，这样所有人都可以接受高等教育。校历同步也将加速这一进程。通过鼓励师生的国内外交流，将

促进知识共享。

政策15：与政府、非政府组织、相关产业合作，引入国内外学生项目。

政策实施的策略：

(1)制定面向斯里兰卡高等教育机构的统一学分与资格框架。

(2)规定每个学期学分的最高额度以及学分转换的时间限制。

(3)创建灵活的学习项目和机会，促进学生的流动。

(4)根据学生的工作量、授课时数和学习成绩，实施面向所有高等教育机构的统一学分制度。

(5)开发统一的绩点、累积平均绩点、课程及格分数、每学年的最低和最高学分、可修课的次数等。

(6)实现大学校历的同步。

第4章 发展联系

4.1 引言

发展联系与培养优质大学毕业生同等重要，因为最终需要公司和其他组织的雇主能够充分信任并将工作交付给毕业生。而前期建立关系的所有努力将进一步强化彼此间的联系。

既然高等教育机构的目标是培养能够为国家发展做出积极贡献的人员，那么就需要公立、私立机构通力合作实现目标。

私营部门期望受聘的毕业生能够具备领导力和解决问题必需的一般知识和基本技能。但频发的校园暴力事件、恶作剧、错误的态度、缺乏社会技能、难以熟练地解决问题、较差的表达与演讲能力、缺乏写作能力、较差的英语能力等，令雇主对大学生的印象不佳。许多大学生似乎也努力不足，缺勤、不当的项目作业、作业剽窃等现象时有发生。这令许多雇主对其工作效率颇为担忧。

这些缺点使得学生更难适应增长的工作需求。由此，大学生可能丧失工作机会，这最终将导致他们失业并可能需要依赖于政府提供工作。相较于提供救济，这可能给经济发展带来许多潜在的威胁，危害更大。

与外部组织互动的一个主要好处是可以为新毕业生在最短时间内谋取职位和就业创造机会。这些也都是潜在的就业机会。所有组织每年都会有一定的人员损耗，需要进行补充，而扩大规模和实施新举措亦会需要更多的人员。高等教育机构应充分利用这些机会，通过多方位的努力与相关产业建立联系。这需要高级管理层的战略和驱动力。

本章将着重讨论以下主题：

(1)发展大学间的联系。

(2)发展大学与职业技术教育领域间的联系。

（3）增强发展与专业团体间的联系。

（4）与国际机构间的联系。

（5）提高就业机会。

（6）安排实习和培训。

（7）资源共享。

（8）积极响应产业需要。

（9）加强高等教育产业投资。

4.2 发展大学间的联系

引入与政策问题

大学间的联系是共享知识、技能和开展联合活动所必需的。大多数大学都拥有其他大学所需的专业知识领域。来自不同大学的专家共同开展项目研究是比较少见的。而通常访问人员可通过联系获取其他大学的资源。

政策 16：促进大学间的联系。

政策实施的策略：

（1）促进大学间的员工交流。

（2）允许学术人员借调到其他大学工作。

（3）通过共享实验设备、教学资源等资源，建立各级大学间的互动机制。

（4）促进多学科大学间开展联合研究项目。

4.3 发展大学与职业技术教育领域间的联系

引入与政策问题

大学和职业教育领域可以携手发展技能和知识。职业教育领域将通过职业技术大学获得大学教育。因此，目前大学也承认部分职业教育领域内开设的课程。公立大学应在相关常规学位项目的横向入学方面考虑承认这类课程。

政策 17：发展大学和职业教育机构之间的联系。

政策实施的策略：

（1）将大学学分和资格框架同全国职业资格框架相结合。

（2）启用正式的联系机制，并通过主管部门对机构产生积极影响。

（3）承认高等教育课程学分，为横向入学服务。

（4）建立机制，促进大学与职业技术教育学院之间共享最佳实践。

政策 18：加强与产业、服务及其他部门间的联系。

政策实施的策略：

（1）建立机制，促进高等教育机构-产业间的互动。

（2）任命顾问委员会、咨询委员会，产业互动小组、科学园区和孵化园区，加强与产业、服务和其他部门间的联系。

（3）提供鼓励措施，促进建立产业联系。

（4）促进产业与私营部门共享物力、人力资源，以改善高等教育。

4.4 发展与专业团体间的联系

引入与政策问题

斯里兰卡的专业机构在满足国家对于会计师、工程师、化学家、程序员、营销专员、技术人员等专业人士的需求方面做出了积极的努力。而大学主要将自身定位于向人们提供学术资格，医学专业学位除外。虽然学术成就是受人推崇的，但专业成就更具经济回报。

> **政策 19：鼓励高等教育机构与专业机构建立联系。**

政策实施的策略：

（1）推动高等教育机构和专业团体内的学者广泛参与彼此开展的活动。

（2）专业团体与高等教育机构之间建立正式的规范化的互动机制。

（3）促进专业资格与学术资格的匹配，为学术项目的横向入学服务。

4.5 与国际机构间的联系

引入与政策问题

国际机构对于高等教育机构改善弱势现状极富价值。它们也可以从员工和学生的交流中受益。通过这种联系获得的知识，将进一步提升课程的实用性。

> **政策 20：加强斯里兰卡与国际高等教育机构间的联系。**

政策实施的策略：

（1）与国际高等教育机构建立合作和附属关系。

（2）建立学生与员工的交流项目。

（3）为外国学者利用学术休假来访设立访问学者奖学金。

（4）明确促进联系的具体使命，并为各高校的相关预算提供补贴。

（5）促进学术和非学术人员以及学生到国外大学短期访学。

4.6 提高就业机会

引入与政策问题

与外部组织互动的一个主要优势是可以为未来就业谋求机会。高等教育机构努力与相关产业建立关系，将大大提高就业机会。

> 政策21:发展与产业、服务部门间的联系,扩大毕业生的就业机会。

政策实施的策略:

将发展与产业、服务部门间的互动纳入所有高等教育机构整体规划的战略目标之中。

4.7　安排实习和培训

引入与政策问题

虽然与产业互动产生了许多就业和研究机会,但学生为未来做好准备的另一个方面是通过安置和实习实现的。学生需要接触私营部门或相关组织的工作,以便他们更好地为将来做准备。所有大学须共同努力,为所有学生提供在公私立部门工作的机会。

> 政策22:为高校学生安排实习和培训。

政策实施的策略:

(1)在本科学位课程中预留校外培训或实习的时间。

(2)提高私营企业的社会责任感,以激励它们接受本科生的实习和培训。

(3)通过免税优惠,促进实习和培训。

(4)向培训和实习所需的包括聘用人员和基础设施投资等在内的所有投资提供税收优惠。

4.8　资源共享

引入与政策问题

资源共享将提高高校的教学与科研能力。相关产业拥有大量物力和人力资源,如果从长远来看可以受益,它们将愿意把这些资源提供给高等教育机构。相关产业中的许多专业人员,愿意开展教学、在学院委员会任职、参与课程开发。同样的,高等教育机构也将有所回馈,将专业知识输送给相关产业的管理层或主管。双方还可以提供各类项目相关的专业知识和技术咨询服务。

> 政策23:制订大学和其他高等教育机构共享资源的方案。

政策实施的策略:

(1)明确高等教育机构与相关产业共享资源的机制。

(2)鼓励大学职权部门与私营部门或组织合作推进资源共享项目。

4.9　积极响应产业需要

引入与政策问题

产业通过抓住新的市场机会和扩大现有市场来获得发展。它们也具有应对经济下滑的调整能力。产业发展需要科学知识与技术应对挑战。它们主要通过内部研究和海外技术支持获取市场知识、技术输入和科学知识。而本国高等教育机构在这方面的参与度并不高。在这方面,可通过积极响应其需求的方式,将这种不足转化为有益的关系,但这需要双方彼此互信。

> **政策 24:推动大学和其他高等教育机构积极响应产业需求。**

政策实施的策略:

(1)为学术人挖掘和确认产业需求提供技术支持。

(2)在高等教育机构内部制定政策确保管理关系的一致性,以便发展自信与信任。

4.10 加强高等教育产业投资

引入与政策问题

高等教育被视为是公共投资的神圣领域。目前,基础设施和机制的阻滞,令大量已经通过 GCE 高级水平考试且获得了必要资格的人员被拒之门外。

相关产业更易于投资于高等教育并促进其发展,这是实现可持续发展这一良好社会责任的集中展现。这种投资主要集中于基础设施方面。国家仍掌控教育教学和相关预算问题,而私营部门投资基础设施也可通过经常性开支获得合理回报。

> **政策 25:加强高等教育的产业投资。**

政策实施的策略:

(1)开发高等教育公私立合作的形式。

(2)通过与公立高等教育机构合作,允许私营部门投资基础设施建设。

(3)鼓励公立高等教育机构提供适应产业需求的学习项目。

(4)对具有一定风险因素的大型投资给予税收优惠。

第 5 章　研究、革新与创造力

5.1　引言

研究是高等教育机构尤其是大学的主要职能之一。高等教育也必须注重采取以学生为中心的学习模式,鼓励学生独立思考、创生新知识和推动革新。然而,由于斯里兰卡就业机会不足,使得课程主要是为了满足特定就业途径的需求而设置的。这种状况对于提高毕业生的就业率是有益的,而且毕业生找到的工作也是与其专业相关的。但过度重视这一方面也对高等教育的思想自由和革新产生了不利影响。对于发展中国家来说,纯粹的研究型高等教育是难以负担的。但即使是发展中国家,高等教育机构也不能只停留于满足就业需求,它还需要考虑国家的发展需求。

加强高等教育机构的研究、革新与创造力这一方面将讨论以下主题:

(1)发展研究文化。

（2）伦理准则。

（3）基础和应用研究。

（4）研究成果的推广。

（5）将研究付诸实践。

（6）研究经费。

（7）保护知识产权的机制。

（8）研究的激励措施。

5.2 发展研究文化

引入与政策问题

虽然大多数大学在专业学位课程中配有研究项目，但攻读普通学位课程的学生几乎没有任何开展研究的机会。甚至一些理科硕士学位项目也主要以课业为主，缺少研究部分。至少应通过作业等方式将研究和创造思维引入所有普通学位项目之中，而研究生课程也应改变全部以课业为主的方式。

高等教育也必须培养年轻人的思维，帮助他们批判性地审视知识和信息，而非盲目地接受所有表象性的事物。批判思维能力要求教师和学生改变传统的全盘接受教师和文献呈现信息的方式。但必须强调的是，高级学者有责任开展研究，以服务于国家的发展需要。

> **政策 26：**培养一批富于知识和能力的研究人员。
>
> **政策 27：**通过鼓励研究，培养本科生和研究生的自主学习能力和批判思维能力。

政策实施的策略：

（1）鼓励高等教育机构开展服务于国家发展的研究，这是其主要职能之一。

（2）给予学术人员充足的研究训练，帮助他们开展有意义的研究。

（3）确保学术人员晋升与科研成果挂钩。

（4）确保规定、审查、实施和监督研究活动的机制。

（5）鼓励高等教育机构在所有学位课程内发展研究文化。

（6）确保所有研究生学位课程包含研究部分的内容。

（7）鼓励开展可获得哲学硕士和博士学位方面的研究。

（8）制订摆脱常规学习、激发独立学习和批判思维能力的学习计划。

（9）引入可以提高英语、信息技术和其他有利于独立学习的软性技能的专项项目。

（10）在所有本科学位课程中纳入创造力和创新的内容。

5.3 伦理准则

引入与政策问题

以往教育与研究伦理的灌输主要是通过教师与学生的密切互动实现的。随着本科生人数的不断增长,人际互动逐渐减少,但高等教育机构仍有责任向学生灌输伦理准则。例如,一个基本的伦理原则是在提案、准备和撰写报告过程中要通过参考文献承认前人的工作。

以动物和人作为对象开展研究时,也应秉承伦理准则。在人文社会科学领域,也应高度重视调查数据的保密性问题。随着现代重组 DNA 技术和基因工程等现代技术的发展,更应秉承新的伦理准则,以确保通过研究获得的新知识和新发现始终致力于为全人类谋福祉。

> **政策 28：重视研究过程中的伦理准则。**

政策实施的策略：

确保所有高等教育机构具有审查伦理问题和所有研究活动遵从伦理准则的机制。

5.4 基础和应用研究

引入与政策问题

基础研究着力于建构关于自然的基本知识,这是一切研究的基础,否则其他方面的研究将无从开展。相比之下,应用研究通常旨在改善人类福祉。显然应用研究优先于基础研究。但越来越明显的是过度工业化可能会导致包括人类在内的许多物种灭绝。意识到这种灾难性的可能后,我们需要关注自然资源可持续利用问题。斯里兰卡那些有能力、设施和合格人力资源的大学,可以将部分研究集中于斯里兰卡的自然资源方面。

作为一个第三世界国家,我们正致力于实现经济的快速增长,大量研究将是以应用和发展为导向的。尽管通过发现而创生新型工业产品的情况是极少的,但必须鼓励开展研究,以便将可用技术用于改善地方条件,或更为有效地利用地方资源。迄今为止对于高等教育贡献较少的企业部门,应在这一进程中成为合作伙伴。

身处资源有限的发展中国家,不同高等教育机构内同一研究领域不同方面的研究人员可组建有效的团队。这种活动不但可以提高研究效率,也能够最大限度减少重复工作并更好地利用资源。

> **政策 29：培养一批致力于以可持续方式明确和利用本国资源的本土科学家,并加强对于研究的支持力度。**

政策实施的策略：

(1)支持关于斯里兰卡自然资源及其可持续使用方面的基础研究。

(2)建立国家资助自然资源和本土知识研究的专项计划。

(3)促进高等教育机构与企业间的合作,着力开展应用型研究、问题导向型研究和委托型研究。

(4)利用高等教育机构、研究所和私营部门的专长,开发多学科团队研究。

5.5 研究成果的推广

引入与政策问题

研究成果的推广与开展研究同等重要。既然同行评议和批判性评价有助于进一步提升研究,所有研究活动均应开展有效的成果交流。在当今背景下,研究者也应该具备英语知识、使用新的信息技术设备等基本技能。

政策30:提高所有研究人员的交流技能,以便推广研究成果。

政策实施的策略:

(1)将学生陈述列为每门学位课程的规定内容。

(2)鼓励研究小组进行开题前报告、中期进展报告和内部报告。

(3)研究生课程应设立论文委员会,候选人定期向该委员会报告。

(4)鼓励所有高等教育机构开办年度研究会议,并在会议期间将其研究成果呈报给大众。

(5)通过物质奖励等激励措施,鼓励在同行评审期刊中刊发成果。

(6)鼓励发展使用现代信息通信技术设备的技能,以便准备和展示研究成果。

(7)实施强化使用英语作为交流媒介的专项计划。

5.6 将研究付诸实践

引入与政策问题

绝大多数研究人员将在著名期刊上发表研究成果作为主要目标和研究的最终目的,因为这可以帮助他们获得认同和专业发展。然而不幸的是,虽然公共经费经常支持相关研究,但这些刊物对社会的影响微乎其微。研究人员尤其是发展中国家的研究人员,必须明确其有责任产出与研究成本等值的产品。

应鼓励有能力的研究人员开展富有产业价值的项目。这类研究致力于技术开发,产出优质产品,以较低成本使用本国资源等。

政策31:建立将研究成果转移给利益相关者的适当机制。

政策实施的策略:

(1)加深研究人员与企业家之间的互动。

(2)支持研究成果的扩大和产业化,以生产适销对路的商品。

5.7 研究经费

引入与政策问题

虽然斯里兰卡期望通过信息通信技术、生物技术和纳米技术等的应用大踏步地进入 21 世纪,但高等教育的研究经费是有限的。国家尚未挖掘的一个潜在经费来源便是企业。加深与企业之间的合作并将企业与高等教育联系正规化,将有助于促进研究。可以给予提供研究经费的相关企业税收上的减免,同时也鼓励高等教育机构开展一些有利于私营部门发展的项目。

政策 32:从外国资源和企业入手增加地方政府的经费。

政策实施的策略:

(1)增加国家对优质本土研究的经费投入。

(2)与国际机构协商谈判,以推动合作研究。

(3)在大学拨款委员会下设立大学研究基金,企业可通过捐赠、信托或出资方式向该基金捐款。捐款的企业可获得税收减免。

5.8 保护知识产权的机制

引入与政策问题

研究有时可以产出革新性的技术和产品,这些技术和产品可能具有即时或潜在的商业应用价值。绝大多数研究者获得了产品的专利,以保护其知识产权,但很少有人会了解保护知识产权的流程。而且,在斯里兰卡获得专利的成本是高昂的,国际专利更是如此。因此,应采取制度化的援助政策,包括对保护创新产品的专利权提供经济援助等。在机构填报申请后,该机构可与研究所的研究人员共享专利权、提供法律支持、遵从相关程序并支付获得专利的费用。

政策 33:加强对研究个体和团队获得知识产权的制度化支持。

政策实施的策略:

(1)在高等教育机构内委托"产业互动小组"或类似机构负责协助研究人员保护专利。

(2)向潜在的专利申请人提供相关信息和文件。

(3)建立制度化的经费机制用于支持申请知识产权。根据申请人的需求,可通过贷款或补助等方式实施。

5.9 研究的激励措施

引入与政策问题

在长期就业需求得到满足后,学者们采取了不同的职业发展路径。许多学者按照机构要求完成规定的教学职责,很少做其他事情。一些学者着力于课外活动和管理事务。极少数具有研究兴趣的学者,通过填报申请、获取经费、聘用研究生等开展研究。这主要是由于未能给予研究人员充分的认可和报酬。

政策 34：采取激励措施鼓励学者继续其职业生涯。

政策实施的策略：

（1）将研究成果和成绩换算为分值，用于学术人员的晋升和任命。

（2）高等教育机构帮助学术人员缴纳参加国内外专业团体/协会的会费；在公开期刊发表文章和出版物再版的费用；参加会议、研讨会、研讨班等的费用，并且如有必要可为其到国外学术研究提供部分经济支持。

（3）帮助研究人员获得职位和赞助，用于申请国内外短期或长期的研究奖学金。

（4）对于具有杰出研究贡献的人员，提供海外休假或上述常规费用。

（5）推荐研究人员角逐国内外奖项。

第 6 章　高等教育与国家发展

6.1　引言

高等教育机构有助于推动社会变革与发展。高等教育在促进知识经济发展方面具有四项基本职能：

（1）培养合格的富于技术和适应能力的劳动力。

（2）通过研究、创造和革新，生成新知识。

（3）汲取全球可用知识，"为我所用"。

（4）传递构建健康公民社会必需的标准、价值观、态度和伦理。

6.2　响应国家发展的需要

引入与政策问题

虽然斯里兰卡高等教育机构已对国家发展做出了巨大的贡献，但目前却饱受质疑。当前高等教育机构主要在四个方面的表现不尽如人意，令公众对于高等教育机构的印象不断恶化。高等教育机构直接惠及社会的项目非常有限，这需要改善大学与国家、社区和企业间的互动关系。

通常大学被视作象牙塔，并不关注社会需要，这也导致大学经常遭到批判。大学对未来毕业生就业必需的知识和技能也缺乏了解，可见，大学应更为积极地响应社会和产业需要。

政策 35：通过开发课程、修订现行课程、明确研究重点等鼓励高等教育机构更积极地响应社会和产业需求。

政策实施的策略：

（1）规定高等教育机构、学院董事会和学术团体的管理机构配备来自产业、专业团体和公立研究机构的外部代表。

(2)在开发新的课程时,征询公私立部门雇主和校友的意见。

(3)推动高级学者在国营部门、产业或社区组织的工作环境中进行学术休假。

6.3 拓展能力

引入与政策问题

人们经常指出,毕业生缺乏必备的就业技能。课程过于强调学术能力,忽视了就业市场需要的通用技能,有必要促进就业导向课程和学术导向课程之间的有效平衡。所有学习项目均应发展必需的通用技能,并鼓励学生对工作持积极态度。

> **政策 36:鼓励高等教育机构实现就业导向课程与学术导向课程间的平衡。**

政策实施的策略:

(1)鼓励高等教育机构开发更多能够满足市场和产业需要的专业课程和应用型课程。

(2)鼓励高等教育在实现这种平衡时充分考量特殊的利益和地理因素。

> **政策 37:鼓励高等教育机构,无论学生学习纪律情况如何,确保所有学生可以获得通用技能、积极的工作伦理和适应工作要求的能力。**

政策实施的策略:

所有高等教育机构均应设立人员配备充足的图书馆、计算机中心、英语教学单位、职业指导中心等教学辅助单位。

6.4 鼓励智力对话和论争

引入与政策问题

人们期望高等教育机构能够成为知识卓越的基地。保护大学的智力自由和卓越至关重要,应更重视公开讨论、交流意见和观点等。同时又有必要促进行政和其他学术活动的民主化。但较为明显的是学生经常在活动中偏离民主原则,这阻碍了高等教育机构的平稳运行。

> **政策 38:在所有高等教育机构中通过自由对话与论争,创生(智力)思想。**

政策实施的策略:

(1)鼓励高等教育机构内所有组织(学生会和社团等)加强工作人员和学生间的学术与社会互动。

(2)规范所有不利于高等教育机构平稳运行的活动。

6.5 公众形象

引入与政策问题

导致高等教育机构关闭的学生动乱和纪律问题,已经造成了公众对于学生的信任危机。这种信任危机导致公众远离这些机构。公众通常也对高等教育机构持负面态度。这一状况迫切需要改变。为此,需要高等教育机构积极参与社区工作,以促进和改善公众的认知与理解。

政策 39:高等教育机构塑造更好的公众形象,并鼓励它们积极参与直接惠及社区的项目。

政策实施的策略:

(1)鼓励所有高等教育机构建立强大的校友会,帮助高校塑造良好的公众形象、募集发展基金并在需要时代表学校进行宣传。

(2)鼓励各高等教育机构建立动态网站,通过网站可链接到该机构所有的学术活动和课外活动。

(3)所有高等教育机构均应明确并实施直接惠及社区尤其是当地社区的项目。

第7章　高等教育机构内的学生纪律问题

7.1　引言

学生缺乏纪律观念这一问题十分严峻,需要采取紧急的预防与补救措施来处理此类破坏高等教育机构平稳运行的经常性问题。各大学的《纪律章程》以及 1998 年第20号《教育机构法案》(《反欺凌法》)中规定的禁止欺凌和其他形式的暴力行为条例,均可用于对学生进行纪律约束。应对可接受法律制裁的违纪行为和可通过其他方式控制的行为进行区分。后者包括可制定并纳入纪律处分之中的行为守则和道德准则。

学生纪律中的常见问题是,虽然本科学位课程应是全日制的,但大量艺术、人文与社会科学甚至是法律、科学与应用科学专业的学生实际上是非全日制的。许多学生在私立机构修读会计、营销、律师等课程时,注册为校内生,而其他人则多为全职工作的非合同制学生。由于许多院系没有最低出勤率的要求,课程的出勤率很低。

另一个问题则是财务问责问题,这方面学生会的问题较为明显。虽然各学生会或其他学术协会都配有财务主管,但对于这些组织的财务问责是非常有限的。

政策 40:强化高等教育机构的纪律。

政策实施的策略:

(1)各机构均应建立训练有素和装备完善的安全部门。

(2)引入有效的纪律体系,工作人员可以对轻度的违纪违规和犯罪行为及时展开调查,并拥有惩处当事人的有限权力。

(3)建立有效且积极响应的学生咨询体系,向违纪违规同学提供咨询。

(4)在入学课程中向所有学生介绍行为守则。

7.2 工作人员与学生之间的互动不足是导致高等教育机构纪律问题的一大原因

引入与政策问题

斯里兰卡高等教育机构尤其是大学因是暴力和无纪律的集散地而闻名。这无疑是由于学生的行为往往容易受到外部因素的煽动造成的。鉴于绝大多数学生较为尊重教师这一事实,增加学术人员与学生间的互动可在一定程度上改善这一态势。

政策 41:鼓励工作人员在社会和学术方面与学生进行更广泛的接触。

政策实施的策略:

(1)与学生团体进行持续而有意义的对话,以便他们提出问题、发表意见。

(2)让学生参与课程和进程规划。

(3)听取学生反馈意见,并供决策使用。

(4)在学术人员的参与下,加强学校内真正的辩论。

(5)鼓励学者积极参与高等教育机构课外活动。

(6)为学生提供具有实际接触、职业导向和指导的富于刺激的学术环境。

(7)分配学术人员担任学生小组的导师。

(8)鼓励教师与学生共同参与有益于社区的活动,改善机构的公众形象。

政策 42:加强机构尤其是学生会的选举,让更多学生参与决策制定。

政策实施的策略:

(1)在所有高等教育机构中建立完善的学生福利部门和有力的学生纪律约束机制。

(2)密切监督民主选举学生代表的过程。

(3)以公正透明的方式对学生进行纪律处分。

第 8 章 研究生院与研究项目

8.1 引言

20 世纪五六十年代,斯里兰卡大学的研究生教育发展非常有限,仅有关于本土文化、语言、宗教等学科领域。当时,绝大多数研究生的教育与资格主要从国外尤其是英国的大学获得。从 20 世纪 70 年代起,由于成本过高、机会有限和出国的限制,斯里兰卡大学开始发展研究生项目。起初绝大多数研究生的研究主要在规定的可获得哲学硕士和博士学位的学科领域。这主要由不同部门实施,但需接受主管研究生招生研究基金的监督。由于研究基金能够提供的学生奖学金数量有限,这一项目虽然仍在实施但机会较少。

最早开始的研究生课程是由斯里兰卡大学文学院提供的教育研究生文凭课程,而后发展为教育学硕士学位。在 20 世纪 70 年代末,在佩勒代尼耶大学建立了第一个以学科为基础的研究生教育机构——农业研究所。当前,还有一些以学科为基础的研究所:考古研究所、英语研究所、医学研究所、管理研究所、巴利语和佛教研究所、科学研究所和公立图书馆学研究所。佩勒代尼耶大学建立人文与社会科学研究所的提议也已经获批。除了研究生学位课程外,这些机构还提供文凭和证书课程,组织专门的研讨会和培训项目。同时,科伦坡大学、贾夫纳大学、凯拉尼亚大学和斯里贾亚瓦德纳普拉大学也都设有研究所。

本章将从以下几个方面对改善斯里兰卡研究生教育进行简要的政策讨论并提出建议。

(1)加强现有的研究生教育项目。

(2)建立研究生院。

(3)建立卓越中心。

(4)自治与学位授予。

(5)以国家发展为导向。

8.2 加强现有的研究生教育项目

引入与政策问题

在以学科为基础的研究所中,那些隶属于农业、工程、医学和管理等特定专业的研究所已经通过调整其项目以满足各专业的需要。它们所提供的课程类型主要取决于专业需求和其所培养研究生应具备的技能。而其他诸如科学、建筑、地质和理学等研究所,其课程设置更为灵活。然而,学生修读课程主要是为了通过获取额外资格而得到就业和晋升机会。

虽然这些机构的管理分别由各自的管理委员会负责,但研究项目主要由负责课程开发、设计、审查和评价的学科领域研究委员会管理。

这些机构提供项目的质量主要取决于其工作人员和设施情况。这些项目大多为自费项目,而各门课程费用亦不同,薪酬方案与课程费用成正比。

目前,绝大多数研究生课程安排在周末。这主要是为了在职学生(他们占据了学生主体)可以边工作边学习。这成为扩大和加强这些项目的主要障碍。虽然所有班级都集中在周末两天,但这一形式严重限制了师生间的互动、自由讨论、交流思想等,这些对于学生个体技能的发展是至关重要的。这也导致学生需要频繁地从一个班级奔到另一个班级,而后在工作日又返回家乡或工作场所,他们几乎难以独立到图书馆学习。雇主应将这种培训视作一种投资,这有助于改善雇员的表现并由此提高整个企业的生产效率。

所有研究生课程都是收费性质的,这令部分优秀学生由于无法负担费用而难以入学。

建立研究生院对于斯里兰卡大学来说是一个全新的概念,佩勒代尼耶大学曾在20世纪80年代试图引入但并未成功。而这却推动了跨学院、跨学科项目的发展。这主要源于相关学院间的密切合作和协调。

由于研究生课程均是自费的,成功与发展取决于其吸引付费学生的能力以及对于课程价值和质量的评估。也许可以促进不同组织在提供优质课程、吸引优秀学生及巩固以绩效为基础的地位和声誉等方面展开良性竞争。

基于学位尤其是自然科学硕士和博士学位的研究,通常取决于研究基金可用于学生奖学金的额度。因此,攻读这类高级学位,主要依赖于研究基金能否资助高级研究人员。

政策 43:提高不同高等教育机构的质量。

政策实施的策略:

(1)增加研究生机构的人力和能力。

(2)定期检查和修订研究生课程,确保其符合质量保证与认证委员会的要求。

(3)向公私立机构的学生提供制度支持和财政援助,确保在工作日期间研究生机构可以正常运作。

(4)通过向其他机构的教师和研究人员提供额外的激励措施,鼓励他们参与研究生机构的教学与研究项目。

(5)引入财政援助方案(即使是需要还款的),帮助未就业毕业生可以攻读研究生课程。

(6)营造环境,促进国际援助机构援助相关研究项目。

(7)促进企业参与研究项目并做出贡献,这可以为学生攻读更高的研究型学位提供更多的机会。

8.3 建立研究生院

引入与政策问题

随着提议的艺术与人文科学研究生院的建立,绝大多数研究领域将被覆盖,但工程、计算机科学、信息通信技术、兽医和动物卫生等领域除外。研究生机构的发展应予谨慎,必须考虑这些机构可以提供什么。这些机构的建立,主要依赖于需求以及发展优质项目的能力。例如,对计算机科学与信息通信技术研究生院、分子生物学与生物技术研究院的需求较高,培养的毕业生也可以对国家发展产生深远的影响。更为适宜的是加强和提高目前资源较为有限的机构。但是,应优先发展那些迫切需要能力建构的学科并将其地位提升至研究生水平。

政策 44:在所有主要学科领域建立研究生机构。

政策实施的策略:

(1)在有能力提供优质项目的领域建立研究生机构。

(2)根据优先级别,采取激励措施发展那些迫切需求又对国家发展产生积极影响的学科,以建构其能力并启动研究生项目。

8.4　建立卓越中心

引入与政策问题

试图发展成为卓越中心的大学或研究生机构,应明确具备发展所需的人力等能力。这种能力应由独立的专家小组进行评估。如果证明确有潜力,应给予该机构各种支持。已经稳定发展的研究生机构,可以向其他地区扩展业务。

政策45:为作为卓越中心的研究机构提供所有设施。

政策实施的策略:

(1)建立评估大学和研究生机构能力的方案,以推动其发展为区域或全球卓越中心。

(2)对有能力发展为卓越中心的研究生机构给予支持,以实现其目标。

第9章　人力资源管理

9.1　引言

高等教育体系的成功发展,很大程度上取决于其人力资源的发展。这将促进高等教育体系通过生产、获取和应用新知识、建构人力能力及提供终身学习机会,为社会的共同利益服务。

本章将从以下几个方面探讨人力资源管理问题:

(1)员工的招募与培训。

(2)持续的专业发展。

(3)员工接触工作世界。

(4)学术与行政人员的管理培训。

9.2　员工的招募与培训

引入与政策问题

可用的优质/训练有素的员工是高等教育机构的重要财富。但是,偏远或新近建立高等教育机构、具有迫切需求的学科、私营部门薪资高于公立机构的学科,往往难以招聘和留任合格员工。而且,由于机会有限,学术人员也难以到国外学习。

虽然保持高等教育机构的一致性非常重要,但高等教育机构的员工培训、提供培训和研究生教育机会、任期和条件等应有助于确保吸引和留任最优秀的人才。

而且,行政和非学术人员的职业发展机会较少。由于不够重视这类人员的培训,致使他们也常常由于各种原因不愿加强专业发展。

政策46:增加招募过程的灵活性,确保留任合格且有能力的人员。

政策实施的策略:

(1)制定所有高等教育招募员工的程序和要求。

（2）鼓励招募各级员工，并考量吸引和留任合格员工的阻滞。

（3）给予初级学术人员在招聘的合理期限内完成研究生教育的机会，如有可能，可到国外大学学习。

（4）对于无法在国外全日制学习的人员，提供与外国大学联合培养的机会。

（5）制定极具吸引力的条款确保最优秀人才可以留任。并为产业及高等教育机构内不同学科领域从他们增加薪酬并给予其他奖励、创设弹性机制等。

（6）向非学术人员和行政人员提供在相关领域接受培训的机会，以定期更新其知识和技能。

9.3　持续的专业发展

引入与政策问题

虽然各学科的具体要求不同，但持续的专业发展是任何学科紧跟学科知识和实践发展的基本要求。尽管已经建立了大量的培训机构、专门的培训项目，绝大多数大学也都建有员工发展中心，但相当比例的大学学术人员仍缺乏有效的创生知识和开展促进学生学习的教学所必需的基础知识。教师有必要学习教育哲学、教学策略、课程开发方法论、评价标准和应用信息技术开展教学等方面的内容。为此，可建立适当的机制，鼓励和确保所有员工均能接受必要的英语语言与信息技术培训以及获得专业发展的机会。

政策 47：为学术人员的专业发展提供充足的机会和激励。

政策实施的策略：

（1）培训学术人员的教学技能，提高其教学能力与效能。

（2）在正式入职前，所有教学人员均应接受有关大学教学的理论与实践方面的培训。

（3）在更多的高等教育机构内建立具有稳定经费支持的完善的员工发展中心。这些中心应着力于促进各类员工持续的专业发展。

（4）员工发展中心的主要目标是明确、促进、提供内外部的持续专业发展项目，以满足内部员工具体的培训需要。

（5）向其他高等教育机构的员工开放这些培训项目，以便更有效和高效地利用资源。

（6）鼓励高等教育机构开发和采取适当机制确保所有员工可以定期接受必要的由员工发展中心组织的活动。

（7）鼓励员工发展中心明确各类员工的专业发展需求，并快速地准备应对方案。

9.4　员工接触工作世界

引入与政策问题

相关行业一直批评毕业生的就业准备不充分，缺乏基本技能、态度差、团队合作技能不足，难以满足行业需求。导致这种情况的一个主要原因是学术人员与相关产业缺乏互动而且缺乏了解和接触相关行业的兴趣。学术人员接触工作是各学科的普遍需求。对于一些学科尤为重要,这样可以通过提供优质教育培养出就业准备充分的毕业生、为国家发展提供咨询服务并促进产业-大学合作关系的互利发展。

> **政策48:鼓励学术人员到高等教育机构以外的部门任职,增加对工作世界的体验。**

政策实施的策略:

(1)采取激励学术人员在规定时间内到相关领域任职,并提供方案。

(2)促进相关学术人员参与专家咨询服务和国家发展项目,同时在工作量和学术责任方面严格遵从学科纪律。

9.5 学术与行政人员的管理培训

引入与政策问题

目前,尚无任何面向大学职员、学术和行政人员的正规培训或职业指导,这迫使他们从试验与错误中学习。有时由于未能规定、通告等内容,致使解释错误而导致偏离程序。职员、学术和行政人员缺乏领导和管理能力有时也会导致学生骚乱升级。因此,必须齐心协力共同改善不足之处,以便高等教育机构能创设积极有利的工作环境、快速有效的管理。

> **政策49:向高等教育机构学术和行政人员提供知悉行政、财务和其他规章制度的机会。**

政策实施的策略:

(1)在招聘时为所有新进员工或岗位准备综合指导或上岗项目,教给他们履行职责必需的技能。

(2)通过正式培训项目,向职员、部门主管和行政人员提供快速有效履行职能必需的培训。

(3)向职员、部门主管和行政人员提供提高生产效率必需的培训,例如有效管理、调解冲突、学生咨询、团队技能、执行多重任务等,以促进上述实践的制度化。

第10章 管理与行政

10.1 引言

高等教育机构管理与行政活动的标准,主要由法律规定、条例、规章、通告指示和最佳实践等监管框架确定。例如,隶属大学拨款委员会管辖的大学和高等教育机构,其权力、职能与职责主要由《大学法》《大学成立法令》和自大学拨款委员会成立起先后发布的近900条通告予以确定。

虽然根据《大学法》赋予的权力,大学拨款委员会是大学的管理机构,但大学和高等教育机构也享有很大的自主权和独立性。

虽然近年来高等教育体系不断发展,但高等教育需求仍持续增长。公众期望同时改善高等教育机构的质量、相关性和入学问题。显然,高等教育体系面临着许多挑战,而斯里兰卡高等教育体系在现有体系/参数之内能否应对这些挑战仍是一个问题。从长远来看,如果国家仍是斯里兰卡高等教育的主要提供者,那么,就必须快速有效地分配和最大限度地利用资源,且在国家规章和标准下治理这些机构。

鉴于上述背景,为改善现有体系而制定面向高等教育管理与行政的国家政策这个问题将从以下几个方面做深入讨论:

(1)高等教育机构的自治与独立。

(2)学术人员。

(3)非学术人员。

(4)实施良好治理的原则。

(5)各高等教育机构的整体规划。

(6)高等教育机构的管理信息系统。

(7)重组管理程序。

10.2　高等教育机构的自治与独立

引入与政策问题

高等教育机构的自治与独立是一个极富争议的话题。然而,人们普遍认为世界上的大学和其他高等教育机构应一样享有一定的自主权。高等教育机构的权力、职责与职能等应由相关议会法案等监管框架来确定。

政策50:赋予领导机构足够的权力,以实现高等教育机构的最佳运营。

政策实施的策略:

(1)与高等教育机构进行对话以确定需要下放或可以下放的领域,由此高等教育机构可以平稳运行以达到预期目标和目的。

(2)营造有利于高等教育体系内部调配资源的环境,但必须引入监督机制以提高资源利用的效率与效益。

(3)明确下放的权力与职能。

(4)重新界定国家和监管机构的职能,以便下放权力。

(5)允许高等教育机构在不影响年度拨款的情况下筹措资金并通过大学基金存入相关年度账户,而后公开透明地利用这些资金促进机构的发展。

10.3　学术人员

引入与政策问题

学术和行政人员的违纪行为虽不像学生违纪那样可以明确界定,但却是一个重要的问题。不幸的是,一些学者对机构和学生的责任意识淡薄。虽然已经规定学者的面授课程时数,但尚未被广泛采用。

政策 51:制定学术人员行为准则。

政策实施的策略:

(1)为高等教育机构学者制定新的职业道德行为准则和指南。

(2)制定系主任和其他由学术人员担任职位的行为指南。

10.4 非学术人员

引入与政策问题

非学术人员主要完成分配的常规工作,但普遍存在责任感缺乏和效率低下的情况。非学术人员的工作态度往往也难以令人满意,他们几乎没有主动性。通常难以见到非学术人员主动工作的情况。即使在其职权范围内,许多非学术人员也尽量避免做出决策。近来,还出现了不利于机构平稳运行的情况。

政策 52:确保非学术人员的工作规范。

政策实施的策略:

(1)制定各类雇员的行为准则,并将新的职业道德准则纳入"职责清单"之中。

(2)制订新的评估方案,以供每年增加人员和人员晋升时使用。

10.5 实施良好治理的原则

引入与政策问题

好的治理体系可以确保以透明和问责的方式控制和管理机构,这有助于更好地满足人民的需要。良好治理的做法会带来、经济更快地发展和公众生活质量的提高。这可以确保机构遵循监管框架良好地运营。

政策 53:鼓励高等教育机构遵守法规、规章及通告,以更好地控制和管理。

政策实施的策略:

(1)明确机构的使命以更好地服务于利益相关者,而管理层则应制定政策以便获得最佳的回报。

(2)定期审查政策目标,并为制定长期目标和未来发展目标提供参考。

(3)组建高效且独立的内部审计体系,负责审查体系和流程,确保准确且合理地运营机构。

(4)通过绩效报告、运营报表和其他财务及审计报告,每个月、每个季度、每半年、每年定期进行检查。

(5)在规定时间内向相关部门提交年度报告及相关账目,并附上所有相关信息。

(6)鼓励所有高等教育机构制定涵盖所有可定期修订和更新信息的制度或手册。

10.6　各高等教育机构的整体规划

引入与政策问题

整体规划规定了未来 3～5 年机构的目标、任务和责任。它包括机构的未来发展战略，也说明了管理部门和高级管理层对机构未来发展应承担的责任。

> **政策 54：加强高等教育机构准备、实施和监督整体规划和行动规划的能力和责任。**

政策实施的策略：

(1)各高等教育机构均应拥有根据财政部指南制定的整体规划。

(2)整体规划的周期为 5 年，滚动规划的有效期应不少于 3 年。

(3)各高等教育机构应在整体规划框架下，制定年度实施规划。

(4)各高等教育机构应在各财政年度结束时检查规划是否已经完成，如果没有完成，应采取适当的措施。

(5)各高等教育机构应定期检查其整体规划，以便根据国家需要及时调整。

(6)各高等教育机构均应有机构基础设施发展的总体规划，整体规划应以此为基础。

(7)组建委员会，负责评价和评估规划的实施并定期检查整体规划的目标和战略。

10.7　高等教育机构的管理信息系统

引入与政策问题

高等教育管理信息系统，对于制定决策、政策规划、预算编制、监督和评估各种举措至关重要。因此，综合的管理信息系统有助于更便利地获取高等教育机构运营和绩效等方面的信息，包括入学、毕业生毕业、学习项目、师资、设备和基础设施、学生支持活动以及需要通过国家信息技术系统参与的经费和成本等数据。

> **政策 55：建立整个高等教育部门可定期更新和整合的信息系统。**

政策实施的策略：

(1)建立一个综合的管理信息系统，用于在顶端机构权限范围内定期地更新与所有高等教育机构相连的顶端数据库内的信息。

(2)开发高等教育机构间的在线交流系统，以确保核心系统间的信息畅通。

(3)各高等教育机构负责信息更新，在机构层面应实施数据身份认证，禁止未经授权的访问。

(4)设计用户友好界面为用户提供更好的工作环境，同时也应配有安全性高的防范措施。

(5)逐步实施管理信息系统，以简化业务流程。

(6)改善机构层面的信息技术基础设施，实现所有活动的自动化。

10.8　重组管理程序

引入与政策问题

管理程序是检查和改善过程与结果的系统工程,它有助于实现组织的愿景、使命和目标。管理程序旨在实现具体目标、规范工作流程以实现差异最小化、为工作的执行者提供信息工具、完成培训工作执行者的要求。为此,程序准确、一致、及时更新、易懂非常重要。

> 政策56:促进高等教育机构配备涵盖所有业务领域的系统和手册,并在机构一级定期进行修订和更新。
>
> 政策57:修订大学拨款委员会于1984年颁布的《大学成立法令》,以适应高等教育行政工作系统的新需求。

政策实施的策略:

(1)在必要时审查和重新修订现行的系统和程序,并引入新的道德伦理和实践准则以推动实施更好的管理程序。

(2)随时检查大学拨款委员会发出的所有通告,以便总结现有程序,删除过时程序并修改或生成新的程序。保持准确性和透明度,这对满足良好治理所需有效的管理体系的发展是必要的。

(3)要求各高等教育机构配备组织机构图,以便明确各职位的主要职责。

(4)着力在顶端机构权限范围内建立主要管理员或高级管理人员与高等教育机构的网络,以便实施更为有效的交流系统,这是最佳管理实践的重要组成部分。

第11章　高等教育经费

11.1　引言

高等教育通过促进知识进步和培养人才为经济发展服务。现行国家资助体系可以确保成绩优异的学生接受高等教育。然而,仅靠国家是难以资助所有符合条件接受高等教育的学生的。

11.2　高等教育经费

11.2.1　国家经费拨款

引入与政策问题

目前,政府经费主要根据大学拨款委员会提交给财政部的预算进行分配。大学拨款委员会根据历史数据给各大学分配经费,即在上一年度的拨款的基础上再额外增加一定的比例。严苛的经费使用规定,使大学自主创收的动力严重不足。而其他国家,则主要是根据绩效、竞争性经费、凭单制度、学生贷款、单位成本和基于公式的经费等标准向大学提供经费。这些政策各具优缺点。

政策58:基于需要和绩效,向公立高等教育机构分配财政资源。

政策的实施策略:

(1)充分考虑学生人数、基础设施和研究等因素,采取灵活的经费分配政策,作为经常性开支和资本开支的基础。

(2)在接受公共问责的前提下,确保机构经费使用的自主权。

(3)根据选择的标准,基于高等教育机构的绩效分配一定比例的经费。

11.2.2　增加高等教育经费

引入与政策问题

高等教育经费占GDP的比例是国家高等教育实力的重要衡量指标。高等教育的公共开支是正当的,因为它有助于促进国家的发展。在斯里兰卡,高等教育经费占GDP的比例是以政府开支为基础的。而其他国家在这方面的计算,其中纳入了政府和私营部门的开支。

政策59:发展替代性的经费来源,包括自主创收和非公立部门的投资。

政策的实施策略:

(1)鼓励公立高等教育机构通过大量活动增加收入。

(2)鼓励公私立合作以及私人资本投资高等教育机构。

11.3　学生的资助

引入与政策问题

虽然第一学位教育是免费的,但大量学生却由于社会经济问题而无法接受高等教育。因此,低收入家庭的学生需要获得额外的支持。目前的玛哈波勒奖学金计划在帮助贫困学生方面做出了巨大贡献,助学金计划也有助于帮助学生获得额外的经济支持。

政策60:在所有高等教育机构中建立帮助贫困学生的资助体系。

政策的实施策略:

(1)采取从公共补贴转为向私人融资的成本回收方法。

(2)实行学生贷款计划,允许学生毕业工作后偿还贷款。

(3)鼓励私营部门参与并实施奖学金计划。

(4)要求所有非公立高等教育机构通过奖学金和助学金等方式向至少10%的学生提供经济援助。

第二部分 职业技术教育

第 12 章 职业技术教育:背景

12.1 培训体系的演进

现存的历史遗迹和文物表明,古代斯里兰卡的技术水平较高,这些高水平的技术一直持续到中世纪。随着时间的流失,这些技术已经丧失。

到了现代,职业技术教育领域的重大事件是 1893 年在马拉达纳建立了第一所技术学校。随着时间的推移,职业技术教育与培训机构的数量不断增长且日渐复杂。因此,机构培训和项目不断增加,这表明历任政府高度重视技术工作。国家已经通过双边和多边合作引入不同的机构和方式进行培训。

尽管经过多年的发展,机构培训仍未成为主导性的受产业偏爱的技能获取方式。研究显示,绝大多数人主要是通过在相关行业工作以及国家学徒和工业培训局提供的机构获得技能。非正规的学徒制也起到了主导作用。

12.2 当前职业教育与培训体系的制度框架

职业技术教育与培训主要由一系列公私立部门共同承担。几乎所有承担培训职能的公立职业技术教育与培训机构都是在职业与技术培训部的主管下运营的。此外,许多其他部委和省级委员会,通过其所属的部门和企业提供的培训作为辅助。虽然部委的制度安排可能随时会改变,但目前斯里兰卡已经建立了完善的制度框架。

12.2.1 高等与职业教育委员会

根据 1990 年第 20 号《高等与职业教育法》第一部分的规定,建立高等与职业教育委员会,主要负责制定政策、规划与协调以及制定标准、调控高等教育与职业技术教育的培训质量。该法案于 1999 年进行了修订,增加了委员会在经费和研究方面的权力。

12.2.2 斯里兰卡国家技术教育研究所

根据 1998 年第 59 号法案成立的斯里兰卡国家技术教育研究所,主要行使为职业技术教育与培训部门提供教师培训和课程升发、证书和文凭一级的培训以及学位课程等职能。

12.2.3 职业技术教育与培训中担负主要职责的公立培训提供者

技术教育和培训部共拥有 38 所技术学院,每年招收 20 000 名受训者。此外,还有9 所技术学院(每省 1 个)已转型升级,可提供文凭课程。

根据 1990 年第 20 号《职业技术教育法》第二部分建立的国家学徒和工业培训局,拥有全国督查网络,负责执行全国的学徒计划,每年约招聘 20 000 名学徒,同时运营 3 所国家级研究所。国家学徒和工业培训局的前身是国家学徒委员会。

斯里兰卡职业培训局拥有一个涵盖约 240 个培训中心的网络,每年招生人数约为 20 000 人。根据 1995 年第 12 号法案建立的职业培训局,特别重视对农村地区青年人的培训。

根据《全国青年服务委员会法》于 1970 年建立的全国青年服务委员会,也将培训农村地区青年人作为一项辅助职能。

根据 1995 年第 29 号法案成立的斯里兰卡高级技术教育研究所,主要提供高级国家文凭和同等学力的培训,且由高等教育部负责管理。

基于 1978 年第 16 号《大学法》,根据 2000 年第 3 号条例组建的莫勒图沃大学国家技术研究所,主要负责提供技术类的国家文凭课程,该课程此前由莫勒图沃大学工程学院负责。

斯里兰卡-德国技术培训学院,目前由斯里兰卡运输部负责管理运营,其主要职责是培养汽车产业所需的技术人员。

12.2.4 隶属于公共机构但主要职责并非培训的培训机构

其中部分机构包括:

(1)建筑培训与发展机构。

(2)农业部的农机培训机构。

(3)宝石和珠宝研究与培训机构。

(4)斯里兰卡电力委员会培训中心。

(5)斯里兰卡电信培训中心。

(6)斯里兰卡铁路技术培训中心。

(7)斯里兰卡港务局-玛哈波勒培训机构。

(8)国家种植管理研究所。

(9)国家卫生科学研究所。

12.2.5 非公立的培训提供者

大量职业技术教育与培训机构是收费的,但绝大多数机构并未涉足信息通信技术领域。此外,也有许多由国家和国际慈善机构支持的免费机构。

12.3 职业教育与培训领域的改革与政策修订

过去职业技术教育与培训系统发展迅速,但忽视了质量等相关性问题。从 1990 年开始,按照国家规划开始尝试协调不同的培训机构以便提供优质和更具相关性的培训。这一努力的标志是职业技术教育委员会的成立、1990 年职业技术教育与培训的顶尖机构以及 1994 年职业培训部的成立。1995 年,总统特别工作组成立,主要负责提出有关职业技术教育与培训领域的发展建议。该工作组于 1998 年提交了报告,该报告主要关注政府议题中的职业技术教育与培训政策;私营部门参与培训;普通教育与职业教育间的联系以及自谋职业和非正式领域的培训。后又实施了技能发展项目,并对职业教育

领域进行重大改革,具体包括:

(1)建立以国家能力标准为基础的统一资格框架。

(2)将认证职业教育与培训课程转换为以能力为基础的培训模式。

12.4 现行立法和行政结构政策的实施

在实施新的政策前,分析培训组织所拥有的权力及其立法和行政结构十分必要。《斯里兰卡职业教育背景和职业技术教育与培训变革基础》的文件,详细地分析了相关法案和当前的实施情况。重点内容如下:

(1)根据职业技术教育法案制定发展规划,以涵盖职业技术教育与培训规划及监测的所有方面,促进所有机构目标一致。

(2)扩大当前国家职业资格指导委员会的范围,以涵盖关涉职业技术教育与培训体系发展的所有问题。

(3)根据国家职业资格框架的要求,规范讲师、指导教师和助教的任职资格。

(4)根据职业培训局法案建立职业培训委员会。

(5)制定机构间资金分配的标准。

(6)制定机构主要活动的规章制度,并刊登在政府公报上。

(7)如果职业技术教育与培训机构能够有效地行使相关法律赋予的所有权力,那么,职业技术教育与培训体系将会更有效。因此,强烈建议职业技术教育与培训机构行使法律赋予的所有权力。

12.5 新的立法

引入与政策问题

国家已经建立了由许多公共部门负责处理职业技术教育与培训出现的不同问题并实施了不同的授课模式。然而,这些部门隶属于不同的部委,各自为政。而许多国家组织也建立了以部门为导向的职业技术教育与培训机构,用于解决人力需求问题。根据现行的机构框架,斯里兰卡职业技术教育与培训体系的发展进程与方向主要由以下机构确定:

(1)高等与职业教育委员会。

(2)技术教育与培训部。

(3)国家学徒和行业培训局。

(4)斯里兰卡职业培训局。

(5)职业技术大学。

国家发展政策聚焦于强化这些机构,以促进它们有效地管理和发展职业技术教育。为了协调并促进全国职业资格框架的建立,迫切需要将这些机构纳入一个部委之下。2004年,根据1990年第20号《高等与职业教育法》的规定,国家颁布行政命令引入了国家职业资格框架。这一国家职业资格框架必须通过单独的立法予以实施。

根据 1990 年第 20 号《职业技术教育法》以及 1999 年第 50 号修正案的规定,职业技术教育委员会负责协调所有的相关机构。但是,其他职业技术教育与培训机构却是根据单独法案和命令建立的。这意味着,职业技术教育委员会对其他机构的协调工作是难以奏效的。因此,必须将集体的方式和合理化活动纳入所有的职业技术教育与培训的立法之中。

政策 61:为促进职业技术教育与培训的发展及有效实施营造立法环境。

政策实施的策略:

通过立法,将所有提供职业技术教育与培训的公私立机构和非政府机构纳入统一的发展框架之中。这一立法可称为"国家职业资格法"。

第 13 章　职业技术教育与培训部:经济和财务方面

13.1　引言

究竟应由谁来承担或分担职业技术教育与培训的费用是一个颇具争议的话题。除非强迫,否则雇主大多不愿意投资于人力资源开发。因此,其他国家的政府部门主要是通过向雇主强制征收培训税,供培训使用。而在斯里兰卡,企业已经担负了较重的税收,再强制征收培训税似乎不太合时宜。那些贫困人口迫切需要获得符合市场需求的技能,但很显然他们难以负担获得这些技能需要的成本。而且,提供固定有偿工作所需要的基本职业技能教育应成为免费教育体系的一部分。尤其是在 5%～6% 的学生免费接受大学本科教育的情况下。

本章将讨论以下内容:

(1)职业技术教育与培训部门的经济贡献。

(2)机构层面的财务管理系统。

(3)替代性的经费机制。

(4)支持非公立机构。

(5)协调捐助者援助职业技术教育与培训的举措。

13.2　职业技术教育与培训部门的经济贡献

引入与政策问题

为了确定职业技术教育与培训部门的经济贡献,有必要准确监测所有经济要素的投入情况。由于所有公立职业技术教育与培训机构均需要接受财务管理和审计,它们可以提供这些信息所需的数据。但是,目前各机构尚没有定期计算"经济附加值"以供使用。而且,即使可以基于投入计算的结果,但要对这些机构培养的人力资源进行精确的货币价值计算也是十分困难的。

政策 62:确保所有公立职业技术教育与培训机构向职业技术教育委员会提供年度相关统计报告。

政策实施的策略:

(1)升级现行的管理信息系统,确保可以满足所有的信息需求。

(2)加强中心和外围的能力建设,以便有效地获取数据,确保合理使用管理信息系统生成该领域经济贡献的报告。

政策 63:要求所有已注册的私立职业技术教育与培训机构向职业技术教育委员会提供年度财务和统计报告。

政策实施的策略:

(1)私立机构提供经济附加值报表,以评估其经济贡献。

(2)加强私立职业技术教育与培训机构的能力建设,确保它们可以有效地分析其绩效,提交精准的报表。

(3)将提交的年度报告作为注册续期的前提条件。

13.3 机构层面的财务管理系统

引入与政策问题

成本与预算系统旨在实现对所有职业技术教育与培训机构进行合理有效的管理与控制。只有获得正确的信息,作为决策者的管理主体方能有效地履行职能。作为管理信息系统一部分的管理会计系统,才能在运行良好的组织中发挥这一功能。

政策 64:鼓励公私立机构使用职业技术教育委员会的基本成本信息系统生成财务会计报告。

政策 65:职业技术教育委员会应建立管理信息系统帮助机构生成报告。

政策实施的策略:

(1)所有职业技术教育与培训机构应向其相关利益者和其他利益团体免费提供财务会计报告,以确保其透明度。

(2)应对公私立部门职业技术教育与培训机构进行人事培训,确保可以有效地分析其所接收的财务会计报告。

(3)加强中心和外围能力建设以便获取和上传必需的数据,并利用相关信息做出合理的财务管理决策。

(4)职业技术教育与培训领域的现金和资产管理、资本预算与投资决策应遵循财务管理的原则。

13.4 替代性的经费机制

引入与政策问题

目前,大部分学生接受免费的教育与培训,且可获得一定的生活补贴。一些公立机构通过对计算机、美容文化、烘焙等需求较高的课程收取费用并通过从事与培训相关的工作来创收。在保持同等国家补贴水平的情况下,是难以扩大职业技术教育与培训领域并实现其预期使命的。因此,必须为职业技术教育与培训寻找替代性的经费来源。

政策66:国家提供的课程应严格响应经济和社会的需求,且应保持在国内外的竞争性水平上。

政策实施的策略:

(1)市场管理应是所有公立职业技术教育与培训机构管理职能的重要组成部分。

(2)所有课程和课程开发活动均应基于市场调研的基础上。

(3)本国对技能的需求应通过市场调研来确定。

(4)挖掘课程的海外市场,以便招收更多的学生。

政策67:行业雇主应积极参与公立职业技术教育与培训机构的课程开发。

政策实施的策略:

(1)在相关行业和雇主的积极参与下开发课程,以满足国内外劳动力市场的需要。

(2)采取措施促进公立职业技术教育与培训机构向相关行业提供咨询和在职培训服务。

(3)促进斯里兰卡海外就业局和就业网的官员积极参与课程开发。

政策68:公立职业技术教育与培训机构应立法,下放更多的财政自主权。

政策实施的策略:

(1)应给予公立职业技术教育与培训机构从可获得的资源中创生经费的能力,并将这些资金用于机构的发展与运营。

(2)应根据适应当前需求的相关法律,修订现行立法。

(3)技能开发基金应用于公立职业技术教育与培训机构开设的以盈利为目的的收费课程。

(4)通过私营部门的广泛参与,不断扩大技能开发基金。

政策69:合理安排课程,优化公立职业技术教育与培训机构的资源。

政策实施的策略:

(1)对公立职业技术教育与培训机构的产能利用率、资源配置、提供课程或培训等进行全面审查。

(2)聘请专家对公立机构提出课程或培训及合理利用资源等建议。

13.5　支持非公立机构

引入与政策问题

支持非公立职业技术教育与培训提供者的政策主要基于以下条款:

(1)营利性的私立职业技术教育与培训机构在合理利用资源的情况下,以更为经济的手段提供职业技术教育与培训。

(2)私营部门参加职业技术教育与培训,有助于通过良性竞争提高公立部门的工作效率。

(3)除非获得国家的大力援助,否则非公立职业技术教育与培训机构难以满足教育与培训必需的资本开支。

(4)只有获得国家的补贴,否则私立机构难以成为公立职业技术教育与培训机构的替代性选择。

政策70:如有必要,向非公立职业技术教育与培训机构提供国家援助。

政策实施的策略:

(1)对在职业技术教育委员会注册的非公立职业技术教育与培训机构的需求进行综合评估,并提供必要的援助。

(2)要求非公立教育培训机构承担部分教育与培训的职能。

(3)如果达到质量标准且使用管理信息系统保存记录,可允许非公立机构续期注册。

政策71:鼓励机构与培训中心之间建立正式且长期的合作。

政策实施的策略:

(1)任命完全由相关利益者代表组成的高水平指导委员会,明确基本框架条件以便在职业技术教育各领域的课程开发和实施过程中促进公私立合作。

(2)建立必要的立法框架,以确保职业技术教育与培训领域建立强有力且可行的公私立合作关系。

13.6 协调捐助者援助职业技术教育与培训的举措

引入与政策问题

目前,公立职业技术教育与培训部门很大程度上依赖于捐助者、贷款人的经费和对发展活动的干预,但这些捐助者、贷款人通常在确定向公立职业技术教育与培训机构提供援助的类型时,未能很好地关注地方的需要和发展重点。这也经常导致如果捐助者、贷款人撤销支持,这些机构便会濒临倒闭。而国家只有在确定了发展重点和必要性时,才会接管新建立的机构。在普通教育领域,随着规划方法的引入使这类问题得到了较好地解决。职业技术教育与培训领域也迫切需要类似的举措。

政策72:确保按照与国家对职业技术教育与培训发展规划一致的方式使用捐助者、贷款人的经费。

政策实施的策略:

(1)由高水平指导委员会审查现行的发展规划。

（2）确保国家资金用于预想的发展规划之中。

（3）综合考量捐助者、贷款人的优势，弥补资金缺口。

（4）建立高水平的外部资源管理部门，负责起草职业技术教育与培训中长期发展规划，明确经费需求和资金缺口并与捐助者、贷款人保持联系。

第14章　职业技术教育与培训部门：形象、效力及就业能力

14.1　引言

斯里兰卡是南亚初等教育入学率最高的国家，并提供免费教育至第一级学位。家长期望子女可以接受尽可能多的教育，最好可以获得大学学位。无论是否与就业相关，社会对学位以下所有学术资格的社会认可度较低。

在许多情况下，职业技术教育与培训机构被视为学生和家长的默认选择。公立职业技术教育与培训机构的培训能力尚有空余。与其他专业培训机构及大学相比，其辍学率也非常高。由于公众形象不佳、职业认可度低以至资格认可度相对较低，导致公众对职业技术教育与培训机构的接受度较低。

需要特别关注弱势或贫困群体，以便将之纳入主流经济发展进程中。由于培训中心距离较远，缺少入学标准，因而贫困、残疾、意识匮乏等群体常常难以接受职业技术教育与培训。这些弱势和贫困群体的生活质量可通过引入适当的生活技能、生存技能和职业培训等得到大幅度的改善。

本章将主要从以下几个方面探讨如何提高职业技术教育与培训部门的形象、效力及就业能力：

（1）评估现行体系和机构的形象。

（2）提高职业技术教育与培训机构人员的就业能力。

（3）鼓励学生自主就业、提高创业能力。

（4）面向弱势群体的职业技术教育与培训。

提高这个问题主要从以下几个方面展开讨论：

（1）基于资源和教师职位的形象。

（2）基于服务、课程的形象。

（3）基于职业的形象。

（4）基于伙伴关系的形象。

14.2　基于资源和员工的形象

引入与政策问题

虽然职业技术教育与培训机构主要由国家出资，还有捐助者资助，但职业技术教育与培训机构仍存在配备不足或人员紧缺的情况，有时甚至难以提供良好的学习环境。培训机构通过与相关产业互动、适应产业需求、扩大就业市场对其学生的接受度等建立形象。

政策 73：为职业技术教育与培训机构的发展提供充足的资金。

政策实施的策略：

(1)提升员工技能、提供培训材料和设备等。

(2)引入质量保障方法。

(3)通过组建咨询委员会，加强与产业的联系。

(4)加强与主要目标市场——学校、青年俱乐部等的联系。

(5)将职业技术教育与培训机构重新定位为提供有价值的职业培训以及职业晋升培训的提供者。

(6)为当地企业开展相关产业的讨论会、研讨会或讲习班等。

(7)建立分析产业技术变革和提供技术转让的研究单位。

(8)定期审查和更新课程及课程内容，以满足产业需求。

14.3　基于服务、课程的形象

引入与政策问题

由于不同的水平和标准、缺乏清晰的职业发展路径、不同层次资源的影响、与产业互动水平较低等，公众对职业技术教育与培训资格的认可度普遍不高。建立国家职业资格框架正是为了解决这一状况。相关产业认可的证书或文凭级别的能力标准是制定能力培训课程的基础。目前公私立机构正在提供这些课程，但尚未达到预期的水平。

政策 74：国家职业资格证书应作为职业技术教育与培训领域、内容讲授方法、教育与培训总体评价的标准。

政策实施的策略：

(1)学校应实施国家资格框架和课程。

(2)审查基础设施、能力、员工技能等，以便提供与国家职业资格认证要求相当的优质培训。

(3)宣传国家职业资格认证流程。

(4)采取措施承认其他机构横向入学资格。

(5)为职业技术教育与培训机构聘用富有知识和能力的培训人员。

14.4　基于职业的形象

引入与政策问题

技术人员缺乏固定的薪资结构，而公立机构也没有必须招聘经过认证的技术人员，这些情况导致公众对职业技术教育与培训部门人员的认可度较低。必须改革这些情况，以便让社会充分认识到职业技术教育是一个具有高收入潜力的就业领域。

政策 75:建立与国家职业资格认证相对应的技术人员薪资表。

政策 76:确保在公立部门职位招聘中承认国家职业资格能力标准并签署政府合同。

政策实施的策略:

(1)根据国家对职业资格体系的认可度及相关职业对社会的贡献度重新定位职业,并制订和实施宣传计划。

(2)鼓励成立贸易协会或技能协会,为成员创造一个能表达意见和形成凝聚力的平台。

14.5　基于伙伴关系的形象

引入与政策问题

目前,职业技术教育与培训领域的合作主要有两类,即国际和国内。国际合作伙伴关系主要涉及职业技术培训部,其代表斯里兰卡政府与其他国家或国际组织开展合作项目。在这种伙伴关系中,工作及时限是有明确规定的。

国内合作伙伴关系通常由学校发起。目前约有数百种不同层次的伙伴关系。其中,特别重要的一类伙伴关系是联合向学员提供"在职培训"。国家学徒和工业培训局通过 1990 年第 20 号《职业技术教育法》的规定开展学徒制培训。因此,国家学徒和工业培训局已经与一些企业签署了合作协议,致力于提供在职培训。这些合作关系只有国家学徒和工业培训局才能实施。

公立机构参与合作的政策应遵从以下政府通告:

2000 年 7 月 19 日,由公共行政部秘书发给各部秘书、首席秘书、地区秘书及部门主管的关于培训学员进入公立组织实习的第 12 号政府通告。

2000 年 8 月 15 日,由技术教育和培训部部长、技术学院及附属技术学院校长联合发布的关于实施外部课程的第 2 号技术教育通告。该通告使不同学院的收费标准一致化。

政策 77:鼓励职业技术教育与培训机构合作实施相关产业的培训项目。

政策实施的策略:

(1)邀请业界人士参与设计和定制相关产业专门的培训项目。

(2)促进相关产业了解职业技术教育与培训部门开展的培训项目。

(3)引入补贴制度,鼓励工作人员为其学生寻找就业机会。

(4)对承担培训费用的相关产业实施税费减免政策。

14.6　增加职业技术教育与培训合格人员的境外就业机会

引入与政策问题

职业技术教育与培训合格人员主要在斯里兰卡劳动力市场、投资委员会运营的相关产业以及境外就业市场中就业。斯里兰卡的总劳动力人数约为 750 万,其中约

150 万在海外工作。其中大多数从事的是技术含量较低的工作,薪酬也相对较低。具备较高技能水平的工人在境外就业市场必然拥有更高的收入。

> **政策 78:为职业技术教育与培训的合格人员提供更好的境外就业机会。**

政策实施的策略:

(1)对课程进行必要的调整,以便让相关劳动力市场认可职业技术教育与培训课程。

(2)将英语课程引入职业技术教育与培训课程中,提高境外就业的能力。

(3)在相关课程中纳入有关境外工作环境的相关知识和信息。

(4)制订经费方案,推动职业技术教育培训合格人员到境外就业。

(5)建立相关制度,确保职业技术教育与培训合格人员安全地到境外就业。

14.7 自主就业和创业技能的发展

引入与政策问题

培训是帮助青年人就业的有力手段,但仅靠培训是难以实现自主就业的。例如发展自主就业技能、启动资金、业务知识、获取原材料和进入市场等岗位培训的辅助措施是促进自主就业的关键。必须明确和加强培训体系与提供岗位培训辅助措施之间的联系。学员的自主就业也可以减轻政府在创造就业机会方面的负担。

> **政策 79:发展创业技能,提升自主就业能力。**

政策实施的策略:

(1)向所有接受职业技术教育与培训的学员介绍创业的基本知识。

(2)开发识别职业技术教育与培训学员必需的方法。

(3)提供财政拨款,实施贷款启动方案。

(4)开发自主就业和创业项目的培训包。

(5)通过指导、与相关机构建立联系,创建援助创业人员的机制。

(6)在职业技术培训部下设指导委员会,负责自主就业、创业等相关事宜。

14.8 弱势群体接受职业技术教育与培训

引入与政策问题

在为普通民众提供接受职业技术教育与培训机会的同时,我们必须特别关注弱势、处境不利的群体,以便让他们也参与到国家的发展进程中。以下群体是斯里兰卡需要特别关注的弱势群体:

(1)妇女,尤其是家庭妇女。

(2)残疾人(精神和身体)。

(3)弱势青年(包括辍学和有童工经历的青年)。

(4)贫困人口(包括种植区、农村和城市贫民)。

(5)受冲突影响的人(包括境内流离失所的人员和复员军人)。

(6)农民工。

据人口普查和统计部的调查数据显示,2002—2006 年女性约占总人口的 50.58%,但女性劳动力却占总劳动力的 30%~35%。这说明需加强对女性的培训,从而改善现有劳动力的结构和技能。

据 2001 年人口普查显示,斯里兰卡约有 366 000 人存在不同程度的残疾。主要包括:约 70 000 人存在视力缺陷;约 73 000 人存在听力或言语缺陷;约 50 000 人存在手部残疾;约 90 000 人存在腿部残疾;约 13 000 人存在其他类型的身体残疾;约 70 000人存在智力缺陷。即使是残疾人,但只要习得不同的技能,亦可以就业。因此,有必要针对这一群体定制培训项目。

由于各种原因,许多儿童在未参加公共考试之前便已离开学校。街头流浪儿童有的可能从未接受过初等教育,一些儿童甚至成为童工。农村和城市地区都有大量的弱势青年人。应通过培训机构的职业技术教育与培训项目向那些已经超过义务教育年龄的人员提供培训,帮助他们掌握技能顺利就业并融入主流社会。

近年来斯里兰卡的贫困状况正在不断得到改善,但目前在农村和种植区仍相对贫困。由于种种原因,城市地区也存在大量的贫困人口。灌溉农业区的贫困人口已经明显减少。职业技术教育与培训项目需要扶贫政策来支持,国家减贫项目需要职业技术教育与培训配合并教会相关人员必要的技能帮助他们实现就业。

冲突地区的许多人员已经无家可归,临时居住于其他地区。鉴于不同省份乃至国家对不同职业的需求,提供职业技术教育与培训、生计培训和生活技能培训应与受冲突影响地区相结合。然而,政府培训网络基本上未能在受冲突影响地区开展培训活动。一些非国家组织在这些地区根据国家职业资格建立和运营培训机构方面做出了巨大贡献,但数量是远远不够的。

每年有超过 200 000 人出国就业。其中大多数人员缺乏技能,且没有任何的职业资格。非技术工人的收入很低。由于存款较少也没有一技之长,这些工人往往陷入恶性循环之中。这种情况促使政府必须加强非技术型务工人员的职业和生计培训,这样他们可以成为有技术的国家劳动力,也可以到境外寻求高收入的工作。

政策 80:为弱势和不利群体量身定制职业技术教育与培训、生计培训。

政策实施的策略:

(1)引入关注各弱势群体需求的培训课程。

(2)引入生计培训项目和创业培训项目。

(3)如有必要,为相关弱势群体配备专门的培训设备。

(4)为弱势群体继续接受职业技术教育与培训建立支持体系。

(5)通过承认先前的学习经历,认可当前的技能。

(6)建立面向弱势群体的职业指导与咨询机制。

(7)制定适当的入学标准。

(8)应分别制定详尽的行动战略和规划来满足弱势群体的需求,以辅助本政策的实施。

第15章 职业技术教育与培训部门:人力资源管理

15.1 引言

职业技术教育与培训项目的质量主要取决于为员工提供培训和评价员工的资格水平。职业技术教育与培训领域尚无明确或专门的人力资源管理与发展政策。目前,公立培训组织通常采用的是政府建立法律条例、规章和程序。这些组织虽有人事管理的实践经验,但只有少数组织制定了人力资源管理政策。

虽然人事招聘、分配和调动方面已经制定了一些指南和程序,但也存在一些特殊的现象,它导致某一组织的工作人员在与另一组织的工作人员进行比较时会处于弱势地位。

正式的人力资源规划有助于更加有效且高效地使用人力资源。所有公私立培训提供者必须秉承被广泛认可和透明的招聘程序,以便职业技术教育与培训部门可以招聘到合格且有能力的员工。

职业技术教育与培训系统人力资源管理的目标是提供教学必需的人力,包括教师、行政人员、辅助人员、系统开发人员以及行政人员等。

15.2 员工的发展(公立和非公立部门)

引入与政策问题

目前,尚未制定适当的员工发展政策。虽然许多组织为员工提供了不同形式的在职培训,而更为重要的职前培训在公立和非公立部门却比较少。

培训的提供者必须相信,人是最重要的资源,对他们的投资是有好处的。职业技术教育与培训提供者中学术和非学术人员的知识和能力应跟随全球标准与趋势不断地更新。

政策81:通过职前培训和在职进修培训员工。

政策实施的策略:

(1)与技术培训机构、教学培训机构共同协调教师培训计划。

(2)当机构提供各级培训课程时,应合理分配员工以便使其资格和能力水平始终高于其教学的层级。

(3)使用明确界定的教师、教练聘用标准。

(4)认可教师通过在职培训获得的能力,并将之作为加薪、升职、授予奖金和奖励的标准。

（5）准备机构的教师进修规划，主要用于提升教师并提供教师定期进修的机会。

（6）引入员工交换项目、客座讲座、实地参观等，以增进对相关产业的了解。

（7）将技术培训机构和教学培训机构的培训场所适当分配给非公立培训机构。

15.3　教师调动

引入与政策问题

精心制订和实施调动计划确保员工可以在最佳条件下工作，学生可以接受到优质培训。目前，由于缺乏适当的政策，员工调动不正规。虽然一些政府培训机构采用了公共管理部制订的调动方案，但效果不甚理想。而其他非政府机构和法定组织目前并未实施任何人员调动政策。

政策82：基于公认的原则建立网络调动方案，确保能提供最佳的培训项目以保障学生的利益。

政策实施的策略：

（1）制订调动方案，确保课程不因调动而受阻。

（2）制订调动方案时应有相互调动的条款，并考虑到受影响教师的申诉问题。

（3）在网络中任职的教师，应始终在该群体内调动。

（4）遵从公认的调动方案并获得相关组织机构的批准后，方可调动。

15.4　绩效发展

引入与政策问题

一些政府培训组织采用共同的绩效评价体系，其中各部门负责人应按照规定格式记录员工的绩效。但员工的后续发展却很难以这些记录为基础，其他培训组织并未使用常规且系统的方法来评估员工的绩效。由于基于绩效评价员工有助于促进机构和部门的发展，因此，所有公私立培训机构应采用共同的框架。

政策83：基于现有体制框架有助于专业工作人员发展的假设，开发和实施绩效评价体系。

政策实施的策略：

（1）确定培训中心各类人员尤其是教师、管理人员、校长的工作职责和职业发展规划。

（2）开发绩效评价体系，明确规定并详细阐明教师、校长和管理人员职责。

（3）制定职业发展与绩效评价体系相互结合。

（4）制定面向所有重要职业群体的专业标准，并能够持续贯彻这些标准。

（5）通过绩效评价体系管理所有员工的绩效。

（6）提供明确的人力和物力资源，用于以改善实践活动。

（7）明确规定所有决策的上诉程序。

15.5　员工的晋升

引入与政策问题

目前尚未出台系统性政策。有些组织在员工晋升上只考虑服务期限这个因素，随着时间的推移自动晋升。应鼓励工作人员通过有效的绩效考核制度提高工作效率，并由此晋升到更高的教学和管理岗位。另一方面，也需要公开地宣传，以保持透明度。目前，在这方面尚无可供所有公私立培训机构采用的政策。

为了提高系统的效率必须引入公平且系统的晋升方案进行绩效管理，这可以帮助员工晋升到更高的职位。

政策 84：在所有培训机构中开发和实施有效、公平且系统的内部晋升方案。

政策实施的策略：

（1）在组织内部引入晋升方案结构框架，提升员工的专业水平。

（2）将绩效评估报告作为晋升的参考依据，并采取措施停止自动的、以时间为标准的晋升方案。

（3）设立与校长或中心管理人员职位对等的学术干部职位，以为优秀教师提供晋升渠道。

（4）使用反馈、指导和培训辅助员工的发展。

（5）在公开招聘的过程中，如果当事人已经达到招聘标准，可优先录用具有相关工作经验的人员。

（6）选定候选人在履行职责之前，应接受领导力准备项目的培训。

第 16 章　将不同的教育与职业资格联系起来

16.1　引言

斯里兰卡普通教育入学率位居亚洲领先水平。学生在不同学段结束普通教育，经过 GCE 普通水平考试以及 GCE 高级水平考试后，大量学生离开普通教育。2008 年，在约 330 000 名适龄学生群体中，有约 20 000 名学生进入公立大学接受高等教育。

普通教育各阶段应引入相关的技术课程。在支持学生认知发展的同时，这些课程应提供开展职业技术教育必需的知识。作为提供职业技术教育的机构，职业技术教育与培训机构可以协助普通教育体系实施技术课程，并给予学生一定的技术指导。同样，职业技术教育与培训机构和大学可在研究领域、政策发展及向学生提供专业教学等方面实现互补。

斯里兰卡正规职业技术教育与培训体系已经走过了较长的发展历程，在这一进程中一些项目已经成为资格水平的标志。虽然政府已经实施了统一的国家职业资格项目，但需要在国家职业资格框架中纳入获得广泛认同的非国家职业资格项目。

因此,本章将主要关注以下几个方面:

(1)在普通教育阶段实现技术与工作领域的结合。

(2)建立离校生接受职业技术教育与培训的渠道。

(3)与高等教育建立联系。

(4)在国家职业资格框架下承认非国家职业资格课程。

16.2 在普通教育阶段实现技术与工作领域的结合

引入与政策问题

虽然技术与工作领域的启蒙是普通教育的重要内容,但学校并没有技术设施、技术人员以及与相关产业的联系。而职业技术教育领域在这些方面相对较强,拥有覆盖全国的机构网络。因此,职业技术教育与培训领域可利用其优势在学校体系中实施短期项目,帮助学生了解技术与工作领域。在国家教育政策中重视技术与产业的联系,而技术的发展也将进一步推动职业技术教育与培训领域的发展。

政策 85:通过短期技术项目将职业技术教育与培训部门的资源扩展至学校体系。

政策实施的策略:

(1)在技术学院和培训中心放假期间,可开设短期的入门课程。

(2)安排职业技术教育与培训机构教师向学生开设短期课程,并支持学校内开展的实践和技能活动。

(3)协助学校安排可以促进学生接触相关行业的短期课程。

16.3 建立离校生接受职业技术教育与培训的渠道

引入与政策问题

虽然斯里兰卡义务教育的学生年龄可达 14 岁,但许多儿童会在不同年级离开学校开始工作。职业技术教育与培训体系应为无法直接进入高等教育的学生提供继续在职业技术教育与培训体系接受教育的渠道。职业技术教育与培训体系拥有不同水平级别的课程,可以满足不同教育水平学生的不同需要。而且,职业技术教育与培训系统应开发衔接课程,填补普通教育与职业技术教育和培训体系间的空白。直接工作的离校生,可以通过承认先前学习的方式授予资格并可以在职业技术教育与培训课程中继续接受教育与培训。

政策 86:向无法直接进入高等教育的离校生提供在职业技术教育与培训体系接受教育的渠道。

政策实施的策略:

(1)开发衔接课程,以供离校生进入职业技术教育体系时进行学习,填补普通教育的空白。

（2）在学生注册职业技术教育与培训课程时承认先前的学习经历，以便确保直接工作的离校生可继续接受职业技术教育与培训课程。

16.4 与高等教育建立联系

引入与政策问题

学习职业技术教育与培训课程的学生，只有在选择课程时接受适当的职业指导并意识到自身的能力倾向，课程方能有效。职业技术教育与培训体系应建立全方位的职业指导设施网络，并向学校儿童提供职业指导课程。普通教育体系和职业技术教育与培训体系应联合提供职业指导课程。

由于高等教育体系招生能力有限，职业技术教育与培训体系近期不会向学生提供在高等教育机构中接受学位的课程。而职业技术教育与培训体系更为关注职业和企业的需要。目前，这两个系统尚难以有效衔接。因此，职业技术教育与培训体系将扩大为含有 5、6 和 7 级国家职业资格水平课程的职业技术教育与培训体系。

此外，职业技术教育与培训机构和高等教育机构之间也应建立联系，以促进双方互利互惠。高等教育机构应向职业技术教育与培训机构的学生提供接受短期课程和开放学习尤其是大学课程的渠道。职业技术教育与培训机构应承担向高等教育学生尤其是技术类专业学生提供就业培训的职责。因此，职业技术教育与培训机构可帮助高等教育机构引入职业类教育。如有可能，两个体系的学分互认将进一步促进学生的流动。

政策 87：在研究、课程开发领域和政策方面与高等教育机构建立联系。

政策实施的策略：

（1）开展学术人员和合格员工帮助职业技术教育与培训机构开发课程及制定政策等事宜。

（2）为职业技术教育与培训机构的学生提供在高等教育机构接受短期培训和开放式学习课程的机会。

（3）职业技术教育与培训机构的职业指导中心应掌握有关高等教育机构学习机会的信息。

（4）职业技术教育与培训机构应协助高等教育机构安排高等教育领域尤其是技术类专业的学生接受就业培训。

16.5 在国家职业资格框架下承认非国家职业资格课程

引入与政策问题

鉴于国内可用的已经确立或获得广泛认可的职业培训课程，有必要将已有职业技术教育资格纳入新的国家职业资格体系之中。在这方面，不会将中等和高等教育资格直接对应到国家职业资格体系的不同等级中。

根据标准体系可免修学分的相关规定,对通过职业培训课程获取的能力进行评价。这将促使非国家职业资格持有者获得国家职业资格认证的资格。

> **政策 88:建立在国家职业资格框架下承认非国家职业资格课程的标准化体系。**

政策实施的策略:

(1)职业技术教育委员会应任命委员会,由该委员会负责起草国家职业资格框架内承认的非国家职业资格的标准;

(2)邀请提供正规且完善课程的组织并对其进行评估,以便在国家职业资格框架内进行认证。

第三部分　质量保证、评估与认证

第 17 章　高等教育质量保证、评估与认证

17.1　引言

根据《世界高等教育宣言》第 11 条的规定,高等教育质量是一个多维概念,它包括用于社区与学术环境的教学和学术课程、研究和奖学金、员工、学生、建筑、设备、设施和服务等所有的职能和活动。机构质量问责对于提高高等教育的公信力至关重要。因此,相关机构有责任确保教育质量。

高等教育质量是一个相对的概念,不同利益者从不同角度出发会有不同的解读。例如,当考虑质量问题时,学生要关注高等教育机构的设施以及教育对未来就业能力的影响;教师则专注于高等教育机构的教学环境、研究成果和学术成就;管理层主要关注机构的成就;父母会考量子女的就业能力和成就;雇主则会关注毕业生的能力。可见,各利益相关者会采用不同的方法来进行评价。

鉴于需要保证教育体系的质量,斯里兰卡大学已经在这方面着手采取措施。早在2001 年,大学校长和董事会委员会连同大学拨款委员会共同制定了质量保证框架。高等教育部负责实施的提高本科教育相关性和质量的项目以及远程教育现代化项目等,是提高质量的重要举措。职业技术教育委员会负责职业技术教育的质量,它主要通过认证由职业技术教育委员会注册的培训机构提供的课程来履行这一职能。但是,目前此类课程的认证是自愿的。

质量保证机构应是独立运营的自治机构,这已是全球性的共识,有助于保证其所提供的报告不受第三方的影响。质量保证机构应做出独立、公正、严谨、全面、公平且一致的决策。但斯里兰卡并不存在这样的机构。外部质量评估主要由评审者而非监管机构进行。此外,尚无机构负责确保私立高等教育机构包括跨境高等教育机构的质量。因此,斯里兰卡迫切需要建立全国质量保证机构。

政策89:建立全国质量保证与认证委员会,负责监管斯里兰卡高等教育和职业技术教育的所有领域。

政策的实施策略:

(1)应根据议会法案组建全国质量保证与认证委员会,该委员会作为独立机构应由斯里兰卡总统负责任命和管理。

(2)全国质量保证与认证委员会的职能主要包括:

①通过制定国家标准和指南,例如学分和资格框架、学科基准、行业守则、课程、项目、机构审查的标准和指南等;

②通过定期检查所有高等教育机构开展的学术活动,提高教育质量;

③通过高等教育机构注册和开设的课程,提供有关斯里兰卡高等教育机构的准确信息;

④承认高等教育机构颁发的学位、文凭及证明。

全国质量保证与认证委员会的管理机构,应有来自高等教育和职业技术教育领域相关机构的代表。主要包括高等教育与职业技术培训部、大学拨款委员会、高等与职业教育委员会、以开放和远程学习的模式提供学习项目的机构、专业机构和非公立高等教育机构等。

鉴于高等教育和职业技术教育的组织结构和运营机制不同,本章17.2和17.3节分别关注高等教育和职业技术教育的质量保证问题。但条款中相关政策的实施应由全国质量保证与认证委员会连同各自的主管机关共同负责。

17.2　高等教育质量保证与认证

17.2.1　学分与资格框架

引入与政策问题

国家统一学分和资格框架,有助于确保大学和其他高等教育机构提供的不同课程具有可比较的标准。这一框架有助于实现资格证书和成就水平的一致。当统一框架可行时,包括雇主在内的不同利益相关者可以更好地理解不同资格及成绩水平。学生也可以从不同的资格中明确最佳的发展路线。

目前,斯里兰卡大学主要采用同样或类似于北美大学的卡耐基的学分模式。统一学分和资格框架,有助于增强其在国际上的可比性。也有利于促进学生在大学间的流动和横向入学。

统一学分和资格框架应注重项目的多样性,且不应妨碍项目的发展。斯里兰卡大学体系已经开发了这一框架。但目前并未强制要求大学遵从这一框架。

作为学分和资格框架一部分的资格指标,描述了各级水平应具有的资格,例如学士学位、研究生证书、研究生文凭、硕士学位和博士学位。它们提供了终身学习的发展路径。目前,斯里兰卡大学体系已经开发了各级资格指标。但是,目前在开发课程时,学术界很少使用这些指标。这一指标的开发有助于开发、批准和审查学术项目,也向学生提供了展示学习成果的机会。这有助于展现毕业生的能力,对未来雇主和专业团体是极为有用的。

学科基准是学分和资格框架的另一组成部分。它们是现实项目的主要参考,其预期的学习成果和源于预期学习结果的标准与学科共同体的标准有关。这些是高等教育机构开发新项目时重要的参考资料。在质量保证项目中,这些基准能够根据商定的一般标准审查和评估学习成果。

> **政策90:建立面向所有大学和高等教育机构的统一学分资格框架。**

政策的实施策略:

(1)在斯里兰卡大学体系中实施已经开发的统一学分资格框架。

(2)所有大学实施与国际学分体系相同的学分体系。

(3)在开发学习项目过程中纳入资格指标。

(4)开发大学提供的所有课程的课程基准并遵从这些基准。

17.2.2 高等教育质量评估体系

引入与政策问题

质量保证体系主要以学科、项目和机构的同行评审为基础。课程审查主要用于评价学生在课程、项目上的学习质量。课程审查着力于审查课程、项目的质量管理。机构审查主要分析和评价机构管理,确保学术活动质量流程的有效性,以及评价内部质量保障机制的机构如何保持教育质量。

通常外部审查员开展课程、项目审查的内容主要包括:课程开发、内容的审查;教、学和评价方法;学生质量、学生进步和成绩;学生反馈;研究生学习;同辈观察;技能发展;学术指导和咨询等。机构审查主要评估以下内容:大学目标与总体规划;财政资源与管理;研究工作;质量管理与行政;质量保证;学习资源与学生支持;外部学位课程;大学、行业和社区间的联系以及其他推广活动等。

应通过质量评价确保提供的学术课程保持可接受的标准和质量。除了鼓励大学和高等教育机构实施良好的管理外,也有助于共享良好的实践。这主要来源于来自大学、其他高等教育机构和专业组织的经过培训的审查人员实施的外部同行评价。

> **政策91:建立包含评估在内的高等教育机构质量评价体系。**

政策的实施策略:

(1)对所有高等教育机构包括非公立高等教育机构实施外部质量评价。

(2)制定文件,列出学术标准、良好实践指南等为主要内容的参考点。

(3)制定具有一定标准的实践准则。

(4)鼓励高等教育机构遵从制定的实践准则。

17.2.3 机构、项目的认证

引入与政策问题

认证是确保高等教育机构或项目质量的关键。它对在特定机构按照可接受的标准习得课程的学生和潜在的雇主进行认证。目前,虽然斯里兰卡已经建立了大量的非公立高等教育机构,包括跨境的高等教育机构,但并未实施认证,而且学生、家长和潜在雇主也尚未意识到教育质量问题。认证可以向公众表明该机构已经接受了外部独立评估并达到了认证机构规定的标准。

政策92:为认证高等教育及其所提供的课程做出规定。

政策的实施策略:

(1)开发高等教育机构认证指南。

(2)国家质检总局从大学系统、专业机构和著名国际机构寻找合格外部评估人员并对大学和其他高等教育机构实施外部质量评估和认证的相关工作做出规定。

17.3 职业技术教育与培训领域的质量保证、评估与认证

17.3.1 引言

斯里兰卡职业技术教育与培训的一个重要特征是异质性。培训主要是由注册和未注册的公私立机构提供。此外,企业为了满足自身技能需求的培训项目,也是培训的一个关键特征。传统技艺在农村地区仍通过传统的技能获取方式传递给下一代,尚未进行正规培训和评估。在这一背景下,确保培训质量以及能力评估的一致性是非常重要的。

国家职业资格框架于2004年被引入,并按照这一框架要求制定了国家能力标准、能力评估和认证标准。

17.3.2 在职业技术教育与培训过程中提供良好实践

引入与政策问题

确定提高培训质量的良好实践。政府期望所有培训机构能够始终按照国家能力标准提供培训。良好实践有助于推动国家能力标准的推广,以达到机构注册和课程认证的要求。

由于采用传统的培训实践以及应用现代化技术的水平低,斯里兰卡的培训质量较差。因此,培训中心管理实践、学生服务、提供培训的实践等仍是亟待改善的领域,这将确保培训的效率与效能。培训机构可采用良好实践,包括培训中心管理、学生服务和提供培训等内容提高培训质量。

政策93:促进职业技术教育与培训提供者采取良好实践,以便有效且高效地提供培训。

政策的实施策略:

(1)向培训机构管理人员提供培训中心管理、学生服务和提供培训等方面的良好实践。

(2)与培训机构一道采取后续行动,促进相关机构掌握良好的管理技术。

(3)将本政策中规定的良好实践纳入机构等级体系之中,并对这些机构进行分级。

17.3.3 培训机构的注册

引入与政策问题

1990 年第 20 号《高等与职业教育法》和 1999 年第 50 号《职业技术教育法》(修正案),对机构注册做出了规定。培训机构注册的流程和程序,已在 1995 年 9 月 7 日第 887/8 号政府公报发布的发展规划中刊出。注册的目的是确保机构所提供的教育和培训能够与市场相关且采取了充足的质量保证措施,但不得刻意干预机构的管理。

期望在职业技术教育委员会进行注册的培训机构能达到发展规划的要求。职业技术教育委员会将定期开展审核,以便明确已注册机构是否达到认可的标准。

> 政策 94:斯里兰卡所有职业技术教育与培训的提供者均应在职业技术教育委员会注册,以确保培训质量。

政策的实施策略:

(1)如有必要,在正式注册前可对开办培训的机构进行预先登记。

(2)对达到注册要求的机构进行正式注册。

(3)根据 1990 年第 20 号《高等职业教育法》和 1999 年第 50 号《职业技术教育法》(修正案)的规定,对违反注册要求的机构给予法律处罚。

(4)让公众了解到应选择在职业技术教育委员会注册的机构接受培训。

(5)奖励已经注册的培训机构。

(6)使用区域资源确认未注册的机构。

(7)实施定期审核,以确保一致性。

17.3.4 课程的认证

引入与政策问题

认证表示职业技术教育委员会编制的课程、提供的培训和评估已经达到国家的要求。认证是根据相关标准对教学内容和配套设施进行验证。就国家职业资格而言,该标准是相关职业或学习领域的国家能力标准。根据《国家职业资格证书操作手册》,以下三个领域已经制定了相关的政策:

(1)对培训提供者的课程进行认证。

(2)对机构实施基于评价的能力进行认证。

(3)扩大对培训提供者和机构的认证,以便承认先前的学习并进行评估。

已注册培训机构有资格提交课程认证的申请,根据以下方面的适用性,分别对每门课程进行认证:提供资格所需全部培训内容的能力;教师资格的适当性;提供培训所需的机器、设备和工具等设施的适用性和充足性。认证是有时限的,如果超过时限,机构需要采取行动重新认证。

国家职业资格框架已经对承认先前的学习事宜做出了规定,是承认通过非正规学习方式获得能力的一种机制。如果合适,以这种方式获得的能力可以用于授予国家职业资格或计入"成绩记录"之中。

政策 95:建立面向所有职业技术教育与培训机构的认证和质量保证框架。

政策的实施策略:

(1)在国家职业技术教育委员会的认可下,国家质检总局应起草面向职业技术教育与培训机构的认证和质量保证框架。

(2)在初次注册期间,相关机构应采取行动认证其课程是否达到国家标准。

(3)相关机构必须进行课程认证,否则不得延长或更新注册。

(4)实施提供经济援助的方案,帮助相关机构获取认证所需的设备。

(5)与技术培训机构和教学培训机构协调提供有关认证的短期教师培训项目。

(6)向培训机构提供定期的认证指导。

政策 96:认证机构实施基于能力的评估,以便授予国家职业资格。

政策的实施策略:

(1)强化所有公立培训网络实施基于能力的评估。

(2)国家学徒和工业培训局授权其他国家培训网络对于先前承认的学习进行评估。

(3)定期开展合格审核,确保职业技术教育与培训机构达到认证条件。

17.3.5 质量管理体系

引入与政策问题

已注册的培训机构可以建立质量管理体系,以确保根据提交给职业技术教育委员会的文件规定提供培训,落实内部监督和纠正机制,致力于持续改进服务。机构可以采用公认的质量管理体系,也可以使用专门面向职业技术教育培训机构的职业技术教育委员会质量管理体系。

期望这些机构可以定期开展内外部审核,以明确是否符合职业技术教育委员会批准的质量手册的规定。职业技术教育委员会可以向那些建立和保持质量管理体系的机构颁发质量合格证书。

政策 97:确保质量管理体系成为保存和进行课程认证的重要工具。

政策的实施策略:

(1)在负责实施课程认证的机构内建立质量管理体系。

(2)对质量管理体系人员进行培训。

17.3.6 国家能力标准

随着国家职业资格框架的引入,国家能力标准也被引入斯里兰卡职业技术教育与培训体系之中,它说明在不同的职业中所需要的知识、技能和态度。国家能力标准包含行业所需的知识、技能和态度。职业技术教育委员会根据劳动力市场需求和行业技能的要求,确定了国家能力标准发展的职业领域。经鉴定后,职业技术教育委员会要求国家学徒和工业培训局根据国家职业资格操作手册规定的程序进行开发。

职业技术教育委员会的劳动力市场信息系统,对于需要制定国家能力标准的职业发挥了重要作用。职业选择的标准包括:当前和未来本国的就业机会;职业对经济和社会的贡献;提供培训和评估的可行性;行业或专业机构的特殊要求。

政策 98:根据劳动力市场,制定国家能力标准和职业评估标准。

政策的实施策略:

(1)征求部门政策培训咨询委员会的建议,明确符合国家技能、能力标准的新兴职业。

(2)加强职业技术教育委员会与劳动力市场信息系统。

(3)为产业部门开发职业技术教育与培训进行规划。

(4)提高职业技术教育和培训规划对当前和未来需求的响应能力。

17.3.7 基于能力的评估

评估是对申请人是否具备能力进行证据搜集并做出判断的过程。基于能力的评估主要是客观评估一段时间内申请人是否展现出了国家能力标准规定的技能、知识和态度。评估人员从以下四个维度搜集充足、有效且经过认证的证据,并明确申请人是否能在相关职业中履职:

(1)任务技能——承担特定的工作任务。

(2)任务管理技能——管理多项不同的任务以完成整个工作。

(3)应急管理技能——在开展工作时应对问题和违规行为的措施。

(4)根据具体工作环境开展工作。

根据职业技术教育委员会提供的指导,国家学徒和工业培训局选择适当的评估人员开展评估。国家学徒和工业培训局、技术培训机构和教学培训机构联合提供具备相关能力的评估人员。职业技术教育委员会将采取必要的措施向成功完成相关评估工作的机构颁发许可证。

资格的接受度与可靠性,取决于评估人员的能力以及开展评估所持的公正态度。因此,对评估人员的培训和能力提升将有助于保持评估的一致性。

政策 99:根据相关国家能力标准的要求评估技能或能力。

政策的实施策略:

(1)确保所有国家职业资格评估基于客观事实。

（2）要求通过承认先前的学习这一方式获得证书的人员保留相关的证明。

（3）实施有效、可靠、公平和灵活的评估。

（4）根据评估人员国家能力标准，确保所有国家职业资格的评估人员取得相应的资格。

第 18 章　职业指导与咨询

18.1　引言

提供有关不同职业及其职业发展路径、就业潜力和一些收入的信息，可以帮助学生在校期间和离开学校之后做出适当的选择。必须鼓励学生考虑多种不同的职业选择，并做出最适合个人能力的选择，而非只是选择传统的大学学位。全国教育委员会已经组建全国职业指导委员会，该委员会负责协调所有教育领域的职业指导活动。

高等教育机构和职业技术教育与培训机构可能需要对学生进行职业指导和职业咨询。前者涉及向学生群体提供指导，而后者通常根据个人的能力和表现对学生进行一对一的咨询。

高等教育机构和职业技术教育与培训机构的学生大多处于 18～24 岁。许多学生需要通过正确的社会心理咨询和职业指导解决自身的问题。正确的措施有助于学生应对问题，并找到解决办法。

本章将主要探讨以下几个方面：

（1）面向大学和其他高等教育机构学生的职业指导与咨询。

（2）面向职业技术教育领域学生的职业指导与咨询。

（3）面向高等教育机构和职业技术教育与培训机构的社会心理咨询。

18.2　面向大学和其他高等教育机构学生的职业指导与咨询

引入与政策问题

根据大学拨款委员会的指示，各大学已经建立了由主任负责的职业指导部门。从学术人员中任命主任，其负责主管部门活动可获得一定的津贴。在艺术、人文和科学学院修读的学生，由于其课程未能与具体工作一一对应，需要更多的职业指导。一些大学可能需要不止·位全职的职业指导顾问。

政策 100：提高职业指导部门的能力，以便可以向高等教育机构的学生提供有效的服务。

政策的实施策略：

（1）任命富有经验的全职顾问到职业指导部门工作。

（2）向职业指导顾问提供培训。

（3）推广良好的实践，共享知识并提供援助。

(4)开展有关职业指导的教育、研究、创新和出版工作。

(5)组建全国职业指导委员会与各高等教育机构职业指导部门之间的联系,并协调高等教育领域的职业指导活动。

(6)各就业指导部门应拥有就业信息数据库。

18.3 面向职业技术教育领域学生的职业指导与咨询

引入与政策问题

提供有关职业技术教育与培训、就业潜力和一些收入的信息,有助于提高学生对于这一职业领域的认识,有助于帮助学生尽早锁定目标并扩大职业技术教育与培训课程的招生。而且,适当地开展基于学生的职业指导是职业指导服务的重要内容,因为如果学生的特性与所选职业需求相匹配将有助于其完成课程。职业技术教育与培训的学生需要接受有关继续教育和不同领域就业前景的一对一咨询。

> **政策 101:建立职业技术教育与培训领域的职业指导网络。**

政策的实施策略:

(1)要求所有人员在申请职业技术教育与培训课程前必须接受职业指导。

(2)制定和更新职业指导政策并建立职业指导操作手册。

(3)建立地区行动委员会。

(4)建立地区职业指导信息中心。

(5)协调所有职业指导实施机构,以便保证质量、进行监督和评估。

(6)维护就业信息数据库。

18.4 提供社会心理咨询

引入与政策问题

学生修读高等教育机构和职业技术教育与培训机构的课程通常是面临各种问题的青少年。这一年龄群体通常面临着爱情与婚姻、学习与考试、朋友和同辈群体以及家庭事务等问题。

因此,应提供良好的社会心理咨询服务,以帮助在学习、考试和个人事务上有困难的学生。

> **政策 102:建立提供社会心理咨询的部门。**

政策的实施策略:

(1)明确高等教育机构和职业技术教育与培训机构内负责学生咨询工作人员的职责。

(2)为心理社会咨询中心提供设施,以有效地满足学生的需要。

(3)为中心配备合格的咨询人员。

(4)向咨询人员提供培训,提升其技能水平。

附　录

推动共建丝绸之路经济带
和 21 世纪海上丝绸之路的愿景与行动

国家发展改革委　外交部　商务部
（经国务院授权发布）
2015 年 3 月 28 日

前　言

2000 多年前,亚欧大陆上勤劳勇敢的人民,探索出多条连接亚欧非几大文明的贸易和人文交流通路,后人将其统称为"丝绸之路"。千百年来,"和平合作、开放包容、互学互鉴、互利共赢"的丝绸之路精神薪火相传,推进了人类文明进步,是促进沿线各国繁荣发展的重要纽带,是东西方交流合作的象征,是世界各国共有的历史文化遗产。

进入 21 世纪,在以和平、发展、合作、共赢为主题的新时代,面对复苏乏力的全球经济形势,纷繁复杂的国际和地区局面,传承和弘扬丝绸之路精神更显重要和珍贵。

2013 年 9 月和 10 月,中国国家主席习近平在出访中亚和东南亚国家期间,先后提出共建"丝绸之路经济带"和"21 世纪海上丝绸之路"(以下简称"一带一路")的重大倡议,得到国际社会高度关注。中国国务院总理李克强参加 2013 年中国-东盟博览会时强调,铺就面向东盟的海上丝绸之路,打造带动腹地发展的战略支点。加快"一带一路"建设,有利于促进沿线各国经济繁荣与区域经济合作,加强不同文明交流互鉴,促进世界和平发展,是一项造福世界各国人民的伟大事业。

"一带一路"建设是一项系统工程,要坚持共商、共建、共享原则,积极推进沿线国家发展战略的相互对接。为推进实施"一带一路"重大倡议,让古丝绸之路焕发新的生机活力,以新的形式使亚欧非各国联系更加紧密,互利合作迈向新的历史高度,中国政府特制定并发布《推动共建丝绸之路经济带和 21 世纪海上丝绸之路的愿景与行动》。

一、时代背景

当今世界正发生复杂深刻的变化,国际金融危机深层次影响继续显现,世界经济缓慢复苏、发展分化,国际投资贸易格局和多边投资贸易规则酝酿深刻调整,各国面临的发展问题依然严峻。共建"一带一路"顺应世界多极化、经济全球化、文化多样化、社会信息化的潮流,秉持开放的区域合作精神,致力于维护全球自由贸易体系和开放型世界经济。共建"一带一路"旨在促进经济要素有序自由流动、资源高效配置和市场深度融合,推动沿线各国实现经济政策协调,开展更大范围、更高水平、更深层次的区域合作,共同打造开放、包容、均衡、普惠的区域经济合作架构。共建"一带一路"符合国际社会的根本利益,彰显人类社会共同理想和美好追求,是国际合作以及全球治理新模式的积极探索,将为世界和平发展增添新的正能量。

共建"一带一路"致力于亚欧非大陆及附近海洋的互联互通,建立和加强沿线各国互联互通伙伴关系,构建全方位、多层次、复合型的互联互通网络,实现沿线各国多元、自主、平衡、可持续的发展。"一带一路"的互联互通项目将推动沿线各国发展战略的对接与耦合,发掘区域内市场的潜力,促进投资和消费,创造需求和就业,增进沿线各国人民的人文交流与文明互鉴,让各国人民相逢相知、互信互敬,共享和谐、安宁、富裕的生活。

当前,中国经济和世界经济高度关联。中国将一以贯之地坚持对外开放的基本国策,构建全方位开放新格局,深度融入世界经济体系。推进"一带一路"建设既是中国扩大和深化对外开放的需要,也是加强和亚欧非及世界各国互利合作的需要,中国愿意在力所能及的范围内承担更多责任义务,为人类和平发展做出更大的贡献。

二、共建原则

恪守联合国宪章的宗旨和原则。遵守和平共处五项原则,即尊重各国主权和领土完整、互不侵犯、互不干涉内政、和平共处、平等互利。

坚持开放合作。"一带一路"相关的国家基于但不限于古代丝绸之路的范围,各国和国际、地区组织均可参与,让共建成果惠及更广泛的区域。

坚持和谐包容。倡导文明宽容,尊重各国发展道路和模式的选择,加强不同文明之间的对话,求同存异、兼容并蓄、和平共处、共生共荣。

坚持市场运作。遵循市场规律和国际通行规则,充分发挥市场在资源配置中的决定性作用和各类企业的主体作用,同时发挥好政府的作用。

坚持互利共赢。兼顾各方利益和关切,寻求利益契合点和合作最大公约数,体现各方智慧和创意,各施所长,各尽所能,把各方优势和潜力充分发挥出来。

三、框架思路

"一带一路"是促进共同发展、实现共同繁荣的合作共赢之路,是增进理解信任、加强全方位交流的和平友谊之路。中国政府倡议,秉持和平合作、开放包容、互学互鉴、互利共赢的理念,全方位推进务实合作,打造政治互信、经济融合、文化包容的利益共同体、命运共同体和责任共同体。

"一带一路"贯穿亚欧非大陆,一头是活跃的东亚经济圈,一头是发达的欧洲经济圈,中间广大腹地国家经济发展潜力巨大。丝绸之路经济带重点畅通中国经中亚、俄罗斯至欧洲（波罗的海）；中国经中亚、西亚至波斯湾、地中海；中国至东南亚、南亚、印度洋。21世纪海上丝绸之路重点方向是从中国沿海港口过南海到印度洋，延伸至欧洲；从中国沿海港口过南海到南太平洋。

根据"一带一路"走向，陆上依托国际大通道，以沿线中心城市为支撑，以重点经贸产业园区为合作平台，共同打造新亚欧大陆桥、中蒙俄、中国-中亚-西亚、中国-中南半岛等国际经济合作走廊；海上以重点港口为节点，共同建设通畅安全高效的运输大通道。中巴、孟中印缅两个经济走廊与推进"一带一路"建设关联紧密，要进一步推动合作，取得更大进展。

"一带一路"建设是沿线各国开放合作的宏大经济愿景，需各国携手努力，朝着互利互惠、共同安全的目标相向而行。努力实现区域基础设施更加完善，安全高效的陆海空通道网络基本形成，互联互通达到新水平；投资贸易便利化水平进一步提升，高标准自由贸易区网络基本形成，经济联系更加紧密，政治互信更加深入；人文交流更加广泛深入，不同文明互鉴共荣，各国人民相知相交、和平友好。

四、合作重点

沿线各国资源禀赋各异，经济互补性较强，彼此合作潜力和空间很大。以政策沟通、设施联通、贸易畅通、资金融通、民心相通为主要内容，重点在以下方面加强合作。

政策沟通。加强政策沟通是"一带一路"建设的重要保障。加强政府间合作，积极构建多层次政府间宏观政策沟通交流机制，深化利益融合，促进政治互信，达成合作新共识。沿线各国可以就经济发展战略和对策进行充分交流对接，共同制定推进区域合作的规划和措施，协商解决合作中的问题，共同为务实合作及大型项目实施提供政策支持。

设施联通。基础设施互联互通是"一带一路"建设的优先领域。在尊重相关国家主权和安全关切的基础上，沿线国家宜加强基础设施建设规划、技术标准体系的对接，共同推进国际骨干通道建设，逐步形成连接亚洲各次区域以及亚欧非之间的基础设施网络。强化基础设施绿色低碳化建设和运营管理，在建设中充分考虑气候变化影响。

抓住交通基础设施的关键通道、关键节点和重点工程，优先打通缺失路段，畅通瓶颈路段，配套完善道路安全防护设施和交通管理设施设备，提升道路通达水平。推进建立统一的全程运输协调机制，促进国际通关、换装、多式联运有机衔接，逐步形成兼容规范的运输规则，实现国际运输便利化。推动口岸基础设施建设，畅通陆水联运通道，推进港口合作建设，增加海上航线和班次，加强海上物流信息化合作。拓展建立民航全面合作的平台和机制，加快提升航空基础设施水平。

加强能源基础设施互联互通合作，共同维护输油、输气管道等运输通道安全，推进跨境电力与输电通道建设，积极开展区域电网升级改造合作。

共同推进跨境光缆等通信干线网络建设，提高国际通信互联互通水平，畅通信息丝绸之路。加快推进双边跨境光缆等建设，规划建设洲际海底光缆项目，完善空中（卫星）

信息通道，扩大信息交流与合作。

贸易畅通。投资贸易合作是"一带一路"建设的重点内容。宜着力研究解决投资贸易便利化问题，消除投资和贸易壁垒，构建区域内和各国良好的营商环境，积极同沿线国家和地区共同商建自由贸易区，激发释放合作潜力，做大做好合作"蛋糕"。

沿线国家宜加强信息互换、监管互认、执法互助的海关合作，以及检验检疫、认证认可、标准计量、统计信息等方面的双多边合作，推动世界贸易组织《贸易便利化协定》生效和实施。改善边境口岸通关设施条件，加快边境口岸"单一窗口"建设，降低通关成本，提升通关能力。加强供应链安全与便利化合作，推进跨境监管程序协调，推动检验检疫证书国际互联网核查，开展"经认证的经营者"（AEO）互认。降低非关税壁垒，共同提高技术性贸易措施透明度，提高贸易自由化便利化水平。

拓宽贸易领域，优化贸易结构，挖掘贸易新增长点，促进贸易平衡。创新贸易方式，发展跨境电子商务等新的商业业态。建立健全服务贸易促进体系，巩固和扩大传统贸易，大力发展现代服务贸易。把投资和贸易有机结合起来，以投资带动贸易发展。

加快投资便利化进程，消除投资壁垒。加强双边投资保护协定、避免双重征税协定磋商，保护投资者的合法权益。

拓展相互投资领域，开展农林牧渔业、农机及农产品生产加工等领域深度合作，积极推进海水养殖、远洋渔业、水产品加工、海水淡化、海洋生物制药、海洋工程技术、环保产业和海上旅游等领域合作。加大煤炭、油气、金属矿产等传统能源资源勘探开发合作，积极推动水电、核电、风电、太阳能等清洁、可再生能源合作，推进能源资源就地就近加工转化合作，形成能源资源合作上下游一体化产业链。加强能源资源深加工技术、装备与工程服务合作。

推动新兴产业合作，按照优势互补、互利共赢的原则，促进沿线国家加强在新一代信息技术、生物、新能源、新材料等新兴产业领域的深入合作，推动建立创业投资合作机制。

优化产业链分工布局，推动上下游产业链和关联产业协同发展，鼓励建立研发、生产和营销体系，提升区域产业配套能力和综合竞争力。扩大服务业相互开放，推动区域服务业加快发展。探索投资合作新模式，鼓励合作建设境外经贸合作区、跨境经济合作区等各类产业园区，促进产业集群发展。在投资贸易中突出生态文明理念，加强生态环境、生物多样性和应对气候变化合作，共建绿色丝绸之路。

中国欢迎各国企业来华投资。鼓励本国企业参与沿线国家基础设施建设和产业投资。促进企业按属地化原则经营管理，积极帮助当地发展经济、增加就业、改善民生，主动承担社会责任，严格保护生物多样性和生态环境。

资金融通。资金融通是"一带一路"建设的重要支撑。深化金融合作，推进亚洲货币稳定体系、投融资体系和信用体系建设。扩大沿线国家双边本币互换、结算的范围和规模。推动亚洲债券市场的开放和发展。共同推进亚洲基础设施投资银行、金砖国家开发银行筹建，有关各方就建立上海合作组织融资机构开展磋商。加快丝路基金组建运营。深化中国-东盟银行联合体、上合组织银行联合体务实合作，以银团贷款、银行授信等方式开展多边金融合作。支持沿线国家政府和信用等级较高的企业以及金融机构在中国境内发行人民币债券。符合条件的中国境内金融机构和企业可以在境外发行人民币债券和外币债券，鼓励在沿线国家使用所筹资金。

加强金融监管合作，推动签署双边监管合作谅解备忘录，逐步在区域内建立高效监管协调机制。完善风险应对和危机处置制度安排，构建区域性金融风险预警系统，形成应对跨境风险和危机处置的交流合作机制。加强征信管理部门、征信机构和评级机构之间的跨境交流与合作。充分发挥丝路基金以及各国主权基金作用，引导商业性股权投资基金和社会资金共同参与"一带一路"重点项目建设。

民心相通。民心相通是"一带一路"建设的社会根基。传承和弘扬丝绸之路友好合作精神，广泛开展文化交流、学术往来、人才交流合作、媒体合作、青年和妇女交往、志愿者服务等，为深化双多边合作奠定坚实的民意基础。

扩大相互间留学生规模，开展合作办学，中国每年向沿线国家提供 1 万个政府奖学金名额。沿线国家间互办文化年、艺术节、电影节、电视周和图书展等活动，合作开展广播影视剧精品创作及翻译，联合申请世界文化遗产，共同开展世界遗产的联合保护工作。深化沿线国家间人才交流合作。

加强旅游合作，扩大旅游规模，互办旅游推广周、宣传月等活动，联合打造具有丝绸之路特色的国际精品旅游线路和旅游产品，提高沿线各国游客签证便利化水平。推动 21 世纪海上丝绸之路邮轮旅游合作。积极开展体育交流活动，支持沿线国家申办重大国际体育赛事。

强化与周边国家在传染病疫情信息沟通、防治技术交流、专业人才培养等方面的合作，提高合作处理突发公共卫生事件的能力。为有关国家提供医疗援助和应急医疗救助，在妇幼健康、残疾人康复以及艾滋病、结核、疟疾等主要传染病领域开展务实合作，扩大在传统医药领域的合作。

加强科技合作，共建联合实验室（研究中心）、国际技术转移中心、海上合作中心，促进科技人员交流，合作开展重大科技攻关，共同提升科技创新能力。

整合现有资源，积极开拓和推进与沿线国家在青年就业、创业培训、职业技能开发、社会保障管理服务、公共行政管理等共同关心领域的务实合作。

充分发挥政党、议会交往的桥梁作用，加强沿线国家之间立法机构、主要党派和政治组织的友好往来。开展城市交流合作，欢迎沿线国家重要城市之间互结友好城市，以人文交流为重点，突出务实合作，形成更多鲜活的合作范例。欢迎沿线国家智库之间开展联合研究、合作举办论坛等。

加强沿线国家民间组织的交流合作，重点面向基层民众，广泛开展教育医疗、减贫开发、生物多样性和生态环保等各类公益慈善活动，促进沿线贫困地区生产生活条件改善。加强文化传媒的国际交流合作，积极利用网络平台，运用新媒体工具，塑造和谐友好的文化生态和舆论环境。

五、合作机制

当前，世界经济融合加速发展，区域合作方兴未艾。积极利用现有双多边合作机制，推动"一带一路"建设，促进区域合作蓬勃发展。

加强双边合作，开展多层次、多渠道沟通磋商，推动双边关系全面发展。推动签署合作备忘录或合作规划，建设一批双边合作示范。建立完善双边联合工作机制，研究推进"一带一路"建设的实施方案、行动路线图。充分发挥现有联委会、混委会、协委会、指导委员会、管理委员会等双边机制作用，协调推动合作项目实施。

强化多边合作机制作用，发挥上海合作组织（SCO）、中国-东盟"10＋1"、亚太经合组织（APEC）、亚欧会议（ASEM）、亚洲合作对话（ACD）、亚信会议（CICA）、中阿合作论坛、中国-海合会战略对话、大湄公河次区域（GMS）经济合作、中亚区域经济合作（CAREC）等现有多边合作机制作用，相关国家加强沟通，让更多国家和地区参与"一带一路"建设。

继续发挥沿线各国区域、次区域相关国际论坛、展会以及博鳌亚洲论坛、中国-东盟博览会、中国-亚欧博览会、欧亚经济论坛、中国国际投资贸易洽谈会，以及中国-南亚博览会、中国-阿拉伯博览会、中国西部国际博览会、中国-俄罗斯博览会、前海合作论坛等平台的建设性作用。支持沿线国家地方、民间挖掘"一带一路"历史文化遗产，联合举办专项投资、贸易、文化交流活动，办好丝绸之路（敦煌）国际文化博览会、丝绸之路国际电影节和图书展。倡议建立"一带一路"国际高峰论坛。

六、中国各地方开放态势

推进"一带一路"建设，中国将充分发挥国内各地区比较优势，实行更加积极主动的开放战略，加强东中西互动合作，全面提升开放型经济水平。

西北、东北地区。发挥新疆独特的区位优势和向西开放重要窗口作用，深化与中亚、南亚、西亚等国家交流合作，形成丝绸之路经济带上重要的交通枢纽、商贸物流和文化科教中心，打造丝绸之路经济带核心区。发挥陕西、甘肃综合经济文化和宁夏、青海民族人文优势，打造西安内陆型改革开放新高地，加快兰州、西宁开发开放，推进宁夏内陆开放型经济试验区建设，形成面向中亚、南亚、西亚国家的通道、商贸物流枢纽、重要产业和人文交流基地。发挥内蒙古联通俄蒙的区位优势，完善黑龙江对俄铁路通道和区域铁路网，以及黑龙江、吉林、辽宁与俄远东地区陆海联运合作，推进构建北京—莫斯科欧亚高速运输走廊，建设向北开放的重要窗口。

西南地区。发挥广西与东盟国家陆海相邻的独特优势，加快北部湾经济区和珠江—西江经济带开发发展，构建面向东盟区域的国际通道，打造西南、中南地区开放发展新的战略支点，形成21世纪海上丝绸之路与丝绸之路经济带有机衔接的重要门户。发挥云南区位优势，推进与周边国家的国际运输通道建设，打造大湄公河次区域经济合作新高地，建设成为面向南亚、东南亚的辐射中心。推进西藏与尼泊尔等国家边境贸易和旅游文化合作。

沿海和港澳台地区。利用长三角、珠三角、海峡西岸、环渤海等经济区开放程度高、经济实力强、辐射带动作用大的优势，加快推进中国（上海）自由贸易试验区建设，支持福建建设21世纪海上丝绸之路核心区。充分发挥深圳前海、广州南沙、珠海横琴、福建平潭等开放合作区作用，深化与港澳台合作，打造粤港澳大湾区。推进浙江海洋经济发展示范区、福建海峡蓝色经济试验区和舟山群岛新区建设，加大海南国际旅游岛开发开放力度。加强上海、天津、宁波-舟山、广州、深圳、湛江、汕头、青岛、烟台、大连、福州、厦门、泉州、海口、三亚等沿海城市港口建设，强化上海、广州等国际枢纽机场功能。以扩大开放倒逼深层次改革，创新开放型经济体制机制，加大科技创新力度，形成参与和引领国际合作竞争新优势，成为"一带一路"特别是21世纪海上丝绸之路建设的排头兵和主力军。发挥海外侨胞以及香港、澳门特别行政区独特优势作用，积极参与和助力"一带一路"建设。为台湾地区参与"一带一路"建设做出妥善安排。

内陆地区。利用内陆纵深广阔、人力资源丰富、产业基础较好优势，依托长江中游城市群、成渝城市群、中原城市群、呼包鄂榆城市群、哈长城市群等重点区域，推动区域互动合作和产业集聚发展，打造重庆西部开发开放重要支撑和成都、郑州、武汉、长沙、南昌、合肥等内陆开放型经济高地。加快推动长江中上游地区和俄罗斯伏尔加河沿岸联邦区的合作。建立中欧通道铁路运输、口岸通关协调机制，打造"中欧班列"品牌，建设沟通境内外、连接东中西的运输通道。支持郑州、西安等内陆城市建设航空港、国际陆港，加强内陆口岸与沿海、沿边口岸通关合作，开展跨境贸易电子商务服务试点。优化海关特殊监管区域布局，创新加工贸易模式，深化与沿线国家的产业合作。

七、中国积极行动

一年多来，中国政府积极推动"一带一路"建设，加强与沿线国家的沟通磋商，推动与沿线国家的务实合作，实施了一系列政策措施，努力收获早期成果。

高层引领推动。习近平主席、李克强总理等国家领导人先后出访20多个国家，出席加强互联互通伙伴关系对话会、中阿合作论坛第六届部长级会议，就双边关系和地区发展问题，多次与有关国家元首和政府首脑进行会晤，深入阐释"一带一路"的深刻内涵和积极意义，就共建"一带一路"达成广泛共识。

签署合作框架。与部分国家签署了共建"一带一路"合作备忘录，与一些毗邻国家签署了地区合作和边境合作的备忘录以及经贸合作中长期发展规划。研究编制与一些毗邻国家的地区合作规划纲要。

推动项目建设。加强与沿线有关国家的沟通磋商，在基础设施互联互通、产业投资、资源开发、经贸合作、金融合作、人文交流、生态保护、海上合作等领域，推进了一批条件成熟的重点合作项目。

完善政策措施。中国政府统筹国内各种资源，强化政策支持。推动亚洲基础设施投资银行筹建，发起设立丝路基金，强化中国-欧亚经济合作基金投资功能。推动银行卡清算机构开展跨境清算业务和支付机构开展跨境支付业务。积极推进投资贸易便利化，推进区域通关一体化改革。

发挥平台作用。各地成功举办了一系列以"一带一路"为主题的国际峰会、论坛、研讨会、博览会，对增进理解、凝聚共识、深化合作发挥了重要作用。

八、共创美好未来

共建"一带一路"是中国的倡议，也是中国与沿线国家的共同愿望。站在新的起点上，中国愿与沿线国家一道，以共建"一带一路"为契机，平等协商，兼顾各方利益，反映各方诉求，携手推动更大范围、更高水平、更深层次的大开放、大交流、大融合。"一带一路"建设是开放的、包容的，欢迎世界各国和国际、地区组织积极参与。

共建"一带一路"的途径是以目标协调、政策沟通为主，不刻意追求一致性，可高度灵活，富有弹性，是多元开放的合作进程。中国愿与沿线国家一道，不断充实完善"一带一路"的合作内容和方式，共同制定时间表、路线图，积极对接沿线国家发展和区域合作规划。

中国愿与沿线国家一道，在既有双多边和区域次区域合作机制框架下，通过合作研究、论坛展会、人员培训、交流访问等多种形式，促进沿线国家对共建"一带一路"内涵、目标、任务等方面的进一步理解和认同。

中国愿与沿线国家一道，稳步推进示范项目建设，共同确定一批能够照顾双多边利益的项目，对各方认可、条件成熟的项目抓紧启动实施，争取早日开花结果。

"一带一路"是一条互尊互信之路，一条合作共赢之路，一条文明互鉴之路。只要沿线各国和衷共济、相向而行，就一定能够谱写建设丝绸之路经济带和 21 世纪海上丝绸之路的新篇章，让沿线各国人民共享"一带一路"共建成果。

附录二

教育部关于印发
《推进共建"一带一路"教育行动》的通知

教外〔2016〕46 号

各省、自治区、直辖市教育厅（教委），各计划单列市教育局，新疆生产建设兵团教育局，部属各高等学校，部内各司局、各直属单位：

为贯彻落实中办、国办《关于做好新时期教育对外开放工作的若干意见》和国家发展改革委、外交部、商务部经国务院授权发布的《推动共建丝绸之路经济带和 21 世纪海上丝绸之路的愿景与行动》，我部牵头制订了《推进共建"一带一路"教育行动》，并已经国家教育体制改革领导小组会议审议通过。现印发给你们，请结合实际认真贯彻执行。

教育部

2016 年 7 月 13 日

推进共建"一带一路"教育行动

推进共建"丝绸之路经济带"和"21 世纪海上丝绸之路"（以下简称"一带一路"），为推动区域教育大开放、大交流、大融合提供了大契机。"一带一路"沿线国家教育加强合作、共同行动，既是共建"一带一路"的重要组成部分，又为共建"一带一路"提供人才支撑。中国愿与沿线国家一道，扩大人文交流，加强人才培养，共同开创教育美好明天。

一、教育使命

教育为国家富强、民族繁荣、人民幸福之本，在共建"一带一路"中具有基础性和先导性作用。教育交流为沿线各国民心相通架设桥梁，人才培养为沿线各国政策沟通、设施联通、贸易畅通、资金融通提供支撑。沿线各国唇齿相依，教育交流源远流长，教育合作前景广阔,大家携手发展教育,合力推进共建"一带一路",是造福沿线各国人民的伟大事业。

中国将一以贯之地坚持教育对外开放,深度融入世界教育改革发展潮流。推进"一带一路"教育共同繁荣,既是加强与沿线各国教育互利合作的需要,也是推进中国教育改革发展的需要,中国愿意在力所能及的范围内承担更多责任义务,为区域教育大发展做出更大的贡献。

二、合作愿景

沿线各国携起手来,增进理解、扩大开放、加强合作、互学互鉴,谋求共同利益、直面共同命运、勇担共同责任,聚力构建"一带一路"教育共同体,形成平等、包容、互惠、活跃的教育合作态势,促进区域教育发展,全面支撑共建"一带一路",共同致力于:

推进民心相通。开展更大范围、更高水平、更深层次的人文交流,不断推进沿线各国人民相知相亲。

提供人才支撑。培养大批共建"一带一路"急需人才,支持沿线各国实现政策互通、设施联通、贸易畅通、资金融通。

实现共同发展。推动教育深度合作、互学互鉴,携手促进沿线各国教育发展,全面提升区域教育影响力。

三、合作原则

育人为本,人文先行。加强合作育人,提高区域人口素质,为共建"一带一路"提供人才支撑。坚持人文交流先行,建立区域人文交流机制,搭建民心相通桥梁。

政府引导,民间主体。沿线国家政府加强沟通协调,整合多种资源,引导教育融合发展。发挥学校、企业及其他社会力量的主体作用,活跃教育合作局面,丰富教育交流内涵。

共商共建,开放合作。坚持沿线国家共商、共建、共享,推进各国教育发展规划相互衔接,实现沿线各国教育融通发展、互动发展。

和谐包容,互利共赢。加强不同文明之间的对话,寻求教育发展最佳契合点和教育合作最大公约数,促进沿线各国在教育领域互利互惠。

四、合作重点

沿线各国教育特色鲜明、资源丰富、互补性强、合作空间巨大。中国将以基础性、支撑性、引领性三方面举措为建议框架,开展三方面重点合作,对接沿线各国意愿,互鉴先进教育经验,共享优质教育资源,全面推动各国教育提速发展。

(一)开展教育互联互通合作

加强教育政策沟通。开展"一带一路"教育法律、政策协同研究,构建沿线各国教育政策信息交流通报机制,为沿线各国政府推进教育政策互通提供决策建议,为沿线各国学校和社会力量开展教育合作交流提供政策咨询。积极签署双边、多边和次区域教育合作框架协议,制定沿线各国教育合作交流国际公约,逐步疏通教育合作交流政策性瓶颈,实现学分互认、学位互授联授,协力推进教育共同体建设。

助力教育合作渠道畅通。推进"一带一路"国家间签证便利化,扩大教育领域合作交流,形成往来频繁、合作众多、交流活跃、关系密切的携手发展局面。鼓励有合作基础、相同研究课题和发展目标的学校缔结姊妹关系,逐步深化拓展教育合作交流。举办沿线国家校长论坛,推进学校间开展多层次多领域的务实合作。支持高等学校依托学科优势专业,建立产学研用结合的国际合作联合实验室(研究中心)、国际技术转移中心,共同应对经济发展、资源利用、生态保护等沿线各国面临的重大挑战与机遇。打造"一带一路"学术交流平台,吸引各国专家学者、青年学生开展研究和学术交流。推进"一带一路"优质教育资源共享。

促进沿线国家语言互通。研究构建语言互通协调机制,共同开发语言互通开放课程,逐步将沿线国家语言课程纳入各国学校教育课程体系。拓展政府间语言学习交换项目,联合培养、相互培养高层次语言人才。发挥外国语院校人才培养优势,推进基础教育多语种师资队伍建设和外语教育教学工作。扩大语言学习国家公派留学人员规模,倡导沿线各国与中国院校合作在华开办本国语言专业。支持更多社会力量助力孔子学院和孔子课堂建设,加强汉语教师和汉语教学志愿者队伍建设,全力满足沿线国家汉语学习需求。

推进沿线国家民心相通。鼓励沿线国家学者开展或合作开展中国课题研究,增进沿线各国对中国发展模式、国家政策、教育文化等各方面的理解。建设国别和区域研究基地,与对象国合作开展经济、政治、教育、文化等领域研究。逐步将理解教育课程、丝路文化遗产保护纳入沿线各国中小学教育课程体系,加强青少年对不同国家文化的理解。加强"丝绸之路"青少年交流,注重利用社会实践和志愿服务、文化体验、体育竞赛、创新创业活动和新媒体社交等途径,增进不同国家青少年对其他国家文化的理解。

推动学历学位认证标准连通。推动落实联合国教科文组织《亚太地区承认高等教育资历公约》,支持教科文组织建立世界范围学历互认机制,实现区域内双边多边学历学位关联互认。呼吁各国完善教育质量保障体系和认证机制,加快推进本国教育资历框架开发,助力各国学习者在不同种类和不同阶段教育之间进行转换,促进终身学习社会建设。共商共建区域性职业教育资历框架,逐步实现就业市场的从业标准一体化。探索建立沿线各国教师专业发展标准,促进教师流动。

(二)开展人才培养培训合作

实施"丝绸之路"留学推进计划。设立"丝绸之路"中国政府奖学金,为沿线各国专项培养行业领军人才和优秀技能人才。全面提升来华留学人才培养质量,把中国打造成为深受沿线各国学子欢迎的留学目的地国。以国家公派留学为引领,推动更多中国学生到沿线国家留学。坚持"出国留学和来华留学并重、公费留学和自费留学并重、扩大规模和提高质量并重、依法管理和完善服务并重、人才培养和发挥作用并重",完善全链条的留学人员管理服务体系,保障平安留学、健康留学、成功留学。

实施"丝绸之路"合作办学推进计划。有条件的中国高等学校开展境外办学要集中优势学科,选好合作契合点,做好前期论证工作,构建人才培养模式、运行管理模式、服务当地模式、公共关系模式,使学校顺利落地生根、开花结果。发挥政府引领、行业主导作用,促进高等学校、职业院校与行业企业深化产教融合。鼓励中国优质职业教育配合高铁、电信运营等行业企业走出去,探索开展多种形式的境外合作办学,合作设立职业院校、培训中心,合作开发教学资源和项目,开展多层次职业教育和培训,培养当地急需的各类"一带一路"建设者。整合资源,积极推进与沿线各国在青年就业培训等共同关心领域的务实合作。倡议沿线国家之间开展高水平合作办学。

实施"丝绸之路"师资培训推进计划。开展"丝绸之路"教师培训,加强先进教育经验交流,提升区域教育质量。加强"丝绸之路"教师交流,推动沿线各国校长交流访问、教师及管理人员交流研修,推进优质教育模式在沿线各国互学互鉴。大力推进沿线各国优质教学仪器设备、教材课件和整体教学解决方案输出,跟进教师培训工作,促进沿线各国教育资源和教学水平均衡发展。

实施"丝绸之路"人才联合培养推进计划。推进沿线国家间的研修访学活动。鼓励沿线各国高等学校在语言、交通运输、建筑、医学、能源、环境工程、水利工程、生物科学、海洋科学、生态保护、文化遗产保护等沿线国家发展急需的专业领域联合培养学生,推动联盟内或校际教育资源共享。

(三)共建丝路合作机制

加强"丝绸之路"人文交流高层磋商。开展沿线国家双边多边人文交流高层磋商,商定"一带一路"教育合作交流总体布局,协调推动沿线各国建立教育双边多边合作机制、教育质量保障协作机制和跨境教育市场监管协作机制,统筹推进"一带一路"教育共同行动。

充分发挥国际合作平台作用。发挥上海合作组织、东亚峰会、亚太经合组织、亚欧会议、亚洲相互协作与信任措施会议、中阿合作论坛、东南亚教育部长组织、中非合作论坛、中巴经济走廊、孟中印缅经济走廊、中蒙俄经济走廊等现有双边多边合作机制作用,增加教育合作的新内涵。借助联合国教科文组织等国际组织力量,推动沿线各国围绕实现世界教育发展目标形成协作机制。充分利用中国-东盟教育交流周、中日韩大学交流合作促进委员会、中阿大学校长论坛、中非高校 20+20 合作计划、中日大学校长论坛、中韩大学校长论坛、中俄大学联盟等已有平台,开展务实教育合作交流。支持在共同区域、有合作基础、具备相同专业背景的学校组建联盟,不断延展教育务实合作平台。

实施"丝绸之路"教育援助计划。发挥教育援助在"一带一路"教育共同行动中的重要作用,逐步加大教育援助力度,重点投资于人、援助于人、惠及于人。发挥教育援助在"南南合作"中的重要作用,加大对沿线国家尤其是最不发达国家的支持力度。统筹利用国家、教育系统和民间资源,为沿线国家培养培训教师、学者和各类技能人才。积极开展优质教学仪器设备、整体教学方案、配套师资培训一体化援助。加强中国教育培训中心和教育援外基地建设。倡议各国建立政府引导、社会参与的多元化经费筹措机制，通过国家资助、社会融资、民间捐赠等渠道，拓宽教育经费来源，做大教育援助格局，实现教育共同发展。

开展"丝路金驼金帆"表彰工作。对于在"一带一路"教育合作交流和区域教育共同发展中做出杰出贡献、产生重要影响的国际人士、团队和组织给予表彰。

五、中国教育行动起来

中国倡导沿线各国建立教育共同体，聚力推进共建"一带一路"，首先需要中国教育领域和社会各界率先垂范、积极行动。

加强协调推动。加强国内各部门各地方的统筹协调工作，有序开展"一带一路"教育合作交流。推动中国教育治理体系完善、相关法律法规修订和教育综合改革，提升中国开展"一带一路"教育行动的质量和水平。教育部与国家发展改革委、外交部、商务部等部门和全国性行业组织紧密配合，围绕共建"一带一路"大局，寻找合作重点、建立运行保障机制，畅通教育国际合作交流渠道，对接沿线各国教育发展战略规划。

地方重点推进。突出地方推进共建"一带一路"的主体性、支撑性和落地性，要求各地发挥区位优势和地方特色，抓紧制订本地教育和经济携手走出去行动计划，紧密对接国家总体布局。有序与沿线国家地方政府建立"友好省州""姊妹城市"关系，做好做实彼此间人文交流。充分利用地方调配资源优势，积极搭建海内外平台，促进校企优势互补、良性合作、共同发展。多措并举，支持指导本地教育系统与"一带一路"沿线国家广泛开展合作交流，打造教育合作交流区域高地，助力做强本地教育。

各级学校有序前行。各级各类学校秉承"己欲立而立人"的中国传统，有序与沿线各国学校扩大合作交流，整合优质资源走出去，选择优质资源引进来，兼容并包、互学互鉴，共同提升教育国际化水平和服务共建"一带一路"能力。中小学校要广泛建立校际合作交流关系，重点开展师生交流、教师培训和国际理解教育。高等学校、职业院校要立足各自发展战略和本地区参与共建"一带一路"规划，与沿线各国开展形式多样的合作交流，重点做好完善现代大学制度、创新人才培养模式、提升来华留学质量、优化境外合作办学、助推企业成长等各项工作的协同发展。

社会力量顺势而行。开展更大范围、更深层次、更高水平的"一带一路"教育民间合作交流，吸纳更多民间智慧、民间力量、民间方案、民间行动。大力培育和发展我国非营利组织，通过购买服务、市场调配等举措，大力支持社会机构和专业组织投身教育对外开放事业，活跃民间教育国际合作交流。加快推动教学仪器和中医诊疗服务走出去步伐，支持企业和个人按照市场规则依法参与中外合作办学、合作科研、涉外服务等教育对外开放活动。企业要积极与学校合作走出去，联合开展人才培养、科技创新和成果转化，积极服务"一带一路"国家经贸发展。

助力形成早期成果。实施高度灵活、富有弹性的合作机制，优先启动各方认可度高、条件成熟的项目,明确时间节点,争取短期内开花结果。2016 年,各省市制订并呈报本地"一带一路"教育行动计划,有序推进教育互联互通、人才培养培训及丝路合作机制建设。2017 年,基于三方面重点合作的沿线各国教育共同行动深入开展。未来 3 年,中国每年面向沿线国家公派留学生 2500 人;未来 5 年,建成 10 个海外科教基地,每年资助 1 万名沿线国家新生来华学习或研修。

六、共创教育美好明天

独行快,众行远。合作交流是沿线各国共建"一带一路"教育共同体的主要方式。通过教育合作交流,培养高素质人才,推进经济社会发展,提高沿线各国人民生活福祉,是我们共同的愿望。通过教育合作交流,扩大人文往来,筑牢地区和平基础,是我们共同的责任。

中国愿与沿线各国一道,秉持开放合作、互利共赢理念,共同构建多元化教育合作机制,制定时间表和路线图,推动弹性化合作进程,打造示范性合作项目,满足各方发展需要,促进共同发展。

中国教育部倡议沿线各国积极行动起来,加强战略规划对接和政策磋商,探索教育合作交流的机制与模式,增进教育合作交流的广度和深度,追求教育合作交流的质量和效益,互知互信、互帮互助、互学互鉴,携手推动教育发展,促进民心相通,构建"一带一路"教育共同体,共创人类美好生活新篇章。

后　记

　　本书是张德祥教授主持的中国高等教育学会高等教育科学研究"十三五"规划重大攻关课题"'一带一路'国家高等教育政策法规研究"(16ZG003)的研究成果。

　　本书由张德祥教授和李枭鹰教授负责总体的规划、设计和架构,确定编译的主旨与核心,组织人员搜集、选取、翻译和整理这些国家的相关教育政策法规,最后审阅书稿。全书由广西民族大学教育科学学院王喜娟教授和广西民族大学民族教育学专业硕士生朱艳艳编译。这些政策法规文本的语言为英语。全书由广西民族大学教育科学学院王喜娟教授终审校译。

　　本书的出版得到了中国高等教育学会、大连理工大学出版社的大力支持,课题组在此深表感谢!

课题组